정통 테니스

현대레저연구회 편

太乙出版社

"어떤 볼도 가만 두지 않겠다. 날아오기만 해 봐라. 내 라켓이 혼내 줄거야."

온 몸 가득히 대기를 들이 마시며 전신으로
기량을 펼친다—! 테니스는
인류의 영원한 스포츠!

왜 테니스 인구가 갈수록 늘어나는가?

▲테니스는 초보자라 하더라도 3개월 정도 강화훈련 (強化訓練)을 받으면 어느 정도 자신감을 가질 수 있다. 정확한 동작과 안정감 있는 자세를 갖도록 연습하는데 게을리하지 않는다면 훨씬 빠르게 테니스의 스타가 될 수 있다.

● 선수가 아니라도 좋다. 남녀노소 누구라도 좋다.
태어난 보람을 톡톡히 맛볼 수 있다―그래서 테니스는

테니스 라켓과 볼, 그리고 코트와 파트너만 있으면 인간으로 만인의 스포츠!

테니스 코트장은 대부분 공기가 맑은 숲과 인접해 있는 곳이 많다. 그래서 테니스는 건강의 상징으로 통하는 만인의 스포츠이다.

국내 최신판 · 완벽한 해설 · 초보에서 마스터까지!

정통 테니스

현대레저연구회편

태乙出版社

머 리 말

이제부터 처음 테니스를 시작하고 싶다고 하는 사람은 먼저 테니스란 큰 라켓에 공을 맞히는 스포츠, 누구나 할 수 있는 스포츠라고 생각하자. 물론 그 깊이는 깊고 복잡한 요소가 많이 있지만 그것은 테니스를 시작한 후, 조금씩 테니스와 가까워지면서 실력을 갖추어 가는 것이다.

처음은 공을 네트 맞은편에 되받아치는 정도가 좋다. 속도가 있는 서비스, 날카로운 발리(volley) 코스를 노린 네트 스핀(spin)이 잘 걸린 스트로크(stroke)는 초보자부터 중급자 상급자로 발전하는 사이에 자연히 몸에 배어 나갈 것이다.

지금은 다만 누구나 간단히 시작할 수 있는 테니스라고 하는 스포츠에 참가하는 것이다. 그리고 테니스를 시작하고 싶다고 생각하면서 실제로는 무엇을 어떻게 하면 좋을지 망설이거나 당황하거나 하는 사람을 위해서 용구의 선택법부터 게임의 진행 방법, 기본 기술, 예절까지 유용하게 쓸 수 있도록 도움을 주는 것이 이책이다.

어려운 기술적인 사항은 차치하고 먼저 공을 쳐본다고 하는 진짜 초보자용으로 쓰여진 이 책은, 당신의 테니스 입문을 원활하게 해주는 안내서가 되어 줄 것이다.

❋차 례❋

머리말 ·· *13*

제1부 테니스의 기초 지식 ························· *39*

제1장 코트에 들어가기 전의 테니스 지식 ············· *41*

테니스! 계속 뛰어다니는 격렬함과 땀, 게임성이 더해진다 *42*
  스트로크를 칠 수 있으면 그것으로 게임이 가능하다 ·········· *42*
게임의 종류 — 클럽 테니스는 더블스가 한창 ················ *44*
  ▶더블스 ··· *44*
  ▶싱글스 ··· *46*
테니스 코트의 종류 ·· *47*
발에 부드러운 클레이(clay), 속도감이 있는 하드(hard) ··· *47*
  ▶클레이 코트 ·· *48*
  ▶하드 코트 ·· *48*
  ▶앙투카 코트 ·· *49*
  ▶그래스 코트 ·· *49*
  ·들을 만한 정보 메모
  ▶목표는 윔블던의 센터 코트 ································· *50*

네트의 높이와 넓이가 다른 싱글스와 더블스 ·················· 50
　▶싱글스 코트 ··· 50
　▶더블스 코트 52
　　· 들을 만한 정보 메모
　　▶네트의 높이는 자신의 라켓으로 측정할 수 있다 ·············· 52
테니스는 이런 게임이다 ·· 54
　공을 라켓으로 상대 코트에 되받아 친다 ························· 54
라켓 ·· 59
　숙련자의 도움으로 힘에 맞는 것을 선택한다 ····················· 59
　　▶선택법의 참고 59
　초보자용에는 카본 파이버제 ····································· 60
　　▶라켓의 소재 ··· 60
　최초의 라켓에는 데카(deca) 라케를 선택하자 ···················· 61
　　▶라켓의 크기 ··· 61
　그립이 손 안에서 움직이지 않는 사이즈를 선택한다 ············· 62
　　▶그립 사이즈 ··· 62
　너무 무거우면 휘두르기 어렵고 너무 가벼우면 공에 진다 ········ 63
　　▶라켓의 무게 ··· 63
　그립이 무거우냐 헤드가 무거우냐의 감각 ························ 64
　　▶균형 ··· 64
라켓 거트 ·· 67
　라켓을 사면 거트를 쳐서 받자 ··································· 67

▶ 나일론과 시프(sheep) ··· 67
▶ 거트의 치는 법 ··· 68

라켓 커버 ·· 70
　라켓 보호 외에 소도구함으로서도 이용 ····························· 70

테니스 공 ·· 71
　오래된 공은 가능한 한 사용하지 않는다 ···························· 71
　　· 들을 만한 정보 메모
　　▶ 압력공과 비(非)압력공 ··· 71

테니스 신발 ·· 72
　하드용과 클레이용, 올라운드용도 ···································· 72

양말 ·· 74
　충격으로부터 지키기 위해서 두꺼운 것을 선택한다 ········· 74

테니스 복장 ·· 76
　흰색이 기존의 패션, 땀 흡수성이 좋은 소재 ····················· 76
　　▶ 복장 ··· 76
　　▶ 언더 스커트 ··· 77
　몸이 따뜻해지면 방한복을 벗어 간다 ································ 79
　　▶ 방한을 위한 의상 ··· 79

테니스의 소도구류 ··· 81
　소도구라고는 말하지만 모두 필요품뿐 ···························· 81
　　▶ 라켓 커버 ··· 82
　　▶ 스포츠 타올 ··· 82

▶ 테니스 가방 ……………………………………………… 82
▶ 헤어 밴드, 스카프 ……………………………………… 82
▶ 손목 밴드 ………………………………………………… 83
▶ 작은 가방 ………………………………………………… 83
▶ 신발 가방 ………………………………………………… 83
▶ 그 밖의 소도구 ………………………………………… 83

제2장 테니스 코트에 들어가면 …………………… 85

코트 매너와 에티켓 ……………………………………… 86
남에게 불쾌감을 주지 않는 복장이나 말씨도 …………… 86
▶ 코트 내의 기본적인 매너 ……………………………… 86
▶ 게임 때의 매너 ………………………………………… 88

그립 — 쥐는 법은 여러 가지 있다, 결정하면 그것을
계속한다 ……………………………………………………… 90
이스턴과 웨스턴, 콘티넨탈의 3종류 ……………………… 90
▶ 쥐는 법 …………………………………………………… 93
▶ 이스턴에서의 백핸드 …………………………………… 93
▶ 그립의 바꿔 쥐기 ……………………………………… 94

웨스턴 그립 ………………………………………………… 96
톱스핀을 칠 수 있지만 백핸드가 어렵다 ……………… 96
▶ 쥐는 법 …………………………………………………… 96

▶웨스턴에서의 백핸드 ·· 97
콘티넨탈 그립 ··· 99
포어와 백핸드를 같은 그립으로 칠 수 있다 ················ 99
　▶쥐는 법 ·· 99
그립의 정리 ·· 99
　▶웨스턴 그립 ·· 100
　▶콘티넨탈 그립 ··· 100
　▶이스턴 그립 ·· 101
　　·들을 만한 정보 메모
　　▶스스로 바꿀 수 있는 그립 사이즈 ···················· 101
　　·알아 두면 좋은 테니스 상식
　　▶자신의 손의 그립 사이즈 ································· 102
첫 그라운드 스트로크 ― 스트로크의 기본 ················ 103
누구나 코트에 나가면 난타부터 테니스가 시작된다 ····· 103
　▶공에서 눈을 떼지 말라 ·· 103
　▶체중을 앞으로 이동해서 친다 ······························ 105
　▶공에 집중한다 ··· 106
　▶그립을 확인한다 ··· 106
　▶공을 치기 전의 자세 ··· 106
　　·들을 만한 정보 메모
　　▶스위트 스폿으로 쳐라 ····································· 108
풋워크(footwork) ··· 109
공의 위치로 빨리 달려가서 기다렸다가 치는 여유를 ········ 109

스트로크 연습 패턴 ·············· 110
반복하여 많이 쳐서 조절을 익힌다 ·············· 110
첫 게임 전에 ·············· 112
그라운드 스크로크와 서비스와 발리로 게임 ·············· 112
- ▶ 서비스 ·············· 112
- ▶ 발리 ·············· 112
- ▶ 처음은 서비스와 발리가 어렵다 ·············· 113
- ▶ 더블스 게임 ·············· 114
- ▶ 초보자의 게임 참가 ·············· 114
첫 테니스 게임 ·············· 115
게임의 종류와 구성 ·············· 115
- ▶ 오락 테니스는 더블스 1세트로 ·············· 115
카운트 세는 법 ·············· 116
4포인트로 1게임, 6게임으로 1세트 ·············· 116
- ▶ 점수의 부르는 법 ·············· 117
- ▶ 타이브레이커(tie-breaker) ·············· 117
테니스 게임의 진행 방법 ·············· 119
서비스인지 리시브인지 라켓을 토스해서 결정한다 ·············· 119
서비스와 리시브 ·············· 121
서비스하고 리시브하는 게임은 이제부터 시작된다 ·············· 121
- ▶ 서비스한다 ·············· 121

· 들을 만한 정보 메모

▶ 라켓의 앞과 뒤 …………………………………………… 121
▶ 서비스를 리시브한다 …………………………………… 124
▶ 더블스 게임에서 ………………………………………… 125
· 들을 만한 정보 메모
▶ 듀스 사이드와 어드밴테이지 사이드 ………………… 126
▶ 듀스 사이드 ……………………………………………… 126
▶ 어드밴테이지 사이드 …………………………………… 126
▶ 경기자의 실점 …………………………………………… 126

테니스 스쿨에서 기본을 익힌다 ……………………… 130
사전에 잘 조사해서 확인하고 나서 선택한다 ………130
▶ 선택법의 힌트 …………………………………………… 130
▶ 자동 테니스 ……………………………………………… 131

제3장 테니스의 기본 기술 …………………… 133

테니스의 기본 ……………………………………………… 134
스트로크 서비스와 발리에 스매시 ……………………… 134
첫 테니스 레슨 …………………………………………… 135
무엇을 어떻게 하는지 공의 성질을 마스터한다 ………135
▶ 서비스 …………………………………………………… 135
▶ 스트로크 ………………………………………………… 136
▶ 발리 ……………………………………………………… 139
▶ 스매시 …………………………………………………… 140

▶ 로빙 ·· *141*

포어핸드 스트로크 ·· *142*
라켓을 휘두르지 않고 치는 방향으로 밀어서 친다 ············ *142*
  ▶ 테이크 백 ··· *143*
  ▶ 포워드 스윙 ·· *144*
  ▶ 임팩트(impact) ·· *145*
  ▶ 폴로 스루(follow through) ·· *146*
  ▶ 풋워크(foot work) ··· *146*
  ▶ 체크 포인트 ··· *148*
    · 들을 만한 정보 메모
    ▶ 어쩐지 공을 잘 칠 수 없을 때에 ······························· *149*

백핸드 스트로크 ·· *152*
눈에 가까운 위치에서 치기 때문에 치기 쉬운 것이겠지만 ··· *152*
  ▶ 테이크 백 ··· *152*
  ▶ 포워드 스윙 ·· *154*
  ▶ 폴로 스루 ··· *155*
  ▶ 양손 치기 백핸드 ·· *156*
  ▶ 체크 포인트 ·· *156*

공의 회전과 타법 ··· *162*
타구에 회전을 주어 치는 스핀 공의 여러 가지 ·············· *162*
  ▶ 플랫 공(flat ball) ·· *162*
  ▶ 톱스핀 ·· *163*

- ▶슬라이스 공 ··· *163*
- ▶사이드 스핀 ··· *163*
  - ・들을 만한 정보 메모
  - ▶슬라이스 공의 여러 가지 샷 ························· *164*

스핀 공의 타법 ·· *164*
포어핸드 톱스핀 ··· *164*
- ▶포어핸드 슬라이스 ·· *165*
- ▶포어핸드 플랫 ·· *166*
- ▶백핸드 톱스핀 ·· *166*
- ▶백핸드 슬라이스 ··· *168*
- ▶백핸드 플랫 ··· *168*

서비스 레슨 ·· *169*
빠른 공은 플랫 ·· *169*
- ▶마스터하기 쉬운 것은 슬라이스 ······················ *169*

서비스의 그립 ··· *171*
처음은 구애되지 않고 치기 쉬운 그립으로 ············ *171*

스탠스와 발의 방향 ·· *173*
클로즈드 스탠스인지 오픈 스탠스인지 ················ *173*
- ▶서비스의 동작 ·· *173*
- ▶서비스하는 위치 ··· *173*
- ▶스탠스를 정한다 ··· *174*
- ▶클로즈드 스탠스와 오픈 스탠스 ······················· *175*

▶ 공의 방향으로 스탠스를 바꾼다 ····································· *176*

슬라이스 서비스 ··· *177*
▶ 파인트 어드바이스 ··· *179*

플랫 서비스 ··· *180*
▶ 포인트 어드바이스 ··· *180*

스핀 서비스 ··· *186*
▶ 포인트 어드바이스 ··· *187*

서비스가 좋은지 나쁜지는 토스로 결정된다 ························ *190*
▶ 항상 같은 토스를 올린다 ··· *190*
▶ 손목을 사용하지 않고 팔 전체로 들어 올린다 ················· *190*
▶ 팔과 라켓을 편 높이로 ·· *191*

그립 엔드가 위를 향할수록 라켓을 멘다 ····························· *192*
▶ 헤드를 내려서 등을 긁어라 ·· *192*

임팩트의 순간에 몸을 앞으로 내던진다 ······························ *193*
▶ 공에 체중을 싣는다 ··· *193*
▶ 앞발로 버틴다 ··· *194*

공이 순간 멈추는 때가 있다 ·· *195*
▶ 어디가 코스의 정상인지를 확인하고 ······························ *195*

서비스는 넣는 코스를 생각하고 ··· *196*
▶ 듀스 사이드는 센터 겨냥이 기본이지만 ························· *196*
▶ 센터에는 스핀, 코너에는 슬라이스 ······························· *197*

· 들을 만한 정보 메모

▶ 풋폴트는 무섭지 않다 ·· *197*

발리의 레슨 ··· *198*
날아 오는 공을 직접 쳐서 공격한다 ·············· *198*
▶ 자세 ·· *198*

▶ 테이크 백 ···*198*

▶ 임팩트(impact) ··· *199*

▶ 왼손으로 균형을 잡는다 ··· *200*

▶ 폴로 스루 ··*201*

▶ 발리의 그립 ··*201*

▶ 포인트 어드바이스 ··*201*

발리에 큰 백 스윙은 필요없다·································*201*
발리의 타점을 몸 전방에서·····································*202*
우방향으로는 왼발부터 나간다 ································*202*
라켓 헤드를 손목보다 내리지 않는다 ·······················*203*
백 발리는 더욱 전방에서 미트 ································*204*
하이 발리는 체중을 앞에 실어서 친다······················*205*
백의 하이 발리는 먼저 라켓을 올리고······················*206*
몸의 정면으로 온 발리는 오른쪽 팔꿈치를 올린다 ······*206*

스매시의 레슨 ·· *209*
가장 공격적인 경기, 높은 위치에서 세게 친다 ················ *209*
▶ 낙하점으로 달린다 ··*210*

▶ 자세 ···*210*

▶ 임팩트 ··*210*

▶ 폴로 스루···*212*

낙하해 오는 공의 가속도에 익숙해진다 ··················· 212
가장 높은 위치에서 정확히 친다 ····························· 213
몸을 옆으로 향하고 치면 속도가 붙는다 ··················· 214
그라운드 스매시와 오버 헤드 스매시 ························ 215
샷의 응용 기술 ··· 218
드롭 샷 ··· 218
  백 스핀을 걸어서 내트가에 떨어뜨린다 ················· 218
드롭 발리 ·· 219
  눈치 채이면 효과 반감, 치는 척하고 떨어뜨린다 ······ 219
하프 발리 ·· 220
  가라앉아 오는 공을 쇼트 바운드로 되받아 친다 ······ 220
러닝 샷 ··· 221
  달리면서의 샷, 어디로 칠지를 정하고 ···················· 221
로빙의 타법 ··· 222
  수비를 위해서 뿐만 아니라 공격하는 로빙도 있다 ··· 222
   ▶슬라이스 로브 ·· 223
   ▶플랫 로브 ·· 223
   ▶톱스핀 로브 ·· 223
방어용의 로빙은 공의 아래를 친다 ···························· 224
공격용의 로빙은 그다지 높지 않은 톱스핀으로 ··········· 225

제4장 게임의 실전 테크닉 ······ 227

더블스의 실전 테크닉 ······ 228
포메이션이나 수비의 사이드를 정한다 ······ 228
▶ 지키는 사이드를 정한다 ······ 228

▶ 서비스 순 ······ 229

▶ 포메이션을 정한다 ······ 229

정통 포메이션 ······ 229
리시브 측이 두 사람 모두 베이스 라인에 붙는 포메이션 ······ 230
오스트레일리안 포메이션 ······ 231
4명이 네트에 붙는 포메이션 ······ 232

더블스 경기의 실제 ······ 233
둘이서 지키는 견진의 틈을 어떻게 파괴하느냐의 방법 ······ 233
▶ 퍼스트 서비스 ······ 234

▶ 세컨드 서비스 ······ 236

▶ 서브 앤드 발리 ······ 238

▶ 서비스 리턴 ······ 239

① 크로스 코트에 친다 ······ 240
② 네트에 붙어있는 경기자의 바깥쪽을 스트레이트 공으로
   되받아 친다 ······ 241
③ 네트에 붙은 선수의 머리 위를 공격적인 로빙으로 넘긴다 ······ 242
④ 베이스 라인 가까이에 깊은 방어용의 로빙을 올린다 ······ 242

▶ 리시브 앤드 ······ 242

▶ 포치(poach) ································· 243
▶ 공격적 로빙 ································· 245

테니스하는 건강과 안전 — 테니스 장애와 치료법 ······ 246
▶ 테니스 엘보우 ······························· 246
▶ 무릎건·서혜부의 경련 ······················· 247
▶ 무릎의 고장 ································· 248
▶ 복사뼈의 부상 ······························· 248
▶ 등의 장애 ··································· 248
▶ 눈의 부상 ··································· 249

제2부 테니스의 기본 기술 ··················· 251

서장 돌연 변하기 시작하는 마스터법 ········ 253
― 마구 많은 공을 치면 점점 서툴러진다 ―

이것이 최단 시간에 중급을 마스터하는 비밀 효과법 ··· 254
▶ 테니스야말로 사실은 동양인에게 최고로 적합하다 ··· 254
▶ 습관을 고쳐라, 이렇게 살리면 된다 ··············· 255
▶ 어떤 상급 기술이라도 어떤 상대와도 즐길 수 있다 ··· 256
▶ 명코치라고 해서 명선수는 아니다 ················ 257
▶ 오랜 연습, 시시한 연습은 해로울 뿐 ·············· 258

제1장 차츰 실력이 늘어, 재미있어지는 프로그램 261

포어, 백, 강도 차이의 그랜드 스트로크 ····· 262
- ▶모든 기본은 이 톱스핀에 있다 ····· 262
- ▶상대를 휘둘러 돌리는 앵글 샷(angle shot)의 타법 ····· 263
- ▶편리한 슬라이스를 간단히 익힌다 ····· 263
- ▶백핸드 양손 치기의 이점 ····· 266
- ▶왜 톱스핀이 중요한가의 근거 ····· 272
- ▶사실은 백보다 포어가 훨씬 어렵다 ····· 273
- ▶라켓을 던지듯이 하면 속도가 난다 ····· 274
- ▶톱스핀, 테이트 백은 둥글게, 둥글게 ····· 275
- ▶풋워크, 조금이라도 빨리 되돌릴 수 있는 스텝이란 ····· 276
- ▶'〈모양', ')모양'이 공격 타법을 낳는다 ····· 277

샷과 움직임이 갑자기 변하기 시작하는 마스터법 ····· 279
- ▶라켓없는 테니스로 움직이는 법을 익힌다 ····· 279
- ▶가장 좋은 타점을 파악하는 바스터 번트법 ····· 280
- ▶맞기 직전의 라켓면을 잘 알 수 있는 분해법 ····· 280
- ▶'어떻게 공을 보고 있지 않은지' 사진으로 곧 알 수 있다 ····· 282
- ▶잘 쓰는 팔의 반대 발을 단련하면 시합에 강해진다 ····· 282

착착 매듭지어 가는 적을 휘두르는 적극 발리 ····· 288
- ▶발리, 포어와 백의 가장 중요한 것 ····· 288
- ▶휘두르는 버릇은 이렇게 간단히 고칠 수 있다 ····· 289
- ▶빠른 공은 아래에서 보면 좋다 ····· 294
- ▶퍼스트 발리와 세컨드 발리의 바꾸는 법 ····· 295

▶ 로 발리가 질색이면 게임에 이길 수 없다 ······················ 296
▶ 힘이 없어도 위력 있는 하이 발리를 칠 수 있다 ··············· 301
▶ 굉장한 각도의 앵글 발리의 요령 ······························ 304
▶ 드롭 발리는 그레이프 프루트를 다루는 셈으로 ··············· 304
▶ 불리한 형세도 단번 역전의 로브 발리 ························ 305
▶ 하프 발리는 타이밍과 리듬으로 친다 ························· 308
▶ 더블스의 열쇠, 포치 발리의 기술 ····························· 311

발리의 기술, 네트 경기가 변하기 시작하는 마스터법 ········ 316
▶ 타점을 앞에서 잡기 위한 발리 발리법 ························ 316
▶ 자주 공을 내보내면 빠른 공에 강해진다 ······················ 317
▶ 라켓을 거꾸로 해서 그립으로 쳐 본다 ························ 317
▶ 오래된 라켓으로 할 수 있는 헤드 업의 방법 ·················· 324
▶ 의외의 도구로 발리 감각을 익힌다 ···························· 324
▶ 테이크 백이 큰 사람은 벽을 이용한다 ························ 324

순식간에 게임을 자신의 것으로 만드는 서브 ················ 325
▶ 세 가지의 서브 어떤 특징을 살릴까 ··························· 325
▶ 첫 서브, 둘째 서브의 적절한 사용 ···························· 327
▶ '놓는' 느낌이 안정된 토스를 낳는다 ··························· 327
▶ 토스의 올림 장소와 위장의 방법 ······························ 327
▶ 토스도 함께, 치는 것도 함께 하는 리듬으로 ·················· 334
▶ 속도가 매력인 플랫 서브의 타구법 ···························· 334
▶ 스핀 서브 회전도 자유 자재의 마스터법 ······················ 335

서브 위력이 완전히 바뀌기 시작하는 마스터법 ……………… *336*
- ▶막대기로 할 수 있는 스위트 스폿과 토스의 습득법 ……… *336*
- ▶자신의 서브 네트를 사용하면 잘 알 수 있다 ……………… *337*
- ▶이상적인 코스에 넣기 위한 겨냥 연습법……………………… *337*
- ▶표적에 맞는 연습으로 폴트가 줄어든다 ……………………… *338*
- ▶타점이 낮은 사람 뒤에 있는 사람의 벽 이용법 …………… *338*
- ▶좋은 서비스 폼을 마스터하고 싶은 사람에게………………… *339*
- ▶초보자라도 즐겁게 리듬을 파악할 수 있는 방법 ………… *339*
- ▶서브에 위력과 거리가 나지 않는 사람은 어떻게 할까 …… *339*

제2장 치고 되받아 치기만 하는 테니스로부터 완전 탈출, 새로운 타법 ……………………………………………………*349*

공격의 리턴과 리턴 대시 ……………………………………… *350*
- ▶리시브 어디에서 어떻게 준비할까? ……………………………… *350*
- ▶리턴의 코스는 여기까지 생각한다 ……………………………… *350*
- ▶되받아 치기와 풋워크(foot work) ……………………………… *351*
- ▶빠른 서브, 높은 바운드는 슬라이스로 되받아 친다 …… *352*
- ▶기회가 있으면 톱스핀을 사용한다 ……………………………… *353*
- ▶상대의 허를 찌르는 로브의 리턴 ……………………………… *358*
- ▶싱글스, 더블스, 리턴의 차이 ……………………………………… *358*

반드시 적을 몰아 붙이는 어프로치 샷 …………………… *359*

- ▶치면서 앞으로 다가가는 어프로치의 요령 ······ 359
- ▶앞으로 나가면 반드시 스플릿 스텝을 밟는다 ······ 360
- ▶바나나 슛이야말로 이상적인 어프로치 샷 ······ 361
- ▶백 핸드에는 카리오카(carioca) 스텝으로 ······ 361
- ▶간파당하지 않는 위장의 방법 ······ 366

상대의 의표를 찌르는 드롭 샷 ······ 367
- ▶공의 껍질을 벗기듯이 속도를 줄인다 ······ 367
- ▶언제, 어디로 치면 가장 효과적일까? ······ 370
- ▶드롭 샷의 간단한 마스터법 ······ 371

열세를 단숨에 뒤집는 로브 ·················· 371
- ▶ 방어용, 공격용 어떻게 적절히 사용할까? ·········· 371
- ▶ 싱글스, 더블스 효과적 타구법 ················ 372
- ▶ 공격의 로브라면 톱스핀 어째서일까? ············ 373
- ▶ 공격당한 긴급시에는 슬라이스 로브를 사용하라 ······ 380

절대로 포인트로 하는 스매시 ················ 380
- ▶ 먼저 공이 낙하점으로 들어갈 것 ··············· 380
- ▶ 스매시 서투름의 의외스런 함정 ··············· 381
- ▶ 각도를 매기는 거울 앞의 체크법 ··············· 382
- ▶ 잡을 수 없는 스매시는 위장으로 ··············· 382
- ▶ 점핑 스매시는 함부로 사용하지 않는다 ·········· 383

제3장 터프한 게임에 지지 않는 실전 속효 클리닉 ·················· 387

연습은 좋지만 시합에 의해서 고민하는 사람에게 ······ 387
- ▶ 강한 사람일수록 정신의 트레이닝을 하고 있다 ······ 388
- ▶ 시합 중에 서브가 들어가지 않게 되면 어떻게 할까? ·· 388
- ▶ 패배 패턴이 되면 이것으로 재정립한다 ··········· 390
- ▶ 더블스에서는 어쨌든 센터를 노려라 ············· 391
- ▶ 더블스는 2대 1의 셈으로 싸운다 ················ 392
- ▶ 공격의 핫 시트 방어의 핫 시트 ················· 392

▶기러기 행진에서 보다 공격적인 병행진으로 ··················· *395*
▶서브 나름으로 움직이는 법은 전혀 달라진다 ··············· *397*
기술은 아래라도 상급자에게 이기는 테크닉 ··················· *398*
　▶상대의 페이스를 어지럽혀서 자신의 페이스로 ············· *398*
　▶이길 셈으로 임할수록 정말로 이긴다 ························ *399*
　▶집중력이야말로 120%의 실력을 이끌어낸다 ·················· *400*

제3부 테니스의 세계 스타들 ···················· *403*
　▶세계 스타들에게 배우자 ·· *404*

제1장 세계의 4대 타이틀과 데이비스컵 ················ *407*

윔블던—(영국) ··· *408*
　▶세계 선수권 대회 ··· *408*
　▶설비와 운영 ··· *411*
　▶심판과 볼보이 ·· *416*
　▶얄미울 정도로 완벽한 연출 ···································· *418*
　▶론 코트(lawn court) ··· *419*
　▶예선의 엄격함 ·· *420*
　▶선수의 대우 ··· *421*
　▶선수와 관객 ··· *423*

- ▶입장권 ·· 424
- (▶관객의 패션) ·· 426

포레스트 힐스―(미국) ·· 426
- ▶그 역사부터 ·· 426
- ▶매우 미국적 ·· 427
- ▶번화한 회장 ·· 428
- ▶코트 시설 ·· 433
- ▶타이브레이커 ·· 434
- ▶심판과 볼보이 ·· 435
- (▶아르바이트) ·· 437

롤랑갸로―(프랑스) ·· 437
- ▶그 역사부터 ·· 437
- ▶숲속의 코트 ·· 438
- ▶앙투카 코트 ·· 440
- ▶흙 위의 게임 ·· 441
- ▶프랑스 만세 ·· 442
- ▶팬 기질 ·· 443

쿠용과 화이트시티―(오스트레일리아) ················ 444
- ▶그 역사부터 ·· 444
- ▶테니스 왕국 ·· 444
- ▶쿠용 ·· 447
- ▶화이트시티 ·· 451

데이비스컵 매치 ··· 456
　▶챌린지 라운드 ··· 456
　▶아데레이드 ··· 458
　▶클리브랜드 ··· 462
　(▶블랙 파워) ··· 467

제2장 톱플레이어의 테니스 ································· 469

세계의 톱플레이어 ··· 470
캔 로즈월(오스트레일리아) ··· 470
로드 레이버(오스트레일리아) ····································· 477
존 뉴컴(오스트레일리아) ··· 480
아더 애쉬(미국) ·· 492
클리프 리치(미국) ·· 500
스탠 스미스(미국) ·· 508
판초 곤잘레스(미국) ·· 523
마가레트 코트 부인(오스트레일리아) ······················· 531

차 례 37

제1부
테니스의 기초지식

제1장

코트에 들어가기 전의 테니스 지식

테니스! 계속 뛰어 다니는 격렬함과 땀, 게임성이 더해진다

스트로크(stroke)를 칠 수 있으면 그것으로 게임이 가능하다

2~3년 전까지는 유행으로서 파악되고 있던 경향도 있었던 테니스(경식)이지만, 현재는 건강과 체력 형성의 수단으로서 인기를 모으고 해마다 경기 인구는 증가하고 있다. 유행에서 스포츠로, 경기자의 의식 혁명이 이루어진 것이다.

그 원인은 테니스가 보는 것보다 훨씬 힘든 스포츠로, 에어로빅 댄스나 조깅에 뒤떨어지지 않는 운동량이 있기 때문이다.

또한 테니스에는 '게임성'이 있어 그 즐거움을 통해서 자신도 모르는 사이에 체력 강화와 전신의 활성화로 이어진다. 이렇게 해서 테니스는 다시 새로운 활기를 띠게 되었다.

테니스는 '달리는 스포츠'라고 일컬어지는 만큼 여자 시합이라도 3세트를 하면 실력있는 선수의 경우는 약 50Km 이상 달린 셈이 된다고 한다.

이런 점을 생각하면 조깅이나 에어로빅 댄스보다 더욱 격렬하고 더욱 긴 거리를 달리는 스포츠라고 하는 이유를 알 수 있다. 정말로 건강과 미용을 위한 스포츠라고 말할 수 있을 것이다.

그러나 아무리 달리는 스포츠라고 해도 단순히 라켓을 손에 들고

테니스에 패션성이 있는 것은 물론이지만 지금은 운동량이 많은 격렬한 스포츠로서 재평가되고 있다.

달리기만 하면 아무것도 즐겁지 않다. 역시 공을 치고 게임을 해 보지 않으면 테니스의 묘미를 맛볼 수 없다. 그러기 위해서는 먼저 기본을 익혀야 한다.

어떤 스포츠나 그렇지만 기본을 확실히 익히면 숙달의 속도는 한층 더 달라진다. 따라서 초보자의 경우는 테니스 모임에 들어가거나 주변에 실력자가 있으면 그런 사람으로부터 지도를 받거나 하는 방법으로 하나 하나의 과제를 몸에 익히면서 기초를 확실히 익히는 것이 중요하다.

어쨌든 그라운드 스트로크(ground stroke)를 칠 수 있게 되면 그것만으로 게임은 가능하다.

게임이 가능하게 되면 그 즐거움 때문에 보다 숙달하고 싶다, 보다 경기를 즐기는 기술을 익히고 싶다고 하는 욕심이 생겨서 그것이 테니스 기술 숙달의 속도를 한층 더 상승시키는 것이다.
그렇게 차츰 테니스의 즐거움은 틀림없이 커져 간다.

게임의 종류
클럽 테니스는 더블스가 한창

테니스의 시합은 일반적으로는 '게임'이라고 불리고 있다. 게임에는 남녀 모두 1대 1로 하는 '싱글스 게임(singles game)'과 2인 1조가 되어서 2대 2로 하는 '더블스 게임(doubles game)'이 있다. 남성 1명과 여성 1명이 조를 이루어서 하는 더블스 게임을 특히 '혼합 더블스(mixed doubles)'라고 부르고 있다.

이와 같이 3종류의 게임이 있지만 클럽 테니스에서는 힘을 겨룬다고 하는 것보다도 '즐기는 테니스'를 위한 더블스와 혼합 더블스가 주류를 이루고 있다.

▶ 더블스

더블스는 싱글스와 달리 코트에 선수가 4명 있기 때문에 싱글스보다 운동량이 적어진다. 그 때문에 평소 운동할 기회가 적은, 휴일에 테니스를 즐기는 사람들에게는 안성맞춤이라고 말할 수 있을 것이다.

또한 혼합 더블스는 남성과 여성이 한 쌍을 이루어서 게임을 하는

제1부 / 테니스의 기초지식　45

사진 ㉠은
여성 더블스
㉡은 혼합
더블스 ㉢는
싱글스의
게임

데 이것도 역시 즐거운 것이다. '저 사람은 서투른 나를 잘 보완해 주어서 매우 믿음직스럽게 느꼈다. 그것이 결혼의 계기였다'고 하는 코트에 핀 사랑의 꽃 이야기도 종종 들린다.

▶싱글스

테니스가 정말로 숙달되면 싱글스에 도전해 보는 것도 즐거운 일이다. 싱글스 게임은 모두 자신 혼자서 판단하고 경기를 전개해 나가야 하기 때문에 집중력과 예측력이 요구된다.

우리나라는 코트의 수가 적고 거기에 비해 테니스 인구가 많기 때문에 테니스 클럽이나 동호회, 회사의 취미 시간에서는 더블스가 주가 되고 있지만 미국이나 유럽에서는 테니스라고 하면 싱글스이다.

싱글스에는 싱글스의 재미, 더블스에는 더블스의 재미가 있지만 일반 일요일 경기는 더블스로 즐기는 사람이 압도적으로 많은 편이다. 그것은 한 쌍을 이룬 상대와 조화를 꾀하면서 게임을 전개해 나가는 재미와 운동량도 적당하기 때문일 것이다.

테니스 코트의 종류

발에 부드러운 클레이(clay), 속도감이 있는 하드(hard)

코트는 보통 실외의 것이 많지만 최근은 비바람의 걱정 없이 경기를 즐기고 싶다고 하는 이유에서 실내 코트도 늘어나고 있다. 코트는 다음과 같은 종류로 나눌 수 있다.

'클레이 코트', '하드 코트', '앙투카(en tout cas) 코트', '그래스(grass) 코트'의 4종류이다.

국내에서 많은 것은 클레이 코트와 하드 코트이지만 정비에 손이 가는 클레이보다 하드가 늘고 있다.

▶ 클레이 코트

클레이 코트는 설비비가 싸다고 하는 것이 최대의 특징으로 표면은 점토. 황목점토(점착력이 있어 벽, 기와 지붕의 밑바탕 등에 사용하는 적토)에 흑토(경작에 적합한 흑색의 흙)를 섞어서 롤러로 굳힌다. 다음에 그 위에 염화 마그네슘 혹은 탄산 칼슘액을 뿌린 후, 표면에 가는 모래를 뿌리고 롤러로 몇 번이나 굳혀서 마무리한다.

코트 자체에 적당한 탄력성이 있기 때문에 선수의 다리나 허리에 부담이 가지 않고 공의 바운드(bound)도 적당하기 때문에 초보자나 여성 또 나이든 경기자로부터 각광받고 있다.

▶ 하드 코트

하드 코트는 코트면의 경도를 조절할 수 있고 준비도 간단한 아스팔트 코트, 전천후 용의 합성수지계 코트, 실내에 이용되는 목제 코트를 총칭해서 말한다.

하드 코트의 특징은 물빠짐이 좋다는 것이다. 또, 평활성(표면이 평평하고 매끌매끌한 것)이 항상 일정해서 불규칙한 바운드의 걱정이 없지만 공이 약간 빨라지기 때문에 초보자에게 있어서는 익숙해질 때까지 고생한다.

또한 클레이 코트와 같이 발을 미끄러뜨려서 공을 잡을 수 없기 때문에 풋워크(foot work)가 중요한 포인트가 된다.

콘크리트 코트는 학교의 교정이나 여행지 등에서 흔히 볼 수 있지만, 바운드(bound)하고 나서의 공의 속도나 변화가 빠르다고 하는 특징을 가진 코트이다.

그러나 코트 그 자체가 단단하기 때문에 각 부위나 허리에 피로가 쌓인다고 하는 결점이 있다. 이 때문에 여성이나 초보자, 나이든 사람 혹은 처음 운동을 하려고 하는 사람은 피하는 편이 좋다.

▶ 앙투카 코트

앙투카 코트는 표면이 적갈색으로 흔히 볼 수 있는 코트이다. 점토를 태워서 부순 것을 사용한다.

특징은 흡수성이 뛰어나서 비가 내린 후도 곧 사용할 수 있게 되는 점이다. 그 점에서는 클레이 코트에 비하여 선수에게 있어서 반가운 코트이지만 역시 비싸고 유지비도 든다고 하는 난점이 있다. 사용감은 클레이 코트와 별로 다르지 않다.

▶ 그래스 코트

그래스 코트(또는, lawn court)는 잔디로 된 코트이다. 녹색의 아름다움이 인상적이고 발의 감촉도 좋고 슬라이스성의 공에 위력이 생기는 등의 장점도 많지만 유지비가 비싸고 기후가 론(lawn)에 그다지 적합치 않은 점도 있어서 가장 수가 적은 코트이다.

그래스 코트는 오스트레일리아, 뉴질랜드, 미국 동부, 영국, 인도에 많다.

잔디의 코트로 유명한 것이 윔블던이다. 이 센터 코트는 1년에 1번 윔블던 대회에만 사용하고 나머지는 잔디 육성에 시간을 들이고 있다. 정말로 영국이 아니고서는 불가능한 코트 관리라고 해도 좋을 것이다.

이와 같이 코트는 종류에 따라서 각각 특징을 가지고 있다. 익숙해지면 어떤 코트에도 반응할 수 있게 되지만 단, 초보자는 발을 다치기 쉬우므로 단단한 코트는 피하는 편이 좋을 것이다. 이 점은 충분히 주의하자.

> • 들을 말한 정보 메모
>
> ▶ **목표는 윔블던의 센터 코트**
>
> 테니스 선수에게 있어서 윔블던의 센터 코트에서 경기하는 것은 꿈과 같은 동경의 대상이다.
> 세계 최고의 선수가 모여서 이루어지는 권위 있는 테니스 경기 회에는 전영(全英), 전미(全美), 전불(全佛)과 전호(全濠)의 각 오픈이 있지만 이 중에서도 가장 권위가 있는 대회가 전영(全英) 오픈(윔블던 대회)인 것이다. 이 센터 코트가 그래스 코트인 것은 유명하고 여기에서 경기하는 것은 세계 일류라는 증명이다.

네트의 높이와 넓이가 다른 싱글스와 더블스

테니스 게임에는 싱글스와 더블스가 있다고 소개했지만 코트도 싱글스용과 더블스용이 있다. 그러나 대부분의 코트가 싱글스와 더블스, 양쪽 모두 가능하도록 만들어져 있다.

▶ **싱글스 코트**

싱글스 코트는 정식으로는 코트의 세로 23.77m, 가로 8.23m의 장방형이다. 코트는 네트에 의해 중앙에서 2분되고 네트는 직경 0.8cm 이하의 코트로 매어져 그 양끝은 직경 15cm 이하 굵기의 2개의 기둥 상단을 통과해서 고정되어 있다.

양기둥의 중심은 코트 양쪽에서부터 각 0.91m 바깥쪽에 위치하고 네트의 높이는 양기둥 지점에서 1.07m 중앙 부분에서 0.9m이다. 이 높이는 지면에 라켓을 세우고 다시 그 위에 라켓의 뼈대 부분을 옆으로 한 높이에 상당한다.

더블스와 싱글스 공용 코트로 더블스용 네트를 치고 싱글스를 할 경우는(상당히 큰 대회가 아닌 한 대부분이 이 스타일이다) 직경 7.5cm 이하의 굵기의 '싱글스 막대'라고 불리는 2개의 기둥으로 네트를 1.07m의 높이로 유지해야 한다. 네트 중앙부의 높이는 역시 0.9m이다.

싱글스와 더블스에서 다른 네트의 치는 법

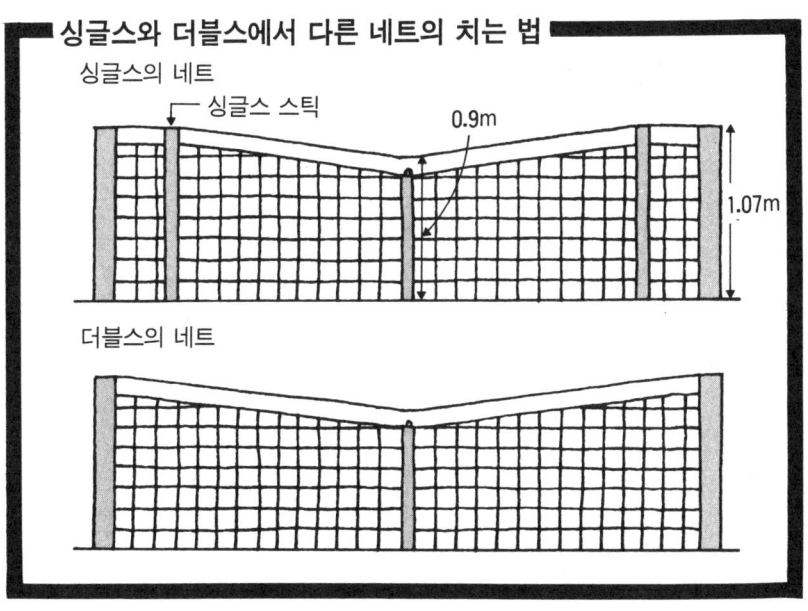

양싱글스 막대의 중심은 각 싱글스 사이드 라인의 바깥쪽 0.91m 에 세운다.

▶ **더블스 코트**

더블스 게임을 위한 코트는 폭 10.97m이다. 즉, 싱글스 게임을 위한 코트보다 양쪽이 각각 1.37m 넓은 것이다.

또한 2개의 서비스 라인 사이에 있는 싱글스 사이드 라인의 부분을 서비스 사이드 라인이라고 한다. 그 밖의 점에서는 싱글스 코트와 같다.

• 들을 만한 정보 메모

▶ **네트의 높이는 자신의 라켓으로 측정할 수 있다**

코트에 들어가면 스스로 네트를 쳐야 하는 경우가 종종 있다. 이런 때에 네트의 중앙부를 0.91m로 치기 위해서 일부러 자를 가지고 나가서 재는 것도 성가시다. 자신의 라켓이 정식 지정 사이즈라면 그것으로 측정하는 방법이 있다.

먼저 라켓을 세로로 해서 지면으로부터 라켓의 길이만큼 측정한다. 이어서 그 높이 위에 옆으로 한 라켓으로 라켓의 가로폭을 덧붙인다.

이 높이가 꼭 0.91m가 되기 때문에 알아 두어야 한다.

테니스 코트의 치수와 명칭

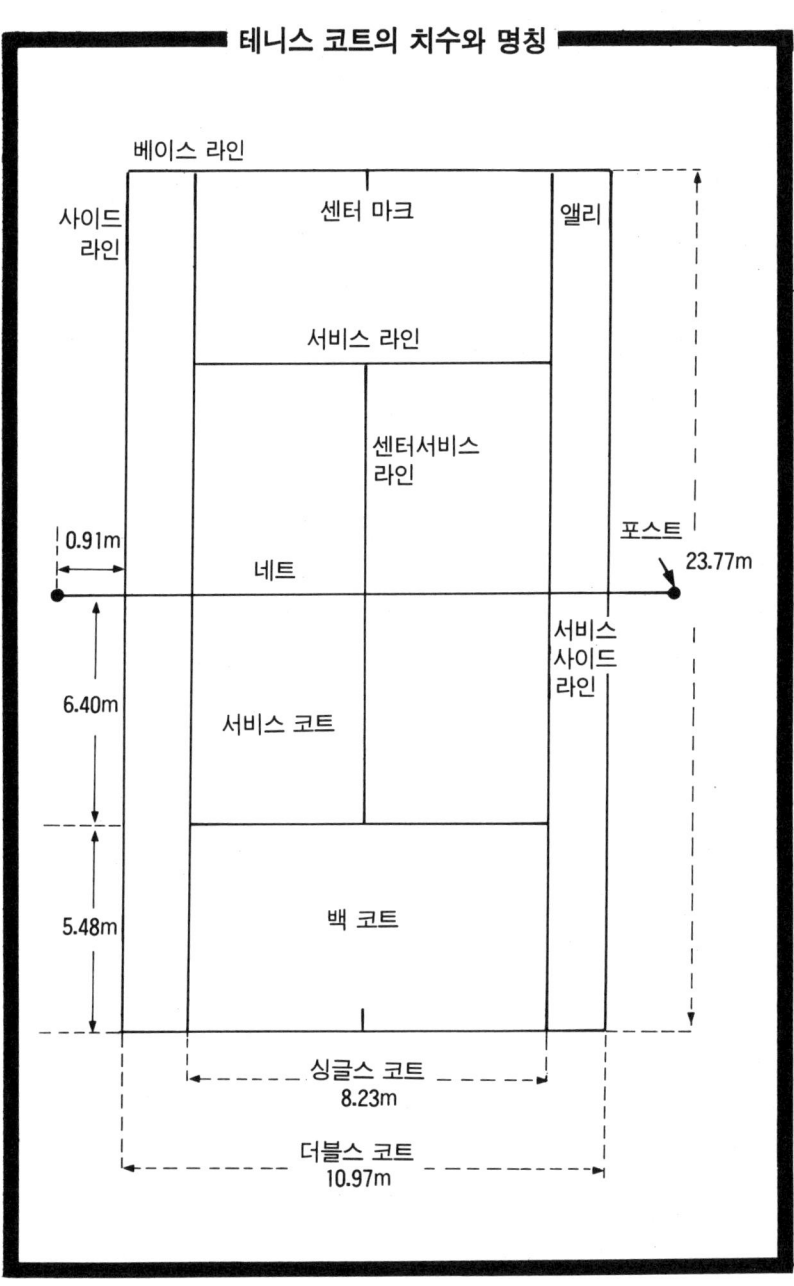

테니스는 이런 게임이다

공을 라켓으로 상대 코트에 되받아 친다

테니스는 운동량이 심한 스포츠이지만 게임성 있고 즐거운 스포츠라고 앞에 썼다. 테니스 게임을 어떻게 하는지 모르는 사람은 적겠지만 혹, 전혀 모르는 사람이나 이제부터 테니스를 시작하려고 생각하고 있는 사람이 있을지도 모르기 때문에 매우 간단히 설명해 둔다.

테니스 게임은 한가운데가 네트로 구분된 코트에서 한다. 네트 맞은편에는 상대가 있다. 상대가 라켓으로 쳐서 자신의 코트에 들어 온 볼을 상대쪽 코트에 되받아 친다. 단지 그것뿐이다. 누구나 알기 쉬운 극히 간단한 룰의 게임이다.

게임은 반드시 서비스로 시작된다. 서비스를 하는 사람(sever)이 상대 코트에서 서비스를 쳐 넣는다.

상대는 자신의 코트에 들어 온 그 서비스를 공이 원바운드하고 나서 다시 서버의 코트에 되받아 친다. 이 사람은 서비스를 받아내는 사람이기 때문에 리시버라고 한다.

다음은 서로 자신의 코트에 들어 오는 공을 상대 코트에 되받아치면 되는데 이 때는 공이 원바운드하고 나서 치거나 바운드하기 전에 쳐도 괜찮다. 정말로 간단한 게임이다.

게임의 흐름

(1) 반드시 서비스로 시작된다.

(2) 자(自)코트에 들어 온 서비스를 원바운드 하고 나서 상대 코트에 되받아 친다.

(3) 다음은 자신의 코트에 들어 온 공을 상대 코트에 계속 되받아 친다.

테니스 용구와 그 선택법

공, 라켓과 신발을 잘 선택한다

 테니스를 할 때 코트가 있고 그곳에 네트가 쳐 있으면 나머지는 공과 라켓과 신발만 있으면 이럭저럭 경기할 수 있다.
 물론 이밖에도 모자나 양말, 웨어 등 필요한 것은 많이 있지만 공과 라켓, 신발만은 이것이 없으면 절대로 테니스를 할 수 없다고 하는 필수 용품이다.
 공은 어쨌든 라켓과 신발만은 잘 선택해서 정말로 자신에게 맞는 것을 사용하지 않으면 기술의 숙달은 차치해도 신체적인 장애를 일으키는 원인이 되는 경우가 있기 때문에 충분히 주의해야 한다.
 테니스를 시작할 때에 가장 기본적인 테니스용품 용구들을 들어 둔다.
 ●공…연습용 공과 공인(公認) 공이 있다. 게임 때에는 공인 공을 사용한다.
 ●라켓…재질과 사이즈, 중량, 그립의 굵기가 자신에게 맞는 것을 고르고 거트(gut)도 자신에게 맞는 강도로 쳐서 사용한다. 라켓 커버도 필요하다.
 ●신발…클레이 코트용, 하드 코트용, 게다가 올라운드(allround) 용이 있다. 또한 같은 하드용의 것이라도 바닥의 두께나 재질에 따라

쿠션이 달라서 무릎이나 발목 등에 가하는 하중이 달라서 무릎이나 발목 등에 가하는 하중이 달라지기 때문에 그것도 잘 조사하여 구입한다.

  • **양말**…신발이나 자신의 발에 맞춰서 두꺼운 듯한 것을 선택한다.
  • **보통 의상**…의상(짧은 소매), 반바지, 치마(여성), 원피스형 의상(여성), 언더 스커트(여성=반바지일 때는 불필요) 등 모두 테니스 전용품.
  • **방한복**…셔츠(긴 소매), 조끼 운동복(상하) 그 외.
  • **기타**…모자, 스카프, 선글라스, 손목 밴드(손목 고정용, 땀 흡수용) 등.

이것으로 거의 충분이다. 이것만 있으면 충분히 테니스를 즐길 수 있다. 단, 여기에서 주의해야 하는 것은 복장에 대해서이다. 골프나 다른 스포츠용의 복장으로 충분할 것 같다고 생각하지 말고 테니스 전용의 복장을 갖추도록 하자. 테니스는 복장에 엄격한 스포츠로 공식전에서는 색채까지 규정되어 있을 정도이기 때문에 평소부터 그 나름대로의 복장으로 경기하기 바란다.

테니스 용구와 웨어

라운드 해트

선바이더

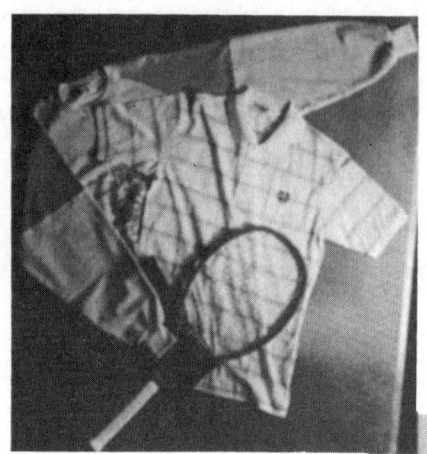
남성용 테니스웨어와 라켓

스커트

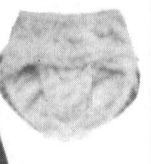
언더스커트

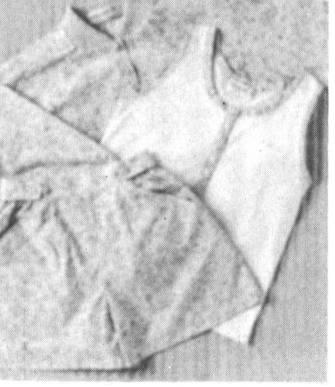
여성용 테니스웨어

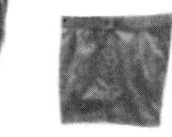
쇼트팬츠

손목 밴드

윈드업팬츠

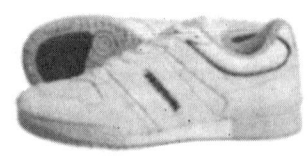
테니스 신발

라켓

숙련자의 도움으로 힘에 맞는 것을 선택한다

▶선택법의 참고

　테니스는 라켓이 없으면 불가능하다. 또한 테니스가 숙달하느냐 어떠냐도 라켓이 당신에게 맞느냐 어떠냐에 의해 결정된다고 해도 좋을 만큼 중요한 용구이다.

　자신에게 맞는 라켓 선정은 상당히 어려운 일이다. 어디까지나 개인적인 기준하에 선택해야 하기 때문에 어느 정도의 경험이 필요하게 된다.

　최근과 같이 사이즈, 중량, 재질, 균형 등 선택 요소가 복잡해지던 나머지는 이제 개인적으로 어느 것을 사용하면 가장 치기 쉬울까라고 하는 것이 되겠지만 초보자에게는 어느 것이 자신에게 맞는 라켓인지 알 리가 없다.

　그래서 테니스의 경험자나 코치 또는 전문적인 지식이 있는 사람에게 당신의 실력을 숨김없이 이야기하고 선택받는 편이 무난하다. 함부로 브랜드에 좌우되거나 가격으로 판단하지 않도록 주의하기 바란다. 아무리 비싼 라켓이라도 당신에게 맞지 않으면 경기는 순조롭지 않다. 이 점은 꼭 머릿속에 넣어 두도록 하자.

　최근의 라켓은 소재가 여러 가지로 올바르게 선택하면 당신 자신에게 예를 들면 솜씨라든가 악력(握力)이라든가 손목의 감도 등의 파워가 없어도 충분히 경기할 수 있다. 기술적인 문제보다도 오히려 당신 자신의 체력이나 파워를 기준으로 해서 선택하면 좋다. 정확한 전문점에 가면 적절한 도움과 함께 당신에게 맞는 라켓을 찾아 줄 것이다.

초보자용에는 카본 파이버제

▶ 라켓의 소재

라켓의 소재는 바로 15년 정도 전까지는 나무(우드)가 대부분이었지만 최근은 스틸제, 글라스 파이버제, 카본 파이버(carbon fiber)제 등이 세력을 떨쳐서 목제는 거의 볼 수 없게 되어 버렸다.

이 4종류에는 각각 특징이 있고 가격도 디자인도 다르지만 초보자에게 전하고 싶은 것은 카본 파이버제의 것이다. 이것은 공이 라켓의 중심(스위트 스폿)을 벗어나서 맞았을 때라도 잘 난다고 하는 점과 더욱이 그 공의 충격을 라켓의 뼈대가 흡수해 주기 때문이다.

이 흡수가 가장 나쁜 것이 스틸제이다. 초보자의 경우 항상 라켓의 중심에 공을 준다고는 할 수 없다. 처음은 먼저 중심에 맞아 주지 않는 것이 보통이다. 그래서 1구마다 다른 곳으로 공을 치게 되어 라켓으로부터의 충격이 많아 팔꿈치나 팔, 어깨에 부담이 간다.

이 부담이 이윽고 전형적인 테니스 장애로 팔꿈치가 아파지는 '테니스 엘보우'를 불러 일으킨다. 테니스 엘보우가 되어 버리면 테니스는 불가능하다. 초보자는 라켓을 선택할 때 이 점을 머리에 두고 선택한다.

스틸제는 충격이 많지만 글라스 파이버, 카본 파이버제는 제작 공정에서 충격을 줄이도록 설계되어 있다.

팔꿈치나 팔에 가장 부담이 가지 않는 것은 목제 라켓이지만, 초보자가 이것을 사용했을 경우 항상 스위트 스폿(라켓의 중심점)에 공이 맞지 않으면 날지 않는다.

이것에 비해 파이버계의 라켓은 프레임 자체에 반발력이 있기 때문에 완력이 없어도 또 스위트 스폿을 벗어나도 날아가 준다.

최초의 라켓에는 데카(deca) 라케를 선택하자

▶ 라켓의 크기

라켓의 크기에는 레귤러(표준) 사이즈, 미드(semi-large) 사이즈

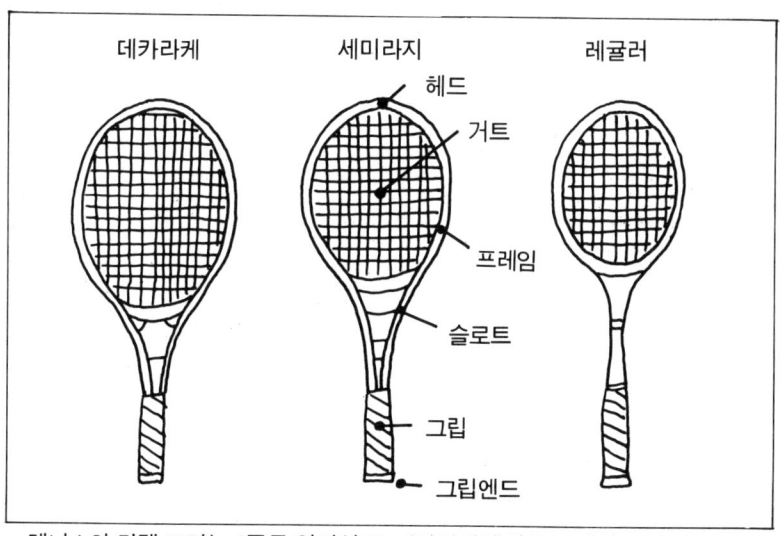

테니스의 라켓 크기는 3종류 있어서 큰 데카라케와 작은 스탠다드에서는 상당히 크기가 다르다.

그리고 오버 사이즈(통칭 데카라케)의 3종류가 있다.

이 3종류에서 어느 것을 선택하느냐라고 하는 것이 되는데 초보자에게는 오버 사이즈의 것을 사용하도록 권한다. 특히 여성은 팔 힘이 없기 때문에 오버 사이즈가 적합하다.

데카라케는 치는 면적이 넓고 작은 스윙력이라도 반발력이 크기 때문에 공이 잘 날고 안정감이 있는 등 초보자에게 적합한 특징을 가지고 있다.

초보자의 경우는 '데카라케'로 라켓에 공을 맞혀서 무리없이 상대 코트에 공을 넣는 것이 우선 필요하다. 이것을 할 수 없으면 나중에도 게임을 하기가 힘들다. 큰 면적을 가진 라켓은 초보자에게 있어서는 매우 유효하다.

초보자를 졸업하고 중급 혹은 상급이 되면 미드 사이즈의 라켓을 사용하도록 권한다.

데카라케는 어느 정도 힘이 있는 선수에게 있어서는 너무 잘 날아서 세밀한 조절이 어렵다. 특히 발리(volley) 등과 같이 미묘한 힘의 조작이 필요한 경우는 데카라케로는 그 기술이 살아나지 않는다.

힘들게 치는 선수에게도 데카라케는 어렵다. 이것도 라켓면이 크기 때문에 반발력이 강해서 공 조절을 어렵게 만들고 있기 때문이다.

그립이 손 안에서 움직이지 않는 사이즈를 선택한다

▶ 그립 사이즈

라켓에는 여러 가지 그립(쥠)의 굵기가 있다.

라켓에는 이 그립 사이즈가 4½이라든가 4⅝이라든가 인치로 표시되고 있다. 일반적으로는 손이 작은 사람일수록 가는 그립(grip)을 선택하는 편이 좋다고 말할 수 있다. 남성보다 힘이 없는 여성은 4⅛인치(약 9.5cm)부터 4⅜인치(약 10.1cm) 사이가 적당할 것이다.

이것은 어디까지나 일반적인 경우로 스스로 그립을 쥐어 보고 느낌이 좋은 것이 적당하다. 손이 큰 사람이라도 가는 그립을 선택하는 사람도 있고 그 반대의 사람도 있다.

어떤 사이즈의 것을 선택해도 괜찮지만 중요한 것은 그립이 손안에서 움직이지 않는 것이다. 그립이 느슨해져 있으면 확실히 되받아 치는 것은 불가능하다.

너무 무거우면 휘두르기 어렵고
너무 가벼우면 공에 진다

▶ 라켓의 무게

라켓을 선택할 때 그 무게는 큰 문제이다. 너무 무거우면 유연하게 스윙할 수 없고 너무 가벼우면 공을 치기가 힘들다.

공을 조절하여 치기 위해서는 너무 무겁지 않고 너무 가볍지 않은 적당한 무게의 라켓으로 과감한 스윙을 할 수 있고 혹은 라켓의 스윙을 생각대로 멈춘다고 하는 동작을 스무드하게 할 수 있는 무게의 것이어야 한다.

너무 무거우면 라켓은 스윙의 방해가 되고 너무 가벼우면 라켓은 단순히 공기를 치고 있는 듯한 감각으로 이것도 역시 스윙의 방해가 된다. 손목을 사용해서 치는 사람이라면 조금 가벼운 라켓, 팔힘이 있어 공을 힘차게 치는 것을 좋아하면 무거운 라켓이 좋을 것이다.

그렇지만 초보자는 이런 기준이 없기 때문에 먼저 단단히 그립을 쥐고 라켓면을 손목보다 위로 유지하면서 스윙해 본다. 그 때 아무런 저항도 없이 휘두를 수 있으면 좋다. 무거워서 손목에 부담을 느끼거나 너무 가벼워서 믿을 수 없을 듯한 느낌이 들면 그 라켓은 자신에게 맞지 않는 것이다.

라켓을 선택할 때 주의해서 보면 알 수 있지만 그립 부분에 대개 L, M 혹은 H라고 하는 표시가 있다. 이것은 라켓 중량의 기준으로 L은 Light(경량), M은 Midium(표준), H는 Heavy(중량)의 약자이다.

이 표시를 기준으로서 실제로 라켓을 쥐고 가볍게 스윙해 본 후 자신의 힘으로 자유 자재로 휘두를 수 있는 라켓을 선택한다. 자신에게 맞는 중량은 사람 각각이지만 또 하나의 기준으로서 여성이라면 340g부터 370g 정도 남성은 그보다 조금 무거운 듯한 것이 좋다고 하니까 참고로 하자.

그립이 무거우냐 헤드가 무거우냐의 감각

▶균형

초보자가 처음 선택하는 라켓은 뼈대가 공의 충격을 흡수하기 쉬운 파이버제의 데카라케로 쥐었을 때 손 안에서 빙글빙글 돌지 않는 정도의 그립과 마음대로 스윙할 수 있는 무게의 라켓이 좋다.

적당한 그립의 굵기에 대해서 또 하나의 기준을 알아 둔다. 자신의 손으로 라켓의 그립 부분을 쥐었을 때 엄지 끝이 검지의 제1관절에 얹히는 정도라고 하는 데에 표준을 두자. 엄지 끝이 검지의 제1관절에 닿지 않는 그립은 너무 굵다. 제1관절을 넘어가 버리는 것은 너무 가늘다.

그리고 라켓 선택의 마지막 포인트가 균형이다. 균형은 가장 중요

라켓의 올바른 선택 방법

그립이 돌지 않는다.
너무 무겁거나 가볍지 않다.

좋은 균형, 좋은 밸런스

한 것이지만 초보자에게 있어서 가장 알기 어려운 부분이기도 하다. 먼저 라켓 전체의 지점이 어디에 있느냐라고 하는 것이 균형이라고 생각하면 된다.

균형에는 헤드 부분이 그립 부분과 거의 같은 무게의 경우 헤드 쪽이 무거운 경우 그리고 그립 쪽이 무거운 경우 3종류이다.

선수 중에는 헤드 부분을 무겁게 해서 스윙에 가속을 붙여 스트로크를 강화하는 사람도 있지만 대부분의 사람은 약간 그립 쪽이 무거운 라켓이나 균등한 것을 사용하고 있다.

일반적으로 여성의 경우는 라켓 조작을 자유 자제로 할 수 있다고 하는 점에서 약간 그립 쪽에 무게를 느끼는 라켓이 호응이 좋다. 그러나 초보자는 균형있는 라켓을 사용하는 편이 좋을 것이다.

균등한 라켓이란 거트가 쳐 있지 않는 라켓의 그립 끝에서 끝을 향해 약 35cm 정도 지점을 손가락으로 받쳐서 라켓이 수평으로 유지되는 것을 말한다.

라켓 거트(gut)

라켓을 사면 거트를 쳐서 받자

테니스 용품점에서 라켓의 코너에 가보자. 라켓은 정확히 거트가 쳐 있는 것이 팔리고 있다고 생각하고 있었던 사람에게는 의외스런 광경이 눈에 띌 것이다. 거트가 쳐 있는 라켓은 아주 조금뿐이고 대부분이 거트가 쳐 있지 않는 뼈대뿐인 라켓임을 깨달을 것이다.

라켓은 거트가 쳐 있지 않는 프레임(frame) 부분을 먼저 구입해서 그 라켓에 자신에게 맞는 거트를 쳐 받는 것이 보통이다.

▶ 나일론과 시프(sheep)

거트에는 나일론제와 시프제(동물성 섬유로 되어 있는 것)의 2종류가 있다. 나일론제는 튼튼하고 물에 젖어도 끊어지는 일은 없다. 그리고 가격도 적당하다. 거기에 비해서 시프제는 거트 자체에 자연의 탄력성과 늘어남, 부드러움이 있기 때문에 일류 선수는 대부분 이것을 사용하고 있다. 가격은 나일론제의 4배 정도이다.

극단적으로 말하면 초보자는 어느 쪽을 사용해도 그다지 다를 바는 없다. 거트의 좋고 나쁨을 알 수 있게 될 때까지는 공을 많이 쳐서 어느 정도의 수준이 되고 나서이다. 따라서 초보자는 나일론제로 충분하다.

최근은 나일론제라도 매우 제품 기술이 발달하고 품질적으로도 뛰어난 것이 많이 시판되고 있다.

▶거트의 치는 법

거트는 종류보다도 오히려 그 치는 법 쪽이 문제이다.

나일론제는 너무 세게 치면 볼은 그다지 날지 않게 되어 버린다. 이 때문에 필요 이상의 힘을 필요로 하게 되기 때문에 초보자나 여성의 경우는 약간 느슨하게 치는 편이 쉽게 칠 수 있다.

잠시 후 어느 정도 기술이 숙달해서 스스로 공을 조절할 수 있게 되면 샤프함을 늘리도록 약간 세게 치면 좋을 것이다. 초보자는 힘을 주지 않고 상대 코트에 공을 되받아치면 되기 때문에 먼저 조금 헐렁하게 친다.

최근의 프로 테니스 선수는 코트의 표면에 맞춰서 거트의 치는 법에 변화를 주고 있다.

예를 들면 카페트나 그래스(grass)와 같이 공이 빠른 서피스의 경우는 거트를 빽빽하게 쳐서 공의 힘에 지지 않도록 하고 클레이 코트의 경우는 공을 강타해서 깊이 칠 필요가 있기 때문에 비교적 느슨하게 쳐서 조금이라도 오래 공을 거트에 멈춰 두도록 치는 법에도 연구하고 있다.

용품점에서 거트를 쳐 받을 때 강도를 지정한다. 거트치는 법의 강도를 파운드로 나타낸 것으로 수치가 크면 클수록 강한 치기이다.

일류 선수라면 예를 들어 40파운드 등의 초(超)느슨함이나 70파운드라고 하는 초단단한 치기를 하는 사람도 있지만 일반인이라면 5

0~60파운드의 범위가 보통이다.

초보자로 팔 힘이 없는 사람이라면 55파운드 전후 팔 힘에 있는 사람은 58파운드 여성 초보자라면 54~55파운드 정도가 하나의 목표가 된다. 라켓을 구입한 가게에서 상담하면 자신에게 알맞게 치는 법을 가게 사람이 선택해 준다.

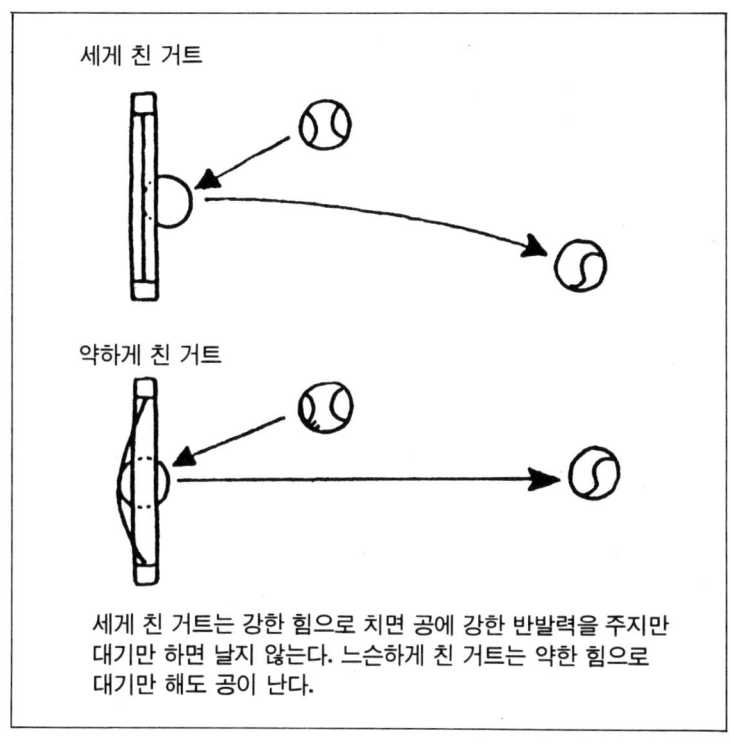

세게 친 거트는 강한 힘으로 치면 공에 강한 반발력을 주지만 대기만 하면 날지 않는다. 느슨하게 친 거트는 약한 힘으로 대기만 해도 공이 난다.

라켓 커버

라켓 보호 외에 소도구함으로서도 이용

라켓은 물에 젖거나 하루종일 태양에 노출되면 틀어짐이 생긴다. 그것을 막기 위해서는 커버로 라켓을 씌워 가방 속에 넣어 두어야 한다.

특히 시프 거트(sheep gut)를 친 라켓에는 충분히 주의하자. 시프제의 거트는 극단적으로 습기나 수분에 약하다. 나일론 거트의 경우라도 가령 방습성이 강하다고 해도 이것은 시프제에 비해서 그렇고 물에 젖거나 비에 맞으면, 장력에 변화가 있기 때문에 나일론제라고 해서 안심할 수 없다. 취급에는 시프제 나일론제 모두 충분히 배려하자.

라켓 커버는 시합장이나 연습하러 갈 때 사이프 티슈 페이퍼, 테이프 등의 소도구를 넣어두는 데도 편리하다. 라켓 보호 뿐만 아니라 소도구통으로서도 활용해 보자. 또한 라켓 커버에는 1개용 뿐만 아니라 2개용도 있다.

테니스 공

오래된 공은 가능한 한 사용하지 않는다

그 날의 경기에 사용하는 공은 스스로 산 것을 지참하지만 그때마다 사는 것은 번거롭다고 해서 대량 구입은 생각해 볼 일이다. 대량으로 산 공은 다 쓸 때까지 시간이 걸려서 공기가 빠져 버리기 때문이다.

가능한 한 바지런히 새로운 공을 구입하고 잘 바운드하지 않는 오래된 공은 사용하지 않도록 한다.

초보자 동안은 코트의 면 대용이 가능해서 그 그룹만 연습에 사용할 수 있는 때는 가능한 한 많은 공을 준비해서 코트에 나간다. 처음에는 좀체로 생각한 곳으로 공이 날지 않기 때문에 일일이 그 공을 줍고 있어서는 공 줍기만으로 끝나 버리기 때문이다. 이윽고 기술이 숙달하면 공의 수도 적어지게 된다.

●들을만한 정보 메모

▶압력공과 비(非) 압력공

시판되고 있는 테니스 공에는 압력공과 비압력공의 2종류가 있는 것을 알고 있는가? 2개 또는 4개의 공이 원통형의 용기 캔에 들어가 있고 캔 뚜껑을 열면 공기가 새는 소리가 나는 것이 압력공이고 밀봉된 캔에 들어가 있지 않는 것이 비압력공이다.

압력공은 공 속에 압력을 가한 공기가 있어 그 공기압으로 크고 가볍게 바운드하도록 되어 있다. 비압력공은 이와 같은 가공은 되어 있지 않고 펠트층과 고무질의 공 재질만으로 바운드를 시키도록 되어 있다. 가격은 압력공보다 훨씬 싸다. 비압력공은 쳤을 때 다소 무겁게 느껴지지만 수명이 길고 싸다는 점도 있어서 연습용에 흔히 사용된다.

테니스 신발

하드용과 클레이용, 올라운드용도

테니스는 '달리는 스포츠'라고 일컬어질 정도이기 때문에 신발은 가장 중요한 용구의 하나이다. 연습 때는 물론 게임이라도 되면 긴 시간 코트내를 뛰어 다니게 되기 때문에 가볍고 발감촉이 부드러운 것이 적합하다. 또한 체중의 부담이 발목이나 무릎에 가해지지 않도

클레이 코트에서 하드 코트용의 신발을 신으면 미끄러지지 않기 때문에 위험

하드 코트에서 클레이 코트용 신발을 신으면 미끄러져서 위험

록 쿠션이 좋은 것을 선택한다.

테니스 신발에는 코트의 종류에 맞춘 하드 코트용과 클레이 코트용 게다가 하드 코트나 클레이 코트나 통용하는 올라운드용이 있다.

하드 코트용의 신발은 클레이 코트용의 신발에 비해서 바닥이 두껍고 쿠션이 깊고 바닥에 미끄럼 방지(칼집)도 깊게 되어 있다. 하드 코트에서는 표면이 단단해서 체중의 부담이 발목이나 무릎에 가해지기 쉬우므로 바닥을 두껍게 해서 충격을 흡수하고 있다.

한편 클레이 코트는 무릎이나 발목에 가해지는 부담이 작고 발에 부드러운 코트이기 때문에 바닥이 얇은 신발로 되어 있다. 미끄럼 방지의 칼집이 얇은 것은 발을 미끄러뜨려서 공을 잡는 경우가 많기 때문이다.

테니스 클럽 등에 들어가 있어 자신의 경기하는 코트가 항상 정해져 있는 때에는 그 코트의 종류에 맞는 신발을 선택하는 것이 좋을 것이다. 또한 가끔 그 때 대여된 코트에서 경기하고 하드 코트의 경우도 클레이 코트의 경우도 있다고 하는 초보자는 올라운드용의 신발을 구입해 두는 것이 무난하다.

단, 하드 코트용의 신발을 클레이 코트에서 신고 경기하면 코트를 손상할 뿐만 아니라 미끄러지려고 했을 때에 걸리거나 해서 위험한 경우가 있다. 또한 클레이 코트용을 신고 하드 코트에서 경기하면 생각지 않을 때에 미끄러지거나 무릎이나 발목에 가해지는 부담이 커서 무릎에 물이 고이거나 아킬레스건을 다치는 원인이 되거나 하는 경우가 있는 점을 알아 두자.

테니스 신발은 보통의 신발보다도 한 사이즈 큰 것을 구입한다. 이것은 두꺼운 양말을 신기 때문이지만 발을 넣고 발뒤꿈치 부분에 검지가 들어갈 정도의 크기가 표준이다. 가능하면 테니스 양말을 지참해서 양말을 신고 실제로 신발을 신어 본다.

양말

충격으로부터 지키기 위해서 두꺼운 것을 선택한다

양말은 보온 흡수성이 좋은 것을 선택한다. 또한 발을 충격으로부터 지키는 것이어야 한다. 양말의 경우 의외로 신경쓰지 않는 선수가 많지만 발을 충격으로부터 지킨다고 하는 점은 중요한 요소이다.

특히 최근은 하드 코트가 많아지고 있기 때문에 발을 충격으로부터 지킨다고 하는 것은 큰 문제이다. 초보자는 하드 코트에서 경기하는 경우에는 두꺼운 듯한 양말을 2장 겹쳐서 신는 정도로 해도 좋을 것이다. 여름이라고 해서 얇은 양말을 신는 사람이 있지만 이것은 피해야 한다.

2장 겹쳐서 신는 것은 신발 벗겨짐을 막는 방법도 되기 때문에 새로운 신발을 사용할 경우에는 실행해 보자.

또한 추울 때의 연습에서는 긴 양말을 신는 것도 좋다. 종아리를 보완하는데 효과적이고 부상이나 종아리 경련(종아리 근육의 경련)을 막는데 유용하다.

또 하나 덧붙이고 싶은 것이 더운 계절에는 신발 속에 베이비 파우더를 뿌리는 것이다. 이것은 발의 열을 제거할 뿐만 아니라 신발 속의 마찰을 줄여서 신발 벗겨짐의 방지도 된다.

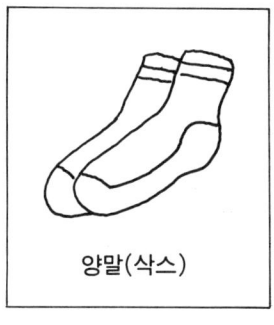
양말(삭스)

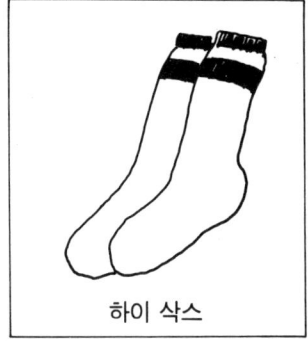
하이 삭스

테니스 복장

흰색이 기존의 패션, 땀 흡수성이 좋은 소재

테니스 패션은 어디까지나 스포츠를 위한 패션이라고 하는 점을 잊어서는 안 된다. 스포츠 중에서 가장 패션성이 높다고 일컬어지는 테니스이지만 '이것으로 스포츠를 할 수 있을까?'라는 생각을 갖게 하는 것은 별로 탐탁치 않다. 정장이나 활동복과는 당연히 다르기 때문에 그것을 의식한 복장을 선택한다.

▶ 복장

테니스 복장은 청결, 청초한 이미지 때문에 자연 흰색이 기초가 되어 왔다. 현재도 전통을 중요시하는 테니스 클럽에서는 '흰색이 아니면 경기는 할 수 없다'고 하는 곳도 있다.

세계의 전통 있는 대회 등은 착용하는 복장에 흰색이 75% 없으면 시합에 참가할 수 없다고 하는 곳도 있다. 그러나 최근에는 다양한 색조의 의상도 사용이 허용되고 있는 대회도 있다. 즐거움을 위한 것이기 때문에 테니스 패션은 자유이지만 가장 알아 두기 바라는 것은 태양 아래에서는 흰색은 태양 광선을 반사하고 컬러는 흡수한다고 하는 점이다. 특히 여름은 흰색이 가장 시원하게 경기할 수 있다.

추운 시기라도 테니스는 제법 땀을 흘리는 스포츠이다. 그래서 땀을 흡수할 수 있는 소재의 의상을 선택하는 것도 중요하다.

테니스 복장은 보통 남성이라면 폴로 셔츠와 짧은 바지, 여성은 원피스나 투피스의 스커트형이다. 남성용과 여성용도 다른 스포츠용의 의상을 공용하는 것이 아니라 테니스 전용 의상을 착용한다.

여성의 경우 여름은 투피스가 편리하다. 땀을 흘리면 상의 혹은 블라우스만 갈아 입으면 되기 때문이다. 원피스는 갈아 입기가 번거롭기 때문에 여름은 피하는 편이 좋을지도 모른다.

최근은 투피스 쪽이 스커트와 셔츠를 자유롭게 조합해서 즐길 수 있고 또 스커트 위에 착용하는 셔츠 블라우스는 평소에도 입을 수 있다고 하는 점에서 인기가 있는 것 같다.

▶ 언더 스커트

테니스 웨어

스커트 밑에는 언더 스커트(쇼트)를 착용한다. 테니스 복장의 스커트는 움직이기 쉽도록 짧게 만들어져 있기 때문에 언더 스커트에도 주의해야 한다.

언더 스커트는 테니스용의 쇼트로 3단의 장식 레이스가 달려 있다. 5단 레이스의 것도 있다. 색은 흰색이 보통이다. 너무 작으면 자못 부자연스럽고 반대로 너무 크면 날렵함이 부족해 버린다. 무늬가 있는 것도 있지만 어디까지나 청결함과 청초함이 기초라고 생각하고 셔츠나 스커트 혹은 원피스 등의 의상과 맞는 것을 선택한다.

몸이 따뜻해지면 방한복을 벗어 간다

▶방한을 위한 의상

추운 계절에 경기할 경우는 경기 전후에 반드시 연습복을 착용하도록 한다.

몸을 움직여서 경기하는 사이에 따뜻해지면 조금씩 위에 입고 있는 것을 벗어 간다. 준비 운동용 재킷, 스웨터 그리고 마지막에 준비 운동용 팬츠라고 하는 식으로 벗거나 또는 몸이 추워지면 반대로 입어 가는 등 자기 스스로 조절하자.

이와 같이 하면 추운 시기에 일어나기 쉬운 근육의 경련이나 등골을 다치거나 하는 테니스 장애나 감기 등을 막을 수 있다.

연습복은 조금도 고가품이 아니어도 괜찮다. 육상 경기 선수가 흔히 몸에 걸칠 수 있는 모자 달린 따뜻한 '트랙 슈트'와 같은 것으로 충분하다. 이밖에 추울 때의 테니스에서는 스웨터, 가디건, 조끼 등도 준비하기 바란다.

방한용 테니스 패션

스웨터나 가디건, 조끼의 효용은 보온이 목적이지만 단순히 겨울의 추운 기온으로부터 몸을 지킨다고 할 뿐만 아니라 경기에서 땀을 흘린 후에 이것을 이용함으로써 급속히 몸을 식히지 않는다고 하는 효용도 있다.

스포츠에서는 심하게 몸을 움직이면 체온은 급상승하고 발한 작용을 일으켜서 체온 조절을 한다. 이것은 여름이나 겨울이나 마찬가지이다. 발한한 후는 여름이라도 몸은 급속히 식어 간다. 이 때문에 감기에 걸리거나 하기 때문에 지나치게 신경질적일 만큼 주의를 기울여도 지나치지 않는다.

또한 이런 체온 조절과 동시에 스웨터, 가디건, 조끼는 유행에 맞게 치장하기 위한 것으로서도 중요한 요소이다.

이것도 의상과 잘 혼합해서 조화로운 색조의 것을 선택해서 조합한다.

겨울, 가을, 봄 계절은 스웨터, 조끼, 가디건은 멋의 큰 포인트가 된다.

테니스의 소도구류

소도구라고는 말하지만 모두 필요품 뿐

테니스 용품에는 의상 외에 소도구류가 있다. 이 소도구를 잘 사용하면 한층 더 멋스러워진다.
　라켓 커버, 타올, 테니스 가방, 헤어 밴드, 스카프, 손목 밴드, 세컨드 백, 그립 레더 등이 소도구류에 들어간다.

▶ 라켓 커버

라켓 커버는 라켓을 사면 으레 따라오는 것으로 또한 마음에 드는 디자인의 것을 선택해서 살 수도 있지만 스스로 만들어서 귀여움이나 독창성을 강조하는 연출을 하는 여성도 있다.

▶ 스포츠 타올

타올은 테니스에는 빼 놓을 수 없는 것이다. 이것은 보통의 타올과는 다른 스포츠용의 타올이지만 그 중에서도 크고 두꺼운 것을 선택한다.
　테니스는 그만큼 땀을 흘리는 스포츠이지만 연습 후 샤워를 하는 경우가 많기 때문에 2개 지참해 가면 편리하다.

▶ 테니스 가방

테니스 가방은 라켓이 들어가 버리는 대형의 것부터 중형, 소형의 것까지 있지만 대형 가방에 모든 용구를 넣고 어깨에 메고 활보하는 것이 유행 스타일이다.

▶ 헤어 밴드, 스카프

헤어 밴드, 스카프는 멋있는 느낌을 주지만 이것은 머리카락의 흐트러짐이나 땀이 눈에 들어가지 않기 위해서도 필요한 것이다. 이것들도 의상과 함께 선택하도록 한다. 스카프나 헤어 밴드가 의상과 전혀 어울리지 않으면 스포티한 느낌은 들지 않는다.

▶손목 밴드

손목 밴드는 손목의 보호와 땀을 닦기 위한 소도구이다. 너무 작은 것이 아니라 두껍고 폭이 넓은 것을 사용하면 편리하다.

▶작은 가방

작은 가방은 화장품이나 사이프, 그 밖의 사적인 소지품을 넣어 두는데 편리하다. 커다란 가방은 안을 잘 정리해 두지 않으면 필요한 것을 그 때마다 찾아야 하기 때문에 작은 가방에 정리해서 곧 꺼낼 수 있도록 하자.

▶신발 가방

신발 가방도 준비한다. 사용한 신발을 가방 속에 내던져 두는 것은 다른 의상을 더럽혀 버리기 때문에 상자에 넣어서 가방에 담도록 한다.

▶그 밖의 소도구

그립 테터는 라켓의 그립이 땀으로 미끄러지는 것을 막는 역할을 하지만 여기에도 여러 가지 색깔이 있어 라켓에 악센트를 주기 위해서도 사용하기 바라는 소도구이다.

이 외 장갑은, 겨울은 물론이지만 여름이라도 물집 방지에 사용할 수 있다. 붕대도 준비해서 라켓의 샤프트에서 미끄러지는 손가락에 감아 두는 것도 물집이나 스쳐서 손을 다치는 방지가 된다. 또한 모자, 선글라스 등도 여름 테니스에는 빼 놓을 수 없는 소도구이다.

현재의 테니스 패션에는 디자인, 소재가 풍부해서 기호에 따라 여러 가지 즐기는 법이 가능하지만 본질적으로는 의상 그 자체가 스포츠 패션으로 달리고 점프하고 굽히는 등의 몸의 움직임을 자유롭게 할 수 있는 것이어야 한다.

또한 클럽에 따라서는 흰색으로 통일하고 있는 곳도 있다.

제 2 장

테니스 코트에 들어가면

코트 매너와 에티켓

남에게 불쾌감을 주지 않는 복장이나 말씨도

어떤 스포츠나 그렇지만 상대나 주위 사람에게 불쾌감을 주지 않는다고 하는 것이 매너의 기본이다. 특히 테니스의 경우는 공식 시합일 때 뿐만 아니라 오락 게임일 때도 연습 때도 스포츠맨 정신을 지킨 매너와 예절이 요구된다. 복장이나 동작, 말씨에 이르기까지 주의해서 경기하자.

▶코트내의 기본적인 매너

시합과 연습에 관계없이 코트에 들어가면 지켜야 하는 매너와 예절이 있다. 그 근본은 상대를 존경하고 주위에도 불쾌감을 주지 않는다고 하는 것이다.

☆코트에는 테니스 복장을 입고 들어간다. 물론 옷 위에 입는 재킷이나 스포츠 점버, 오버, 바지 등은 입고 들어가도 괜찮지만 평상복이나 기타 테니스를 하지 않는 복장으로 들어가서는 안 된다.

라커(locker)가 있으면 라커에서 갈아 입든가 라커가 없으면 코트 밖에서 갈아 입고 나서 들어간다.

☆코트에 들어가면 함께 온 동료나 아는 사람 등과 큰 소리로 떠들어서는 안 된다.

☆타올이나 스웨터, 예비 라켓, 라켓 커버 등 직접 경기에 사용하지 않는 것은 네트 폴에 걸치거나 하지 말고 벤치 위에 정리해 둔다. 벤치가 없으면 심판대 아래에 놓든가 받침대 뒤쪽에 방해가 되지 않도록 놓는다.

☆준비 운동이나 오락 게임이나 이제부터 경기를 시작하려고 할 때는 '부탁합니다'라고 말하며 가볍게 머리를 숙이고 나서 시작한다.

☆준비 운동의 랠리(rally)나 발리를 할 때는 가능한 한 상대가 되받아 치기 쉬운 공을 보낸다.

☆코트의 반면에서 동료와 랠리 등의 연습 중에 다른 반면에서

이런 행위를 해서는 안 된다.

연습 중인 사람으로부터 '게임을 하지 않겠습니까?'라는 제안을 받았을 때는 가령 상대가 모르는 사람이라도 거절하거나 하지 말고 게임에 참가한다. 이 때 자신이나 상대의 실력은 관계없는 것이라고 생각하자.

☆대여 코트에서 1면을 동료들만으로 빌린 때는 차치하고 두 사람씩 2조가 1면을 사용했을 때에는 너무 많은 공을 사용해서 경기하지 말고 또한 다른 코트로 굴러간 공을 곧 줍고 나서 경기를 계속한다.

☆다른 사람이 친 공이 자신 가까이로 굴러왔을 때에는 곧 주워서 돌려 준다.

▶게임 때의 매너

코트 대여를 해서 자신들만으로 자유롭게 사용할 수 있을 때는 별도이지만 클럽 테니스 등에서는 코트 수가 부족하기 때문에 연습보다도 곧 더블스의 오락 게임이 시작된다.

이것은 말할 필요도 없이 정식 시합이나 공식전과 달리 어디까지나 즐기기 위한 가벼운 게임이지만 역시 그 나름대로의 약속 사항이나 매너가 필요하다.

☆게임 중도 상대를 존경하는 것이 기본이다. 게임이 즐겁지 않다고 하는 태도나 상대를 깔보는 듯한 태도는 절대로 삼가한다.

☆오락 게임의 세이프, 아웃의 판정은 대부분의 경우 셀프 저지이다. 셀프 저지란 자신의 가까이에 온 공의 세이프, 아웃의 판정은 스스로 하지만 이 때 아슬아슬한 공은 상대편이 유리하도록 판단한다. 자신에게 유리하도록 판단하는 것은 안 된다.

☆서버(sever)는 리시버(receiver)가 완전히 준비자세를 취한 것을

이런 행위를 해서는 안 된다!

확인하고 나서 서비스를 친다.

☆게임 중에 느슨해진 신발의 끈을 고치거나 혹은 한쪽으로 치우친 거트를 고치거나 할 때는 상대에게 등을 돌리고 한다.

☆상대의 플루크 샷(fluke shot ; 행운의 타구)에 싫은 얼굴을 하거나 상대의 실수를 기뻐해서는 안 된다. 오히려 플루크 샷을 친 사람은 '미안합니다'라고 말하거나 상대의 멋진 기술에는 '나이스 샷' 아까운 실수에는 '배드 럭'이라고 말하는 정도가 보통이다.

☆체인지 코트 때 그때까지의 서비스측이 공을 가지고 있으면 공을 서비스 위치 부근에 놓든가 상대에게 직접 건네준다.

☆네트한 공이나 아웃한 공은 스스로 기꺼이 줍는다. 특히 네트 가까이에 있는 공은 네트 어느 쪽에 있는 공이라도 상대에게 줍게 하지 않고 자신이 줍도록 유의한다.

☆ 게임은 2개의 공을 사용해서 하지만 경기에 한 단락을 짓고 서버에게 공을 돌려 줄 때 리시버측에서 공을 돌려주고 서버측의 파트너를 그 다음에 볼을 돌려 준다.

☆ 체인지 코트는 재빨리 하지만 더블스에서는 파트너와 같은 사이드를 걸어서 이동한다. 쌍방의 팀 모두 네트를 향해서 좌측을 걷는다. 네트를 뛰어 넘는 것은 당치도 않다.

그립 쥐는 법은 여러 가지 있다. 결정하면 그것을 계속한다

이스턴(Eastern)과 웨스턴(Western), 콘티넨탈(Continental)의 3종류

테니스는 라켓으로 공을 치는 게임이지만 팔과 라켓을 연결하는 쥠이 매우 중요하다. 이 쥠을 '그립(grip)'이라고 한다. 처음 테니스를 하는 사람에게 있어서 라켓을 어떻게 쥐느냐라고 하는 '그립'의 선택은 상당히 어려운 것 중의 하나이다.

처음에 익힌 그립으로 어느 기간 경기를 계속한 후 다른 그립으로 바꾸려고 해도 좀체로 잘 되지 않기 때문에 특히 처음의 선택이 중요하다.

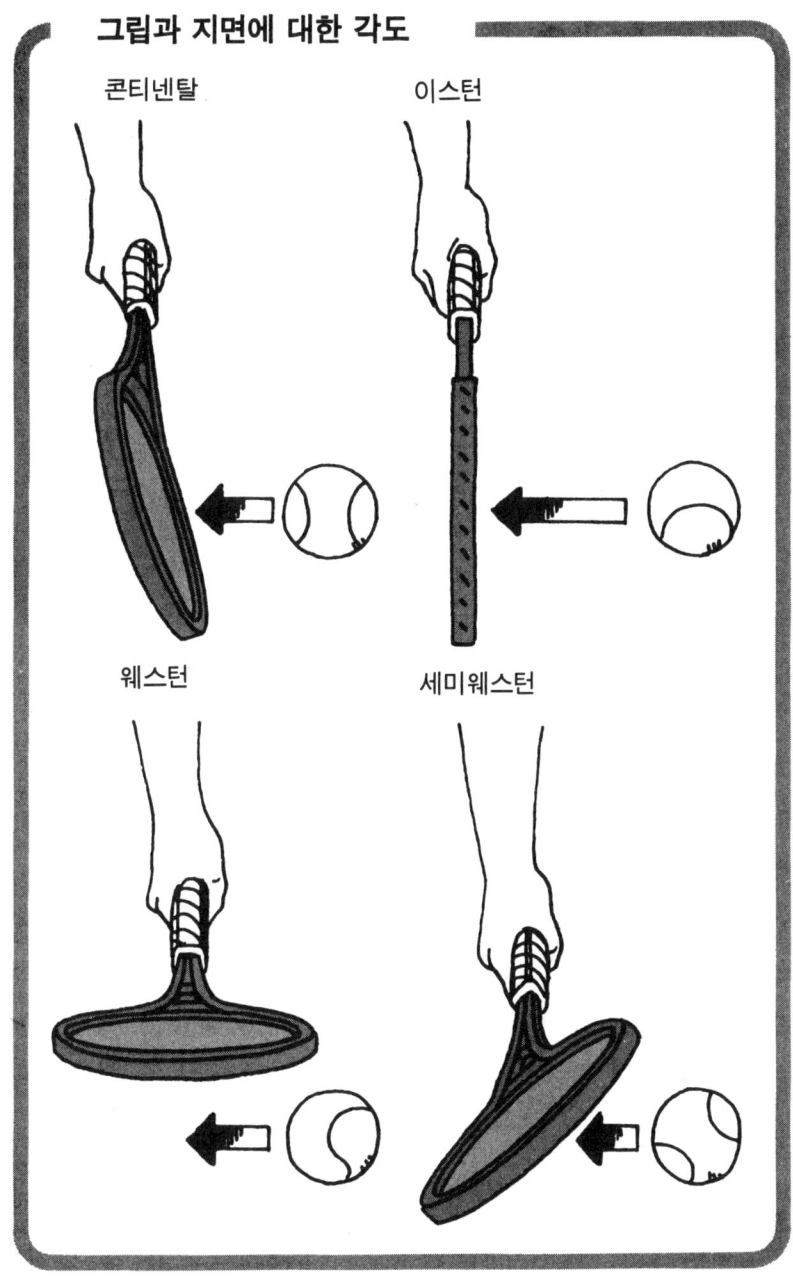

주요한 그립에는 다음의 3종류가 있다.
① 이스턴 그립
② 웨스턴 그립
③ 콘티넨탈(잉글리시) 그립

이 외에 세미웨스턴 그립이라고 하는 그립도 비교적 자주 사용되지만 이런 그립들은 기본으로 해서 각각의 경기자가 자신에게 맞도록 조금씩 그립을 바꿔 쥐기 때문에 실제로는 좀더 많은 그립이 있게 되지만 어디까지나 이 3종류가 기본이라고 생각하자.

그립의 차이란 알기 쉽게 말하자면 지면에 대한 라켓면의 각도의 차이이다. 지면에 대해서 라켓의 면이 수직이냐 혹은 어느 쪽인가로 조금 기울어져 있느냐라고 하는 것이다.

 # 이스턴 그립

자연스럽게 쥐는 방법이기 때문에 무리가 없는 초보자용

이스턴, 웨스턴, 그리고 콘티넨탈(잉글리시) 3종류의 그립 중에서도 가장 기본적인 것이 이스턴 그립이다. 자연스럽게 쥐는 법으로 무리가 없어 특히 앞으로 처음 라켓을 쥐려고 하는 초보자에게는 가장 권할 수 있는 그립이다.

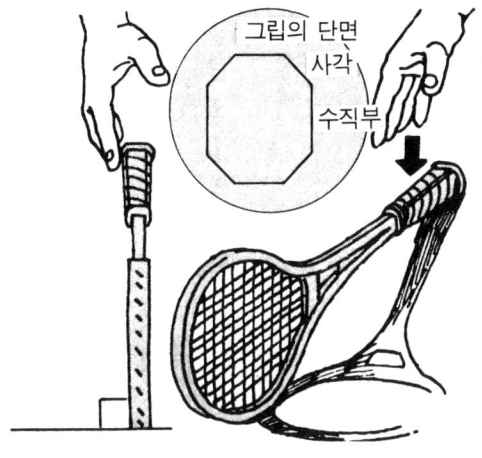

▶ 쥐는 법

옆으로 해서 놓은 라켓의 면을 코트에 대해서 수직으로 세우고 거기에 위에서 팔을 똑바로 아래로 내려 라켓의 그립을 악수하는 듯한 형태로 자연스럽게 붙잡는 것이 이스턴 그립이다.

좀더 정확하게 말하자면 오른손잡이의 사람이면 오른손의 손바닥 뿌리를 그립 위치의 우측 사각부에 두고 엄지볼을 좌측의 수직 부분에 걸친다. 그리고 나서 그립 위치 주위에 손가락을 휘감고 검지 뿌리는 우측 수직 부분에 거둔다.

일단 자신의 그립을 이거라고 정하면 일일이 눈으로 보고 확인하지 않더라도 항상 그 그립이 되도록 하지 않으면 테니스는 불가능하다.

이스턴 그립은 라켓의 그립 뒤쪽에 손바닥이 오기 때문에 포어핸드 스트로크일 때 공을 미는 방향이 자연스럽고 치기 쉬운 그립이라고 말할 수 있다. 특히 허리에서 아래의 공을 치는데 적합하다.

▶ 이스턴에서의 백핸드

테니스에서는 잘 쓰는 팔쪽에서 치는 것을 포어핸드(forehand), 잘 쓰는 팔이 아닌 쪽에서 치는 것을 백핸드(backhand)라고 하지만 공은 잘 쓰는 팔쪽으로도 그 반대쪽으로도 오기 때문에 포어핸드도 백핸드도 칠 수 있어야 한다.

포어핸드와 백핸드에서는 그립을 다소 바꿔서 치는 것이 보통이다. 여느때는 포어핸드의 그립으로 공을 기다리고 백사이드로 공이 왔을 때에 그립을 바꾸는 것이 일반적인 방법이다.

이스턴 그립의 포어핸드에서 백핸드로의 바꿔 쥐기는 쥔 손을 약 4분의 1 정도 왼쪽 방향(시계의 바늘과 반대 방향)으로 회전시킨다. 달리 표현하자면 라켓의 그립을 시계 방향으로 약 4분의 1 정도 회전시키는 것이다.

손바닥의 뿌리가 약간 좌측의 사각 부분에 걸리면 정확한 백핸드의 그립이다. 엄지를 좌측의 수직부분에 비스듬히 놓고 검지 뿌리를 톱 오른쪽 끝에 얹는 형태가 된다.

▶그립의 바꿔 쥐기

날아 오는 공이 포어핸드의 방향이라면 포어그립, 백핸드의 방향이라면 백그립으로 바꿔서 친다.

포어핸드와 백핸드에서 아주 조금이라도 그립을 바꾼다고 하는 것은 초보자에게 있어서 어려운 일과 같이 생각되지만 걱정은 필요없다. 처음은 어색하더라도 자연스럽게 곧 할 수 있게 된다.

날아 오는 공의 방향에 따라서 이스턴 포어핸드에서 백핸드로 약간만 그립의 위치를 비키는데 이것을 할 수 없으면 포어핸드만으로 와서 백핸드는 칠 수 없는 어중간한 선수로 끝나 버린다.

이스턴 그립

 그립의 바꿔 쥐기는 라켓의 슬로트(뼈대와 손잡이의 연결 주변 목 부분)에 거는 왼손의 엄지로 슬로트를 밀듯이 해서 오른손의 쥠 각도를 바꾼다. 샷을 위해 라켓을 뒤로 잡아 당김과 동시에 그립의 이동을 시작해서 라켓을 몸과 평행 지점까지 되돌려 쥐기 직전까지 완료한다.
 자기 스스로 연습하기 위해서는 거울 앞에 서서 포어 또는 백의 백스윙에 따라서 그립을 확인해 본다.

웨스턴 그립

톱스핀을 칠 수 있지만 백핸드가 어렵다

▶쥐는 법

웨스턴 그립은 라켓을 지면에 놓은 형태에서 위에서 그대로 손을 내려 라켓을 위에서 쥔 그립이다. 손바닥 뿌리와 검지 뿌리가 톱에 얹히도록 쥔다.

라켓을 뒤로 당길 때 잘 쓰는 팔이 아닌 손을 슬로트에 거들어서 당기는데 그 엄지로 슬로트를 밀어 그립을 바꾼다.

웨스턴 그립의 변형에 세미웨스턴 그립이 있다. 이 그립은 손바닥 뿌리와 검지의 관절이 우측의 수직 부분에 있고 엄지는 좌측의 사각 부분에 있다. 초보자에게 흔히 볼 수 있는 그립이다.

웨스턴 그립은 포어핸드의 스트로크에서 톱스핀이 걸린 강한 공을 칠 수 있다고 하는 장점이 있는 한편, 짧고 작은 공에 대해서는 다소 치기 어렵고 슬라이스계의 공(역회전의 공)을 치는 데도 적합치 않다고 하는 단점이 있다. 또한 발리나 스매시, 백핸드 스트로크일 때도 그립을 크게 바꾸어야 한다.

▶웨스턴에서의 백 핸드

웨스턴 그립은 연식 테니스에서는 친숙한 그립으로 연식일 때는

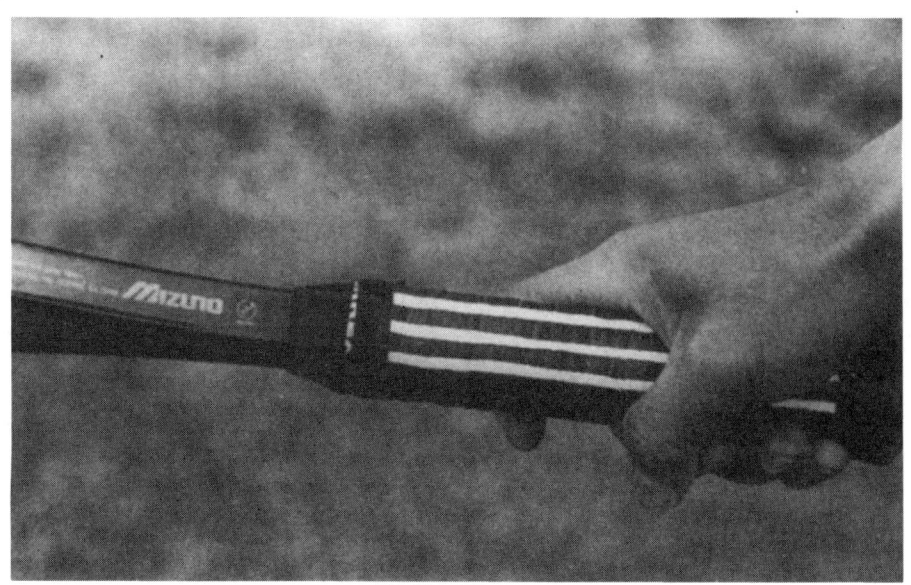

웨스턴 그립

같은 그립으로 라켓의 양면을 사용해서 포어핸드 백핸드를 적절히 사용하지만 경식 테니스의 백핸드는 이 타법이 불가능하다. 공의 기세에 져 버리기 때문이다.

백사이드로 공이 오면 오른손잡이는 라켓의 그립을 시계 방향으로 90도나 그 이상 회전시켜서 친다. 이 다음에 설명할 콘티넨탈(잉글리시)이나 적어도 이스턴 그립으로 바꿔 쥐어야 한다.

웨스턴 그립인 채의 백핸드는 지금까지 연식을 해오다가 이제부터 경식을 시작하는 사람으로 이제 이 그립을 바꿀 수 없다고 하는 사람 이외는 권할 수 없다.

콘티넨탈 그립

콘티넨탈 그립

포어와 백핸드를 같은 그립으로 칠 수 있다

▶쥐는 법

콘티넨탈(잉글리시라고도 한다) 그립은 라켓을 지면에 수직에 가깝게 약간 면이 위를 향하는 정도로 기울이고 손바닥을 위에서 내려 붙잡는다. 정확하게 쥐었을 경우는 손바닥의 뿌리가 톱에 있고 엄지는 그립 위치의 주변에 똑바로 편다. 검지 뿌리는 우측의 사각 부분에 올 것이다.

이 그립은 낮은 바운드의 공을 치는데 적합하지만 높은 공은 라켓 조절이 어렵고 강한 손목과 정확한 타이밍이 없으면 완전히 칠 수 없다. 또한 톱스핀계의 공도 치기 어려운 그립이다.

장점은 포어핸드와 백핸드를 그립을 바꾸지 않고 같은 그립으로 칠 수 있다고 하는 점이다. 또한 발리(volley)도 하기 쉽다고 하는 이점이 있다.

그립의 정리

이스턴, 웨스턴(세미웨스턴), 콘티넨탈(잉글리시)의 각 그립에는 각각 장점도 단점도 있다. 또한 샷의 종류에 따라서는 그립을 바꿔서 쳐야 하는 경우도 있는데 마지막으로 이것들을 정리해 둔다.

▶웨스턴 그립

장점은 포어핸드의 스트로크에서 톱스핀(순회전의 공)의 한 공의 치기 쉽고 또한 높은 타점에서 공을 칠 수 있는 점이다. 세미웨스턴도 거의 같다고 생각해도 좋을 것이다.

단점은 발리나 스매시, 서비스 등의 강한 샷이 치기 어려운 점과 전진해서 잡는 네트가의 짧은 공의 처리가 어렵지만 무엇보다도 이대로의 그립으로는 백핸드의 스트로크나 발리가 불가능하다. 또한 포어핸드의 스트로크라도 슬라이스(역회전의 공)는 치기 어렵다.

잘 쓰는 팔이 아닌 쪽으로 온 공은 백핸드로 치지만 웨스턴 그립의 경우 크게 그립을 바꾸어야 한다. 스트로크라면 적어도 이스턴 그립 가깝게까지 그립을 회전시키고 발리라면 더욱 크게(콘티넨탈 가까이까지) 그립 체인지해야 한다.

▶콘티넨탈 그립

장점은 포어핸드 스트로크 뿐만 아니라 발리나 서비스, 스매시, 백핸드의 스트로크나 발리도 그립을 바꾸지 않고 그대로 칠 수 있다고 하는 점이다. 타점이 낮은 공 슬라이스계의 공도 치기 쉬운 그립이다.

단점은 강한 톱스핀의 공이 치기 어렵고 또한 높은 타점의 공도 치기 어려운 점과 스트로크에 상당한 힘과 손목의 강도가 요구되는 점이다.

▶ 이스턴 그립

자연스런 그립 방법으로 웨스턴이나 콘티넨탈과 같은 능숙, 서투름이 적고 양그립의 중간적인 특성을 가지고 있다.

백핸드의 샷을 칠 때는 그대로 치는 사람도 있지만 그립을 조금 바꿔서 콘티넨탈 그립으로 하는 것이 보통이다. 초보자가 마스터하기 쉬운 그립이라고 해도 좋을 것이다.

• 들을 만한 정보 메모

▶ 스스로 바꿀 수 있는 그립 사이즈

현재 사용하고 있는 라켓의 그립이 너무 크거나 너무 작은 경우는 스스로 간단히 고칠 수 있다. 특히 너무 작은 경우는 간단하다. 그립에 감겨있는 레더(leather)를 풀어 아래에 테이프를 감고 그 위에 레더를 겹쳐서 감으면 굵어진다.

아주 조금 크게 하는 정도로 좋을 경우라면 현재 사용하고 있는 그립 위에 그립 테이프를 감으면 된다.

성가신 것은 너무 큰 그립을 작게 하는 것이다. 그립 레더의 아래가 나무일 경우는 나이프로 깎으면 되지만 현재와 같이 합성수지라면 테니스 숍에서 기계로 깎아 받을 수밖에 없다.

• 알아두면 좋은 테니스 상식

▶ 자신의 손의 그립 사이즈

자신의 라켓 그립 사이즈가 맞는지 어떤지를 손바닥의 사이즈를 재면 알 수 있다. 먼저 손바닥을 보자.

손바닥을 보면 옆으로 달리는 눈금선이 3개 있을 것이다. 이 중 중앙부를 달리고 있는 선의 중심부터 중지의 선단까지의 길이를 잰다. 정확히 말하자면 약지와 중지의 중간에 자를 대어 잰다. 이 수치가 자신에게 맞는 그립의 크기이다. 즉, 측정치가 4½인치(약 10.8cm 그립 사이즈는 인치가 사용되고 있다)라고 나오면 그 사이즈가 맞는 것이다.

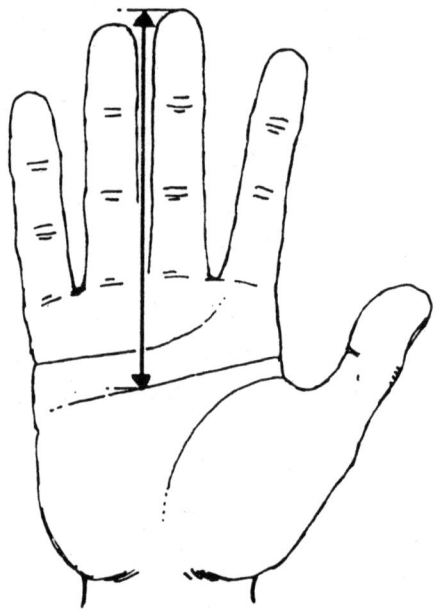

첫 그라운드 스트로크
—스트로크의 기본

누구나 코트에 나가면 난타부터 테니스가 시작된다

테니스 코트에 나가면 누구나 먼저 난타부터 시작하는 것이 보통이다. 난타란 상대와 서로 코트의 양쪽에 서서 그라운드 스트로크를 치는 것이다. 난타는 테니스의 기본이다. 이것을 할 수 없으면 게임도 할 수 없다.

이 난타로 완전히 포어와 백핸드의 스트로크 기본을 익힌다. 스트로크는 베테랑이든 초보자이든 또는 남성에게나 여성에게나 혹은 프로, 아마, 그리고 기술의 정도를 불문하고 중요한 테니스의 기본이다. 이 그라운드 스트로크의 기본이 모두 다른 스트로크에도 적용된다.

그라운드 스트로크의 형태를 완전히 만들고 있으면 다른 스트로크로 옮겨도 자연히 그 나름대로의 스트로크를 할 수 있기 마련이다.

▶ 공에서 눈을 떼지 말라

스트로크의 기본 스윙

공이 오는 방향을 향해서 약간 무릎을 구부리고 발끝에 체중을 싣고 서서 공을 기다린다.

앞발을 내딛고 잘 쓰는 팔을 뒤로 당겨서 백스윙! 얼굴은 정면을 향해서 공을 계속 본다.

난타(그라운드 스트로크)에서 가장 주의해야 하는 것은 '공에서 눈을 떼지 말라'고 하는 점이다. 특히 초보자는 흔히 공에서 눈을 떼고 헛치고 있지만 의식적으로 공을 확실히 주시하고 있으면 아무리 초보자라도 공은 라켓에 맞는다.

'공에서 눈을 떼지 말라'고 하는 말은 테니스에서는 반복해서 일컬어지고 있지만 그래도 이것만큼 무시당하고 있는 것도 없다. 공에서 눈을 떼어 버리면 첫 치기를 하거나 혹은 라켓의 중심에서 벗어난 곳에서 치는 결과가 되어 버린다.

이런 실패를 하지 않기 위해서 연습 중에 공이 라켓의 거트에 맞는 순간까지 눈을 떼지 않는 버릇을 기르도록 하자.

▶체중을 앞으로 이동해서 친다

다음에 '체중을 앞으로 이동해서 친다'고 하는 말도 중요하다. 만일

면을 지면과 수직으로 유지하면서 라켓을 흔들어 내고 몸 정면에서 공을 잡는다.

흔들어 낸 라켓의 기세를 그대로 폴로 스루로 가져간다. 눈은 공을 계속 본다.

당신이 공을 칠 때에 뒷발에서 앞발로의 체중이동을 하고 있으면 스트로크에 굉장한 위력이 가해진 것을 느낄 것이다.

힘찬 공을 치기 위해서는 앞발에 크게 체중을 실어야 한다. 이것을 할 수 있으면 그다지 파워가 없더라도 또 라켓을 크게 휘두르지 않더라도 힘찬 공을 칠 수 있다.

전체중을 실어서 치는 스트로크는 기세와 속도 그리고 탄력이 있는 법이다. 따라서 힘이 없는 여성이나 연배의 남성 등도 힘이 없기 때문에 강한 스트로크는 칠 수 없다고 포기하지는 말자. 공을 향해서 라켓을 휘두르기 시작할 때에 발을 내딛어 치는 것만을 유의하면 자연히 체중은 앞으로 이동하고 친 공에 기세가 붙는다.

▶ 공에 집중한다

다음에 중요한 것은 '공에 집중한다'고 하는 것이다. 그라운드 스트로크는 어느 정도 칠 수 있게 되면 단순히 기계적으로 치는 선수가 많아진다. 이래서는 아무리 서로 쳐도 질 높은 연습이 되지 않는다.

항상 공에 집중해서 자신의 폼을 체크하면서 또 여러 가지 공에 대해서 '지금은 이렇게 쳤지만 이것으로 괜찮을까?' '지금의 바운드는 높았지만 이것으로 괜찮을까?' 등 잘 생각하면서 1구 1구 집중해서 연습하는 것이 중요하다.

▶ 그립을 확인한다

'오늘은 아무래도 공이 맞지 않는다'고 하는 경우가 초보자에게는 흔히 있다. 원인은 모르는데 라켓에 정확히 맞지 않거나 생각한 방향으로 공이 날지 않거나 한다. 이런 때에는 그립이 느슨해져 있는 경우가 많다.

뭔가 이상하면 자신의 그립을 확인해 보자. 경기 중은 그만 잊어버리기 쉬운 그립이지만 단단히 쥐고 있지 않기 때문에 일어나는 실수는 초보자 때에 가장 많다고 해도 좋을 정도이다.

▶ 공을 치기 전의 자세

난타할 때 가장 주의해야 하는 것은 치기 전의 자세이다. 이것을 확실히 하지 않으면 그라운드 스트로크는 계속되지 않게 된다.

상대의 되받아 친 공을 기다릴 때의 위치는 베이스 라인의 뒤쪽 30cm 지점이다. 센터 마크의 뒤쪽에 서서 무릎을 가볍게 구부리고 체중을 양발의 엄지 뿌리에 싣는다. 어느 방향으로나 재빨리 움직일 수 있도록 하는 것이다.

라켓은 몸의 전방에 준비하고 그립이 허리보다 위에 오도록 한다. 그대로의 자세로 공을 기다리는데 이때 그 자리에서 작게 2, 3번 제자리 걸음을 해 두면 공이 오는 방향으로 발을 내딛기 쉬워진다.

• 들을 만한 정보 메모

▶ 스위트 스폿으로 쳐라

 공에 비해서 라켓의 면은 훨씬 크기 때문에 헛치기는 좀체로 없지만 라켓에 맞았는데 공이 정확히 날지 않는다고 하는 경우는 흔히 있다. 그것은 라켓의 면 중앙에 있는 '스위트 스폿'에 공이 맞지 않기 때문이다.
 스위트 스폿이란 라켓의 면 중에서 공이 잘 튀는 부분으로 일반 사이즈 라켓의 스위트 스폿은 면의 거의 중심에 있어 작고, 데카 라케는 중심보다 조금 손맡에 가까운 위치에 있어 일반 사이즈의 것보다 면적이 훨씬 커지고 있다.

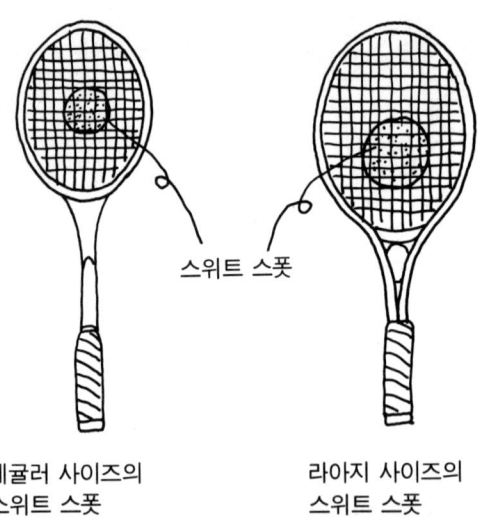

레귤러 사이즈의
스위트 스폿

라아지 사이즈의
스위트 스폿

 # 풋워크(footwork)

> ## 공의 위치로 빨리 달려가서
> ## 기다렸다가 치는 여유를

　모든 스포츠는 '다리'가 자본이라고 말할 수 있다. 테니스도 마찬가지이다. 전신으로 힘, 속도, 균형을 만들어 내기 위해서 가장 중요한 것이 다리이며 풋워크인 것이다. 공의 위치에 보다 빨리 도착해서 백스윙을 일찌감치 하고 공을 기다렸다가 친다고 하는 것이 좋은 스트로크의 조건이다.

　테니스 게임에서는 공을 치고 있는 시간은 아주 조금이고 나머지는 공을 쫓아서 달리고 있는 시간이다. 따라서 공을 치기 전의 움직임이 어떻게 되느냐에 따라서 좋은 스트로크를 칠 수 있느냐 어떠냐가 결정된다.

　풋워크가 잘 되면 먼저 스트로크의 조절이 좋아진다. 공에 빨리 접근한 만큼 준비할 여유가 생기고 낙하 지점에서 기다릴 수 있기 때문에 스트로크를 마지막까지 정확히 더구나 힘있게 할 수 있게 된다.

　공을 향해서 달리기 시작함과 동시에 라켓을 정확히 백스윙하고 달리면서 칠 준비에 들어간다. 그래서 라켓워크와 풋워크는 완전히

공 낙하 지점으로 달리면서 라켓을 뒤로 당겨 백스윙을 시작한다.

대응해야 한다. 테니스란 달리는 운동이라는 것을 유의하자.

특히 여성 경기자에게 많이 볼 수 있지만 달리지 않아도 되는 위치에 온 공을 잘 치는데 조금 움직여야 하는 위치에 온 공을 절대 달려서 쫓아가지 않고 뒤로 돌려 버리는 사람이 있다.

쫓아갈 수 없다고 생각하는 공이라도 달려서 되받아치려고 시도해 보는 행위가 테니스의 본질이라고 알고 항상 뛰어 다니기 바란다.

 스트로크 연습 패턴

반복하여 많이 쳐서 조절을 익힌다

조절이 좋은 스트로크를 칠 수 있게 되기 위해서는 반복 연습 외에

스트로크 연습 패턴

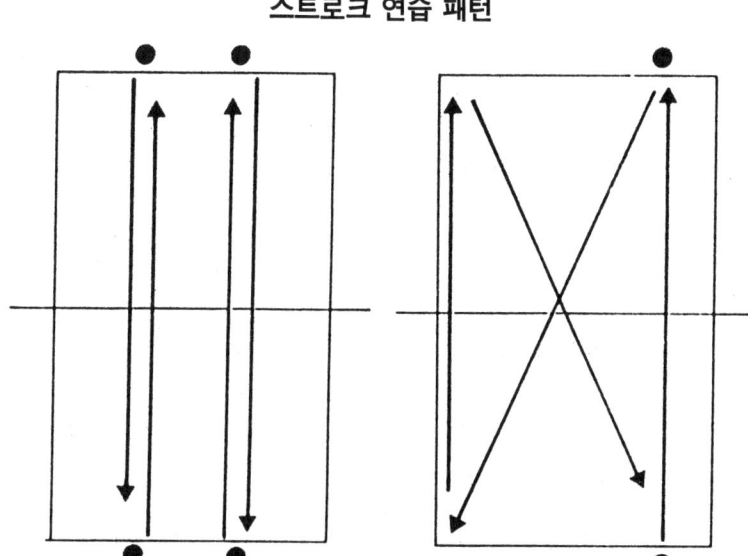

• 4인이 할 수 있는 스트레이트 연습   • 2인이 하는 스트레이트와 크로스의 연습

는 없다. 초보자의 연습 패턴에는 둘이서 스트레이트 또는 크로스를 각각 랠리하는 방법이 있다.

　실제 시합에서는 같은 스트로크를 두 사람이 반복해서 칠 리가 없기 때문에 그다지 실전적이라고는 말할 수 없지만 많이 쳐서 스트로크의 기본을 파악하는 데에는 좋은 방법이다.

　또한 이 방법은 마주하고 두 사람씩 혹은 대각선상에 두 사람씩 모두 4명이 연습할 수 있기 때문에 코트 부족의 현상에 맞는 연습 방법이다.

　다음은 한쪽은 반드시 스트레이트로 치고 또 한쪽은 그것을 반드시 크로스로 치는 방법이다. 이거라면 양자 모두 코트의 여기 저기로 뛰어 다니며 받아쳐야 하고 더구나 포어핸드와 백핸드를 교대로 치게 되기 때문에 스트로크를 마스터하는 좋은 연습 방법이다. 그리고 일정한 시간이 지나면 스트레이트와 크로스를 거꾸로 해서 연습한다.

다음은 2인대 1인의 연습이다. 이 때는 1구 1구 스트로크의 깊이, 페이스 그리고 조절을 생각하고 연습한다.

첫게임 전에

그라운드 스트로크와 서비스와 발리로 게임

▶서비스

그라운드 스트로크를 할 수 없으면 게임이 되지 않는다고 말했지만 서비스도 할 수 없으면 이것 또한 게임이 되지 않는다. 왜냐하면 게임의 시작은 항상 서비스부터이기 때문이다.

따라서 그라운드 스트로크의 연습 뿐만 아니라 서비스 연습도 하자. 서비스의 타법에 대해서는 나중에 설명하겠지만 여기에서는 어쨌든 서비스를 치지 않으면 게임이 되지 않는 점을 알아 둔다.

▶발리

다음은 발리이다. 발리는 그라운드 스트로크와 같이 원바운드한

서비스　　　　　　　　　발리

공을 치는 것이 아니라 바운드하지 않은 사이에 공을 치는 것이다.

이 발리를 할 수 없으면 게임에서는 포인트를 따는 것이 어려워진다.

게임에 들어가기 전에는 보통 먼저 그라운드 스트로크의 연습부터 시작하고 다음은 발리 그리고 서비스의 연습을 하고 나서 게임을 개시한다. 게임 전의 연습은 매우 중요하다.

▶처음은 서비스와 발리가 어렵다

그라운드 스트로크와 서비스와 발리를 할 수 있으면 이럭저럭 게임의 형태가 되지만 그렇다고는 해도 처음에는 서비스와 발리를 어렵게 느끼기 마련이다.

그래서 서비스와 발리를 할 수 없기 때문에 게임에 참가하는 것을 꽁무니 빼지는 말자. 할 수 없으면 할 수 없는 대로 게임은 재미있다. 특히 위에서 내리치는 서비스를 할 수 없다면 몸 옆으로 아주 조금 올린 공을 스트로크의 요령으로 치는 언더 서비스라면 간단히 할 수 있을 것이다.

▶더블스 게임

더블스는 2대 2로 하는 게임이기 때문에 파트너와의 호흡이 맞으면 강한 것이지만 이 호흡 맞추기는 상당히 어렵다.

단 초보자에게 있어서 마음 든든한 것은 가령 상, 중급자 중에 초보자가 들어갔다고 해도 두려워하지 않고 경기할 수 있다고 하는 점이다. 더블스는 초보자가 덧붙으면 초보자용의 게임이 된다고 하는 성질을 가지고 있기 때문이다.

따라서 코트로 나가서 게임을 하자는 권유를 받으면 꽁무니 빼지 말고 과감히 뛰어 들자.

몇 시간 걸려 연습해도 마스터할 수 없었던 것도 게임에 참가하면 곧 마스터해 버린다. 또한 게임에 참가한다고 하는 적극성이 기술을 빨리 향상시키게 된다.

▶초보자의 게임 참가

서클이나 테니스 클럽에서의 테니스 게임은 대부분이 더블스이다. 따라서 파트너를 믿고 아무리 서툴러도 과감히 그 속으로 뛰어 들어가 버리는 것이다. 이로 인해서 서클에서의 커뮤니케이션은 원활해지는 것이다. '나는 초보자이니까…'라고 믿고 있어서는 이런 서클

활동의 의미가 없어진다. 그 때문에도 적극적으로 게임에 참가할 것을 권한다.

　여기에서 초보자가 게임에 참가했을 때의 마음 가짐을 써 둔다. 먼저 자신의 손이 미치는 범위의 공은 꺼리지 말고 자꾸 자꾸 달려 들어가는 것이다. 파트너에게 미루고 그다지 손을 내밀지 않고 있으면 오히려 파트너는 초보자 취급에 곤란해져 버린다.

　어차피 초보자이니까 실수를 두려워하지 말고 공에 달려 들도록 하자. 적극적으로 게임에 참가하면 당신의 기술은 비약적으로 발전해서 적은 시간에 숙달할 것이다.

첫테니스 게임

게임의 종류와 구성

▶오락 테니스는 더블스 1세트로

① 싱글스(남성,여성=1인대 1인)
② 더블스(남성,여성=2인대 2인)
③ 혼합 더블스(남녀 혼합=2인대 2인)

　이와 같이 테니스 게임은 경기자의 구성 멤버에 따라서 분류된다. 그리고 이런 게임의 종류마다 조금씩 룰이나 시합 운영이 달라진다.

정식 시합에서는 남자 싱글스·더블스가 5세트 매치, 여자 싱글스·더블스와 혼합 더블스가 3세트 매치로 이루어진다.

시합(매치)의 승부는 5세트 매치의 경우는 3세트를, 3세트 매치의 경우는 2세트를 먼저 얻는 쪽이 우승이 된다.

세트는 6게임을 먼저 얻은 쪽을 우승으로 한다.

이상은 정식 시합의 게임 세트 수이지만 레크리에이션 경기자의 오락게임에서는 대부분이 1세트 매치로 그것도 대부분은 더블스의 게임이 이루어지고 있다.

카운트 세는 법

4포인트로 1게임, 6게임으로 1세트

테니스 게임에서는 득점이 작은 순으로 ① 포인트 ② 게임 ③ 세트 ④ 매치로 진행해 나간다.

포인트는 테니스의 가장 기본이 되는 단위로,

0(포인트 없음)……러브(LOVE)
15(1포인트)……피프틴
30(2포인트)……서티
40(3포인트)……포티

로 진행되며 먼저 4포인트를 따는 쪽이 '게임'을 얻게 되는 것이다.

그러나 양쪽 경기자가 3포인트씩 따면(포티 홀) '듀스(Deuce)'라고 부르고 듀스가 되면 어느 쪽인가가 연속해서 2포인트를 따지 않으면 게임은 얻을 수 없다. 따라서 2포인트의 차이가 생길 때까지 듀스를 몇 번이나 반복하게 된다.

이렇게 해서 게임은 잇달아 얻어 가는데 6게임을 먼저 얻는 쪽이 세트를 얻게 된다.

즉, 1게임은 4포인트로 구성되고 1세트는 6게임으로 구성되어 있다.

따라서 주말 경기자의 게임은 여기에서 종료한다.

덧붙여 두면 세트에도 게임의 듀스의 경우와 마찬가지로 5게임대 5게임이 되었을 경우는 연속해서 2게임을 먼저 얻지 않는 한 세트는 종료하지 않게 된다. 이 스코어 세는 법은 싱글스, 더블스, 혼합 더블스 모두 같다.

▶점수의 부르는 법

여기에서 또 하나 알아 두어야 할 것이 있다. 그것은 포인트 점수 부르는 법이다. 항상 '서버 대 리시버형'으로 서버의 득점을 먼저 부르는 것이다.

피프틴 러브라고 했을 경우는 서버측이 1포인트 따고 리시버측은 0포인트라고 하는 것이 된다.

동일 득점의 경우는 피프틴 올이라든가 서티 올이라고 해서 올이라고 하는 말이 붙는다.

▶타이브레이커(tie-breaker)

최근은 '타이브레이커(tie-breaker)'라고 일컬어지는 방식이 많아지고 있다. 6게임 대 6게임이 되었을 때 사용되는 것이다. 이것은 시합이 지연되는 것을 막기 위해서 고안된 것으로 현재는 세계의 빅게임에서도 적용되고 있다.

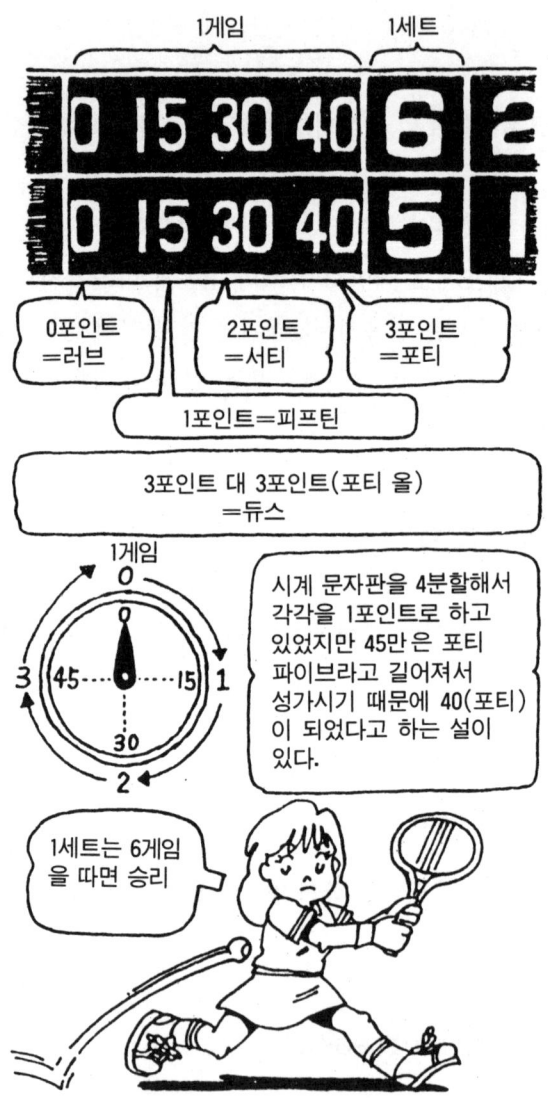

타이브레이커는 미리 9포인트 시스템(서든 데스) 혹은 12포인트(링거링 데스)라고 하는 합계 포인트의 상한을 마련해 두고 9포인트의 경우에서는 5포인트 먼저 올린 쪽이 게임을 얻고 12포인트에서는 2포인트의 차로 7포인트 먼저 얻는 쪽이 우승이라고 하는 방식이다.

현재 많이 사용되고 있는 것은 12포인트 시스템이 타이브레이커이다. 이것은 일반 게임에도 흔히 사용되기 때문에 마스터해 두자.

더욱이 게임에는 매치 게임과 선취 게임이 있다. 6게임 매치라면 6게임을 따도 상대를 2게임 이상 리드하지 않으면(예를 들면 6대 5) 2게임 리드할 때까지 계속 하든가(롱 게임이라고도 한다) 타이브레이커로 결말을 짓는다.

선취 게임은 예를 들어 6게임 먼저 얻는 게임이라면, 먼저 6게임을 따는 쪽의 우승이다.

테니스 게임의 진행 방법

서비스인지 리시브인지 라켓을 토스해서 결정한다

드디어 실제 게임에 도전이다.

게임을 시작하기 전에 어느 쪽부터 서비스를 하느냐를 정해야 한다. 이것이 토스이다.

게임을 하는 어느 쪽인가 한쪽 사람이 '휘치(which)'라고 말하고 코트 위에서 라켓을 빙글빙글 돌린다. 이것이 토스이다..

다른 한쪽의 사람은 그 라켓의 겉이나 오는지 뒤가 나오는지를 알아 맞힌다. 겉이 나온다고 생각하면 '스무드(smooth)'라고 말한다. 뒤가 나온다고 생각하면 '러프(rough)'라고 말한다.

라켓의 끝인지 뒤인지를 알아 맞히면 그 사람이 서브를 할지 리시브를 할 지의 선택권을 얻는다. 알아맞히지 못하면 토스한 쪽이 선택권을 얻는다.

선택권을 얻으면 먼저 서비스를 할지 먼저 리시브를 할지 혹은 어느 쪽의 코트를 선택해서 서브 및 리시브의 선택권을 상대방에게 맡길지를 결정한다.

이것으로 어느 쪽이 어느 코트에서 서비스를 할지 리시브를 할지가 결정된다.

서비스와 리시브

서비스하고 리시브하는 게임은 이제부터 시작된다

▶ 서비스한다

- 들을 말한 정보 메모

▶ 라켓의 앞과 뒤

게임에 앞서서 토스한 라켓의 앞뒤로 서비스를 할지 리시브를 할지가 결정되는데 이 라켓의 앞과 뒤의 구분을 알고 있는가?

라켓의 앞인지 뒤인지는 장식끈이나 혹은 상표 마크를 보고 구분한다. 거트가 쳐 있는 가장 손맡 부분을 본다. 거트에 얽혀서 가는 끈이 휘감겨 있을 것이다. 이것이 장식끈으로 이 끈이 거트 위에 휘감겨 있는 쪽이 라켓의 끝이다.

또한 라켓의 손잡이 제일 끝에는 라켓 메이커의 상표 마크가 붙어 있는 것이 보통이지만 이 마크에는 당연히 상하가 있고 위를 가리키고 있는 면이 앞이다.

토스는 게임을 시작할 때 반드시 하는 '의식'이기 때문에 알아 두어야 한다.

테니스 게임은 반드시 서비스로 시작된다. 서비스는 코트 밖의 서비스 포지션에 선서버가 머리 위로 올린 공을 쳐서 상대 코트의 서비스 지역에 넣는 것이다. 리시버는 그 서비스가 원바운드하고 나서 쳐서 상대 코트에 되받아 친다.

서비스의 룰은 다음과 같이 되어 있다.

서비스를 개시하기 직전 서버는 베이스 라인의 네트를 향해서 뒤쪽 센터 마이크와 사이드 라인의 가상 연장선상 사이에 양발을 지면에 붙이고 선다. 그리고 손으로 공을 공중으로 올려서(토스를 올린다) 그 공이 지면에 떨어지기 전에 라켓으로 친다. 서비스 룰상은 라켓과 공이 접한 순간에 서비스의 동작은 완료한 것으로 간주한다.

서버는 다음의 규칙을 지켜서 서비스한다.

A : 보행이나 주행으로 발의 위치를 바꿀 수 없다.

공을 친다   토스를 올려서

　B : 어느 쪽의 발도 베이스 라인 및 센터 마크와 사이드 라인의 가상 연장선 사이 이외의 장소에 닿아서는 안 된다. 공이 라켓에 닿기 전에 코트의 선을 밟거나 코트내로 들어와 버리거나 해서는 안 된다. AB의 룰을 어겼을 경우 '풋 폴트'라고 해서 실점으로 이어진다.
　C : 서버는 1회 2개 서비스 할 수 있다. 2개 모두 실패했을 경우는 '더블 폴트'라고 해서 실점이 된다.
　D : 서버는 리시버가 리시브의 자세를 취할 때까지 서비스를 해서는 안 된다.
　E : 서비스한 공이 네트에 닿고 상대 코트에 들어갔을 때는 네트 인이라서 레트 플레이(let play)가 된다. 레트 플레이란 카운트에 관계 없이 다시 한 번 같은 경기를 해도 좋다고 하는 것이다.
　F : 서버는 처음 코트의 우측(듀스 사이드)에서 대각선상의 상대 코트의 서비스 지역을 향해 서비스, 이것이 끝난 후 이번은 코트 좌측

(advantage side)에서라고 하는 식으로 서비스 포지션을 교체하면서 서비스를 친다.

▶ 서비스를 리시브한다

서비스로 게임이 시작되지만 이 서브를 리시브해서 상대 코트에 되받아 치는 것으로 경기가 계속된다. 서비스는 반드시 원바운드하고 나서 되받아 치지만 그 다음은 원바운드이건 노바운드이건 어쨌든 상대 코트내에 공을 되받아 치면 된다.

리시브의 룰은 다음과 같이 되어 있다.

A : 서브된 공을 서비스 코트 및 그 이외의 장소에서 노바운드로 쳤을 경우 또한 몸이나 옷에 닿았을 때는 리시버의 실점이 된다.

B : 서브된 공을 반드시 원바운드한 후에 받아 쳐야 한다. 노바운드

로 치거나 투바운드시키거나 하면 실점이 된다.

C : 서버와 리시버는 1게임마다 교대한다.

D : 코트의 교체(코트 체인지)는 홀수 번째의 게임이 종료한 후마다 한다. 제1게임 제3게임 제5게임⋯⋯ 후에 교체한다.

또한 세트가 종료하고 다음 세트에 들어갈 때는 전 세트가 짝수 게임으로 끝났을 때는 그대로의 코트 홀수 게임으로 끝났을 때에는 코트 체인지이다.

▶더블스 게임에서

우리들이 가장 많이 주변에서 즐기는 게임이 더블스의 게임이다. 이 더블스 게임의 서비스나 코트 체인지에 대해서 알아 두자.

A : 원칙적으로 싱글스 경우의 룰에 근거해서 서브하지만 제1게임을 자신편 A가 서브했을 경우 제2게임에서는 상대팀의 C가 서브하고 제3게임을 자신편 B가, 그리고 제4게임을 상태팀 D가 라고 하는 식으로 교대로 서비스한다. 즉, 더블스 때는 가장 처음 제1게임에 서비스를 한 사람은 다음 서비스는 5게임째가 되는 것이다.

B : 게임 중의 서비스 순위는 변경할 수 없지만 새로운 세트에 들어갔을 때부터 자(自) 게임내의 서버의 순서와 리시버의 수비 위치의 변경이 가능하다.

C : 더블스 게임에서는 리시버 때의 수비위치를 정해 두어야 한다. 한 사람이 어드밴테이지 사이드를 지키는데 이 수비 위치는 세트가 종료할 때까지 변경할 수 없다.

D : 코트의 변경은 쌍방의 게임 수를 더해서 홀수 게임이 될 때 이루어진다.

• 들을 만한 정보 메모

▶ 듀스 사이드와 어드밴테이지 사이드

더블스에서 리시브할 때 두 사람의 파트너 중 누가 어느 쪽의 사이드에서 리시브하느냐(또는 어느 순서로 리시브하느냐)는 1세트 종료할 때까지 변경할 수 없다.

▶ 듀스 사이드

네트를 향해서 오른쪽 서비스 지역 쪽에서 리시브한다. 듀스가 되었을 때 리시브하는 쪽이기 때문에 듀스 사이드라고 한다. 오른손잡이의 포어핸드 쪽이 되기 때문에 포어 사이드라고도 한다.

▶ 어드밴테이지 사이드

네트를 향해서 왼쪽의 사이드이다. 어드밴테이지 때 리시브하는 쪽이기 때문에 어드밴테이지 사이드라고 한다. 백 사이드라고도 한다.

▶ 경기자의 실점

테니스는 1게임에 4포인트의 득점을 겨루는 게임이지만 4포인트의 실점으로 결정되는 게임이라고도 말할 수 있다. 경기 도중에 다음과 같은 경우에 실점이 된다.

① 경기 중에 공을 2회 이상 바운드시켜 버린 경우는 실점이 된다.

② 경기 중에 되받아 친 공이 상대 코트의 라인 밖에 떨어진 경우는 실점이 된다. 경기중 다음과 같은 경우에도 실점이 되므로 주의한다.

③ 분명히 코트 밖으로 나갔다고 생각되는 타구라도 직접 그것을 라켓에 맞혔을 경우는 경기가 계속된다. 따라서 코트 밖에 서서 공을 직접 타구하고 그것이 코트 안에 떨어지지 않았을 경우는 타구한 경기자의 실점이다.

④ 타구 때 경기 중 공을 라켓으로 2회 이상 건드렸을 경우는 되받

아 치려고 한 경기자의 실점이 된다. 단, 하나의 동작 중에 고의로가 아니라 연속적으로 2번 쳤을(드리볼) 경우를 제외한다.

⑤ 공이 네트를 넘어 오기 전, 즉 공이 아직 상대 코트내에 있는 동안에 타구한 경우는 타구한 경기자의 실점이다.

단, 일단 공이 네트를 넘어서 자신의 코트로 들어와서 바운드한 후 네트, 맞은편으로 되돌아 갔을 경우는 상대 코트내에 라켓을 넣어서 쳐도 실점이 되지 않는다. 또한 네트의 안쪽에서 공을 친 후 라켓이 네트를 넘어도 실점이 되지 않는다.

⑥ 경기 중의 공이 몸이나 의상에 닿았을 경우는 닿은 경기자의 실점이 된다.

⑦ 라켓을 내던져서 공을 친 경우는 라켓을 손에서 놓은 경기자의 실점이 된다.

더블스 코트와 싱글스 코트

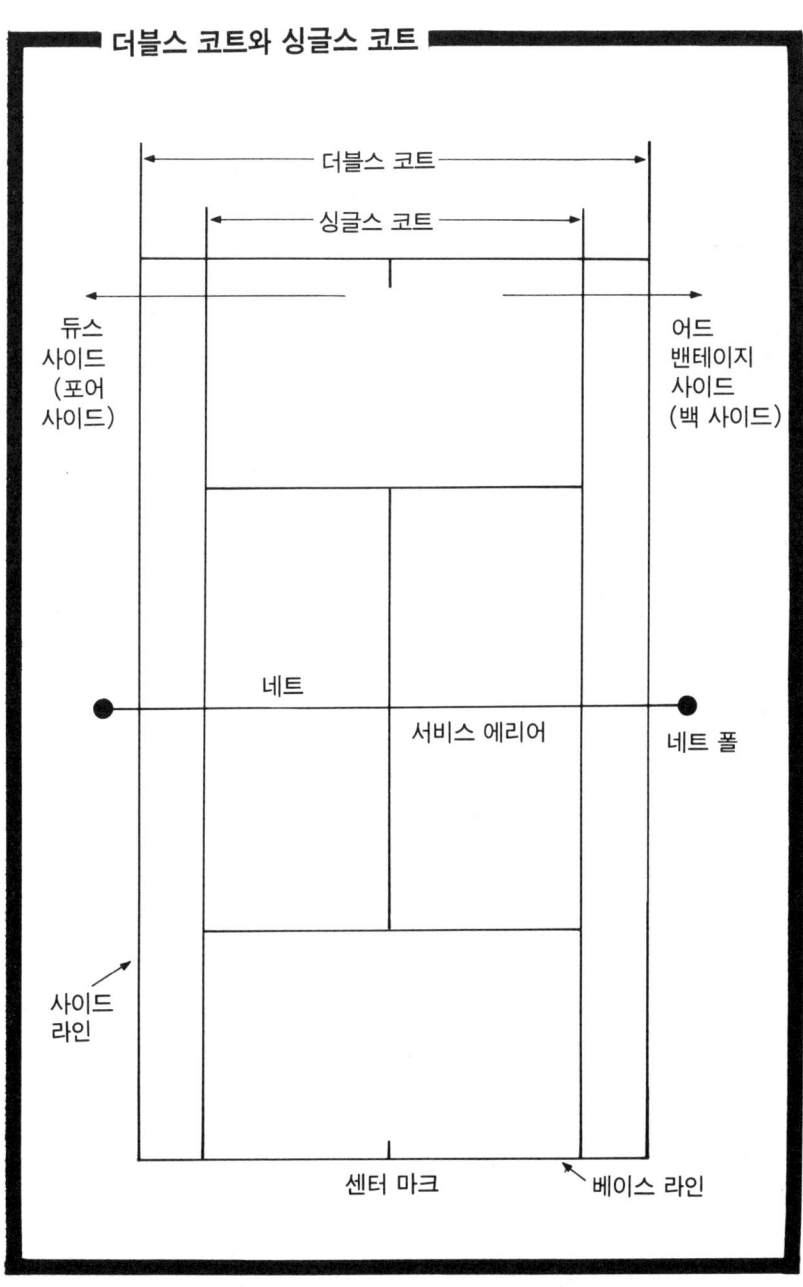

테니스 스쿨에서 기본을 익힌다

사전에 잘 조사해서 확인하고 나서 선택한다

테니스는 기본이 중요하다. 특히 초보자 동안에 좋은 지도를 받아두면 이후의 숙달은 빠르다. 그러기 위해서는 '테니스 스쿨' 등에 들어가서 기초적인 레슨을 받는 편이 좋을 것이다.

상설 테니스 스쿨은 테니스 클럽이라면 대부분 어디에서나 실시하고 있기 때문에 당신의 시간에 맞춰서 수강할 수 있다.

많은 테니스 스쿨은 1주일에 1~2회 8주간에서 12주간에 걸쳐 실시하고 있는 곳이 많은 것 같다.

여기에서 모임 선택법의 힌트를 설명해 둔다.

▶선택법의 힌트

가장 피해야 하는 것은 수강 때마다 코치가 바뀌는 스쿨이다. 이런 곳은 아르바이트 코치가 대부분으로 종합적인 레슨을 할 수 없다. 같은 코치에서 가령 8주간을 지도 받으면 수강자의 숙달상 결점의 교정 등이 정확하게 이루어지는 것은 말할 필요도 없다. 이 점을 주의해서 스쿨에 들어가도록 한다.

또 하나 생각해야 하는 것은 비이다. 비가 내리면 레슨은 쉬게 되어 버리기 때문에 집중적으로 배우고 싶다고 생각하면 실내 테니스 클럽에 가 보는 것이다.

실내라면 8주간 4주간 등 계획대로 레슨이 이루어진다.

또한 피해야 하는 스쿨은 1클래스에 40~50명이나 되는 곳이다. 이래서는 주의깊은 지도는 할 수 없을 것이다. 가장 적당한 인원수는 1클래스에 10~20명 정도이다. 이것보다 적으면 오히려 피로해 버려서 언뜻 집중해서 지도를 받을 수 있는 것 같이 생각되어도 의외로 잘 되지 않는다.

따라서 테니스 스쿨에 입교할 경우는 느닷없이 신청하지 말고 사전에 견학해서 당신이 마음에 들면 입교하는 것이다.

▶자동 테니스

최근 자동 테니스라고 하는 것을 흔히 보는데 이것은 기계가 공을 쳐내고 그것을 치는 것인데 테니스의 경험이 별로 없는 사람의 연습에는 그다지 효과는 없다.

자동 테니스가 유효한 것은 난타를 할 수 있게 된 사람이다.

어디까지나 초보자는 자신의 눈으로 확인하거나 주변에 경험자가 있으면 어드바이스를 받는 등해서 신뢰할 수 있는 테니스 스쿨을 선택하자. 여기에서 기초를 습득하면 그 이후의 숙달을 훨씬 빨라지는 것이 틀림없다.

제3장

테니스의 기본 기술

테니스의 기본 기술은 이것 뿐

스트로크 서비스와 발리에 스매시

테니스에 필요한 기본적인 기술을 게임의 진행으로 살펴 본다. 게임은 서비스로 시작된다. 그 서비스를 상대측이 리시브해서 받아친다. 이 때만큼은 원바운드시킨 후의 공을 치지만 서비스의 리시브 이외는 원바운드나 노바운드로 되받아 쳐도 상관없다. 단, 투 바운드시키면 실점이다.

원바운드시키고 나서 치는 것을 그라운드 스트로크라고 하며 노바운드로 되받아 치는 것을 발리, 스매시라고 한다.

스트로크와 발리에는 포어핸드와 백핸드가 있다. 라켓을 드는 팔 (잘 쓰는 팔) 쪽에 온 볼을 치는 것이 포어핸드 스트로크 혹은 포어핸드 발리이다. 라켓을 들고 있지 않는 팔 쪽에 온 공을 치는 것이 백핸드, 스트로크 혹은 백핸드 발리이다.

첫 테니스 레슨

무엇을 어떻게 하는지 공의 성질을 마스터한다

 테니스의 기본 기술이라고 하면 서비스 스트로크(포어핸드, 백핸드), 발리, 스매시, 로빙(lobbing)을 들 수 있다. 먼저 이런 기본 기술의 성질을 익혀 두자.

▶서비스

 게임은 서버의 서비스로 시작된다. 서비스라고 하는 것은 원래 공을 경기 시작으로 하는 수단이지만 근대 테니스에서는 가장 중요한 공격의 무기로서 사용되고 있다. 서비스는 타인의 힘에 좌우되지 않고 스스로 생각한 대로 경기할 수 있다. 이 이점을 살려서 서비스를 받는 쪽의 약점을 공격하여 여기에서 자신이 유리해져야 한다.
 게임에서는 서비스에 의한 포인트율이 높아지기 때문에 스트로크는 차치하고 서비스부터 연습하는 것도 한 방법이다.
 서비스는 플랫 서비스, 슬라이스 서비스, 스핀 서비스의 3종류로 나눌 수 있다.

플랫(flat) 서비스

라켓의 면에 대해서 공을 직각으로 맞혀 공에 회전을 주지 않고 스핀을 주체로 한 서비스이다.

슬라이스(slice) 서비스
토스된 공의 우측(오른손잡이의 경우)을 자르듯이 비스듬히 쳐서 공에 사이드 스핀을 건다. 이 서비스는 비교적 쉽고 힘이 없는 남성이나 여성에게도 적합한 가장 일반적인 것이다. 조절이 쉽고 빠른 코트에 적합한 서비스이다.

스핀(spin) 서비스
토스한 공의 아래 부분을 비벼 올려서 강한 회전을 주는 것이다. 플랫 슬라이스 서비스에 비해 속도는 없지만 공의 회전이 커서 낙하했을 때 크게 바운드하는 특성을 가지고 있다.
확실성이 요구되는 '세컨트(second) 서비스'나 더블스에서의 서비스 대시에 적합하다.

▶ 스트로크

포어핸드 스트로크
처음 라켓을 쥔 사람의 99%가 처음 치는 샷이다.
극히 드문 예로서는 발리나 서비스의 연습부터 들어가는 사람도 없는 것은 아니지만 포어핸드 스트로크부터 들어가는 것이 가장 들어가기 쉽고 또 일반적이다.
한 게임에서 이 포어핸드 스트로크를 치는 횟수가 다른 샷보다 보다 많기 때문에 이 기초는 확실히 익혀 두어야 한다.

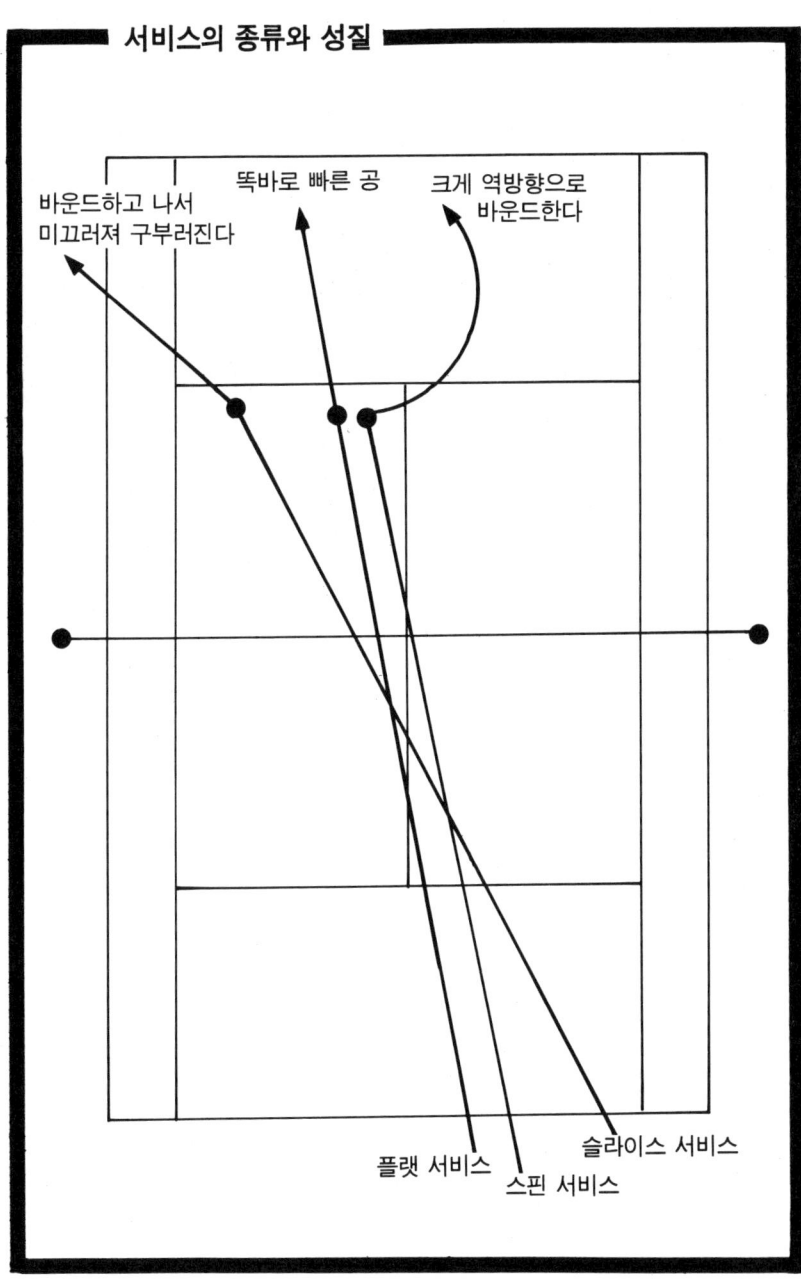

백 핸드 스트로크　　　　　포어 핸드 스트로크

포어핸드 스트로크는 공격용의 무기로서 사용할 수 있는 듯한 것이어야 한다. 포어핸드의 스트로크가 공격용의 무기로서 이용되지 않고 수비로 바뀌 버려서는 게임에 이길 수 없다.

백핸드 스트로크

백핸드는 테니스를 시작한 무렵에는 어려운 기술이라고 생각되기 마련이지만 일단 자신의 것이 되면 포어핸드보다도 오히려 정확하고 간단히 받아칠 수 있다. 초보 무렵부터 백핸드의 정확한 기술을 익혀두는 것은 결점이 없는 경기자가 되기 위해서 중요한 점이다.

테니스를 즐길 뿐이라면 포어핸드를 중심으로 경기하면 그것으로도 충분하겠지만 보다 고도의 게임을 지향하기 위해서는 백핸드가 아무래도 필요하다. 상대는 백을 노리고 오는 경우가 많기 때문이다.

▶ 발리

 자신의 코트로 되돌아 온 공이 코트에 떨어지기 전에 직접 되받아 치는 것이 발리이다. 단, 바운드한 공이라도 그것이 바운드한 순간 (쇼트 바운드)에 치는 것도 특히 하프 발리라고 한다.
 근대 테니스에서 발리는 빼 놓을 수 없는 기술이 되고 있다.
 특히 네트 경기는 공격성이 요구되기 때문에 정확하고 위력있는 발리가 아니면 안 된다.
 초보자 동안은 어려운 것 같이 보여서 어쩐지 꺼리기 쉽지만 발리는 절대 어려운 기술이 아니다. 두려워하지 말고 마음껏 경기에 임해 보면 이윽고 라켓을 통해서 받은 공의 충격이 오히려 쾌감이 될 것이다.
 발리에도 포어핸드 발리와 백핸드 발리가 있지만 연습에서는 포어

포어핸드 발리

백핸드 발리

핸드도 백핸드도 처리할 수 있도록 교대로 연습해 두자.

▶ 스매시

스매시란 일반적으로는 세게 내리친다고 하는 의미의 말이지만 테니스에서는 다음과 같이 세 가지로 크게 나누어 사용되고 있다.

① 스매시는 올라간 로빙을 그 바로 밑에서 기다렸다가 직접 상대 코트에 쳐 넣는다.
② 그라운드 스매시는 한 번 지면에 낙하시켜서 튄 공을 친다.
③ 오버 헤드 스매시는 베이스 라인 깊숙히 올라간 로빙을 점프해서 상대 코트에 쳐 넣는다.
스매시는 가장 파괴력을 숨긴 결정타의 하나이기 때문에 결정 방법

그라운드 스매시

도 여러 가지 있지만 스피드와 각도(치는 방향) 모두를 갖춘 스매시가 이상적이다.

▶로빙

로빙이란 공을 공중에 높이 쳐 올리는 것인데 그 올리는 방법에 따라서는 강력한 무기가 되는 샷이다.

지금까지는 바람 또는 태양을 이용하는 등의 소극적인 수세 전법이라고 생각되어 왔지만 최근에는 공격용으로서 재평가되어 네트 경기자를 주제로 하는 근대 테니스에서는 중요한 기술의 하나가 되었다.

로빙에는 수비의 로빙과 공격의 로빙이 있다.

수비의 로빙

수비의 로빙은 공격당해서 코트 밖으로 쫓겨난 것 같은 때에 수비 태세를 재정립하는 것이 목적으로 쳐 올리는 것인데 이 경우 높게 그리고 가능한 한 깊게 떨어뜨리는 것이 좋다. 상대가 스매시를 실수해 주면 뜻밖의 행운이라고 하는 샷이다.

공격적 로빙

공격적 로빙은 패싱 샷을 친다고 가장하며 네트로 유인해 낸 상대의 의표를 찔러서 그 머리 위를 비교적 빠른 공으로 넘기는 로빙이다. 패싱 샷이란 네트에 붙은 상대의 옆을 빠른 공으로 빼는 스트로크를 말한다.

어디까지나 상대의 움직임을 읽고 그 의표를 찔러야 하기 때문에 너무 빠르게 로빙 태세를 취해 상대에게 간파당해서는 안 된다. 공을 잔뜩 끌어 당겨서 타점을 늦추는 것이 요령이다.
 어느 정도의 스피드와 상대의 머리 위를 넘으면 급속히 낙하하는 공이 효과적이기 때문에 톱스핀의 로빙이 많이 사용된다. 베이스 라인 바로 앞쪽의 깊은 위치에 떨어뜨리거나 상대가 치기 어려울 것 같은 코스에 각도를 매겨서 친다.
 수비 로빙과는 달리 시간적으로 여유가 있을 때에 치는 로빙이기 때문에 치는 방향을 정하고 충분히 겨냥해서 친다.

# 포어핸드 스트로크

라켓을 휘두르지 않고 치는 방향으로 밀어서 친다

 그라운드 스트로크의 포어핸드는 테니스의 샷 중에서도 가장 사용되는 것으로 보통 이 샷부터 연습해 간다. 테니스 기술의 기초라고 할 만한 것으로 확실히 마스터해 두어야 한다.
 포어핸드의 스트로크는 공격적인 성격을 가진 샷이다. 속도와 함께 코스도 결정 수가 되기 때문에 타법은 단순히 함부로 라켓을 휘두르는 것이 아니라 라켓을 치는 방향으로 밀어 친다고 하는 것이 중요한 점이다.
 포어핸드를 수비의 수단으로서 이용하고 있는 것 같아서는 상대에게 이길 수 없다. 확실히 칠 수 있도록 연습하자.

제1부 / 테니스의 기초지식 143

▶ 테이크 백(take back)

이 스윙의 테이크 백은 똑바로 옆으로 당기든가 어느 경우라도 라켓을 당기는 위치는 허리 높이이다.

테이크 백을 크게 하면 세게 칠 수 있다고 생각하기 쉽지만 너무 큰 테이크 백은 공의 조절이 매우 어려워지기 때문에 피해야 한다. 팔꿈치를 옆구리에 가볍게 붙이고(세게 붙이는 것이 아니다) 팔꿈치를 지점으로 당기도록 한다. 이 때 라켓 헤드는 어깨의 연장선보다 크게 바깥쪽까지 나가지 말아야 한다.

공이 오는 방향을 알면 거기에 맞춰서 라켓을 뒤로 당겨 준비하는데 이 때 왼팔(오른손잡이의 경우)은 공을 치는 방향으로 향해서 가볍게 올려 몸의 균형을 유지한다. 또한 몸은 공의 방향과 정대하지 않고 옆으로 향하게 된다. 왼쪽 어깨가 공의 방향으로 향하는 것이

테이크 백의 마지막 자세

다. 목은 구부려서 공에 마주하고 왼쪽 어깨 너머로 공을 본다.

이렇게 해서 드디어 타구를 위한 포워드 스윙(foward swing)에 들어가는데 그 전에 라켓을 타점의 높이에 맞추도록 해야 한다. 이 조정을 하면 다음은 지면과 평행하게 스윙할 뿐이다.

테이크 백의 마지막 때의 자세는 오른발(오른손잡이의 경우)에 체중이 충분히 실리고 오른쪽 무릎이 부드럽게 구부러지고 왼손은 공이 날아 오는 방향으로 자연스럽게 펴서 균형을 잡는다.

▶ 포워드 스윙

스트로크는 테이크 백이 완전하면 나머지는 큰 문제 없다. 라켓이 손목보다 낮게 내려가 버리지 않도록 해서 가능한 한 라켓을 수평으로 휘두른다.

포워드 스윙의 휘둘러 내기

테이크 백 후 휘둘러 내기는 라켓보다도 손목이 먼저 나가도록 (라켓은 손목보다 나중에 나간다) 스윙하면 안정감이 생겨서 힘찬 공을 칠 수 있다.

또한 손목은 조이고 있어도 그립은 가볍게 쥐고 임팩트의 순간에 힘차게 쥐도록 한다. 이 때 그립이 느슨해져 있으면 미스 샷이 되기 때문에 충분히 주의하자.

공은 라켓을 휘둘러서 치는 것이 아니고 또한 허리의 회전을 살린 원심력으로 치는 것도 아니며 공을 치는 방향으로 라켓을 밀어 내서 치도록 한다.

따라서 스윙은 원의 궤도를 취하지 않고 비행 방향을 향해서 가능한 한 직선의 스윙을 취하도록 한다. 허리는 크게 회전하지 않고 스윙과 허리의 움직임은 평행선을 그리게 된다. 즉, 좌요골(오른손잡이의 경우)이 노리는 방향으로 똑바로 움직이게 된다.

▶ 임팩트(impact)

임팩트의 순간

임팩트는 공이 라켓에 닿는 순간이지만 이 때 오른손이 똑바로 다 펴져 있다고 생각하는 사람이 많은 것 같다. 그러나 이것은 잘못이다. 공이 라켓에 닿은 순간은 아직 오른손이 다 펴져 있지 않다.

매우 짧은 시간이지만 공이 라켓에 닿아 탄력으로서 움푹 패 있는 동안 거트에 달라붙어 있는 것이다. 따라서 오른팔이 다 펴진 시점에서 공이 떨어져 가는 것이다.

이 사실을 항상 염두에 두고 임팩트시켜 보자. 그렇게 하면 반드시 공을 민다고 하는 느낌을 파악할 수 있을 것이다.

▶폴로 스루(follow through)

공을 치는 방향으로 자연스럽게 밀어내는 느낌으로 한껏 휘두르는데 구체적으로는 라켓과 함께 밀어 낸 오른쪽 어깨에 턱이나 오른쪽 뺨이 닿도록 한다. 즉, 공을 잘 보고 더구나 헤드를 들지 않는다고 하는 것이다.

끝까지 라켓을 한껏 휘두른다고 해도 라켓이 목에 휘감는 듯한 큰 폴로 스루는 필요없다. 밀어 친 느낌, 즉 왼손을 거들어서 양손을 한껏 펴서 얼굴 정면에서 끝내는 정도이다.

이때 체중은 오른발에서 완전히 왼발로 이동하고 있다. 단 허리가 떠서는 안 된다. 몸은 타구 방향으로 향하지만 여기에서 라켓을 되끌어서 다음 샷에 대한 준비 자세에 들어간다.

▶풋워크(foot work)

좋은 타점에서 공을 잡기 위해서는 재빨리 타구의 위치까지 달려가서 공이 오기를 기다리는 여유가 필요하다. 그것을 가능케 하는 것이 풋워크이다.

 풋워크는 먼저 그 자리에서 제자리 걸음을 하는 상태에서 시작된다. 처음은 조금씩, 중간은 크게 그리고 공에 가까와짐에 따라서 다시 작아지는 것이 일반적이다.

 치는 순간의 풋워크는 기본적으로는 축족(오른발)의 위치를 정하고 왼발을 내딛도록 해서 치는데 축족(軸足), 즉 오른손잡이라면 오른발의 움직임이 열쇠가 된다. 준비 자세일 때는 오른발은 네트를 향해 있지만 칠 때는 타구 방향에 대해서 직각에 가까워져 있어야 한다. 제1보를 오른발부터 내딛고 타구 자세에 들어갈 때는 공이 날아오는 선으로부터 타점과 몸의 거리만큼 떨어져서 오른발을 공의 비행선과 직각으로 놓는다(이 때 테이크 백은 완료하고 있다).

 체중을 오른발에 싣고 다음에 공에 따라서 왼발을 내딛는다. 상체

친 순간은
타구 방향에
직각으로

는 오른쪽에 1/4회전하고 있는 횡방향 자세이기 때문에 왼쪽 어깨 너머로 보인다. 그리고 타구에 들어가서 중심은 왼발로 옮겨 가지만 타구 후는 폴로 스루를 확실히 마친 후 오른발을 제위치로 되돌린다.
　이 풋워크의 동작 중에도 항상 공을 보고 있는 것은 말할 필요도 없다.

▶체크 포인트

　이 주의점은 초보자는 특히 주의하도록 한다. 또한 중급자도 상태가 나쁠 때는 이런 점을 다시 한 번 확인해 본다. ① 테이크 백이 늦지 않는가(풋워크의 시작과 동시에 시작되고 축족이 정해졌을 때에는 종료하고 있다.)? ② 라켓면이 손목보다 앞으로 나가거나 아래로 내려가 있지 않는가(특히 여성에게 많은 실수)? ③ 라켓면은 항상 지면에 수직으로 유지되고 있는가(손목을 조이고 있지 않으면 라켓면은 안정하지 않는다)? ④ 왼손은 놀고 있지 않는가(타구 때에 균형을 잡기 위해서 왼손은 중요)? ⑤ 몸이 정면을 향하고 있지 않는가(옆방향이 아니면 중심의 이동이 불가능하고 타점의 조정도 불가능하다)? ⑥ 폴로 스루를 하고 있는가(테이크 백과 포워드 스윙이 충분치 않은 것이 원인이다)? ⑦ 풋워크는 가볍게 할 수 있는가? ⑧ 세고 빠르게 휘두르려고 하고 있지 않는가(스윙은 항상 일정한 스피드로 휘둘러야 한다)?
　이런 점을 체크하면서 스트로크의 레슨을 계속하자.

● 들을 만한 정보 메모

▶ **어쩐지 공을 잘 칠 수 없을 때에**

연습이나 게임 중에 어떤 공을 쳐도 어쩐지 잘 칠 수 없다고 하는 날이 있기 마련이다. 라켓의 스위트 스폿(sweet spot)에 정확히 맞지 않는다. 타구가 아무래도 생각한 방향으로 가지 않는다. 촙(chop) 공이 많다 등이다.

폼을 체크해 봐도 여느때와 마찬가지로, 어쩐 일인지 모르겠지만 갑자기 서툴러져 버린 것일까라고 생각하거나…….

이런 때에는 그립을 확인해 본다. 자신도 모르는 사이에 그립이 느슨해져 있다고 하는 경우가 많다.

라켓이 공에 맞는 순간 그립을 단단히 쥐고 있지 않으면 절대라고 해도 좋을 만큼 생각대로의 공을 칠 수 없다.

포어핸드 스트로크

포워드 스윙
테이크 백에서 포워드 스윙으로 옮길 때 휘둘러 내는 라켓헤드가 손목보다도 아래가 되지 않도록 주의한다.

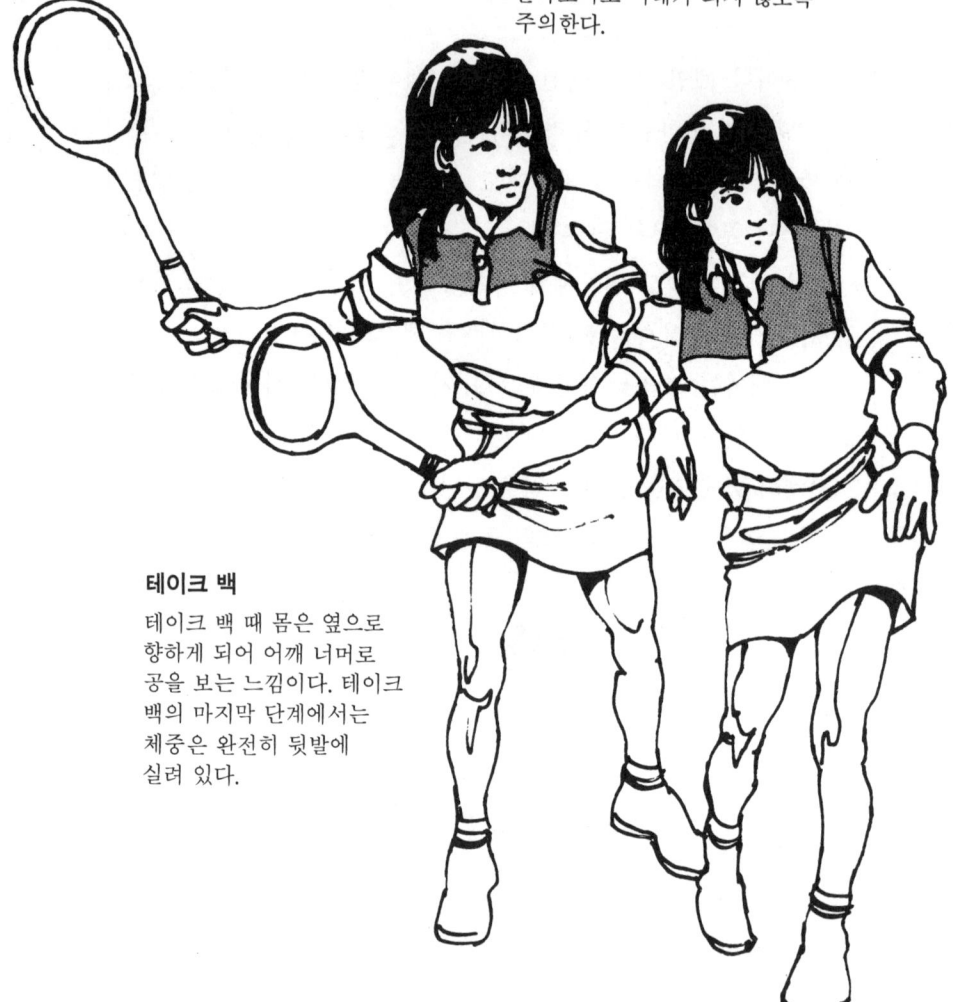

테이크 백
테이크 백 때 몸은 옆으로 향하게 되어 어깨 너머로 공을 보는 느낌이다. 테이크 백의 마지막 단계에서는 체중은 완전히 뒷발에 실려 있다.

임팩트
포워드 스윙이 시작되면 그때까지 뒷발에 실려 있던 체중은 앞발로 이동하기 시작해서 공을 치는 임팩트의 순간에는 완전히 체중은 앞발에 실려 있다. 공을 잡는 점은 몸의 바로 옆이다.

폴로 스루
임팩트 후 휘두른 라켓의 기세를 살려서 그대로 타구 방향으로 자연스럽게 밀어낸다. 라켓에 왼손을 거들어서 양손을 편다.

백핸드 스트로크

눈에 가까운 위치에서 치기 때문에 치기 쉬운 것이 겠지만

초보자 때에는 백핸드가 포어핸드보다도 어렵다고 생각하기 쉽지만 기술을 마스터한 후는 포어핸드보다 오히려 안정성이 생겨서 치기 쉬워지는 법이다. 이것은 포어핸드보다 눈에 가까운 위치에서 공을 칠 수 있기 때문이다.

또한 백핸드는 이론적으로도 정확한 폼이 아니면 잘 칠 수 없기 때문에 자연히 좋은 폼으로 치게 된다.

준비 자세는 포어핸드와 마찬가지이지만 항상 왼손으로 라켓을 받치고 공을 기다리는 동안은 그립에 힘을 주지 않도록 한다. 오른손의 손바닥은 아래로 향하고 그립의 윗 부분에 검지를 남기도록 해 둔다. 그리고 그 검지를 가볍게 되돌리고 엄지는 라켓을 받칠 수 있도록 조금 비스듬히 한다. 라켓의 타구면의 반대측에 엄지가 오지만 너무 이것을 강조하면 팔꿈치가 올라가 버리므로 주의한다.

▶테이크 백

백핸드의 테이크 백은 일찌감치 라켓을 당겨서 기다린다고 하는 준비가 중요하다.

　준비 자세에서 왼손은 라켓을 받치고 있지만 이 왼손으로 라켓을 당기도록 하는 것이 포인트이다. 왼손의 당김으로 어깨, 즉 상체가 비틀리고 오른손의 여유를 얻을 수 있다. 오른쪽 팔꿈치는 몸에 붙여서 당기기 때문에 위 부근에 올 것이다.

　포어핸드는 팔꿈치를 지점으로 테이크 백하지만 백핸드는 팔꿈치와 어깨를 지점으로 하면 보다 테이크 백이 충분해지기 쉽다. 테이크 백의 마지막 시점에서는 오른쪽 어깨에 턱이 얹히고 오른쪽 어깨 너머 혹은 등 너머로 공을 보는 정도가 좋다. 오른쪽 팔꿈치는 완전히 펴지 않고 라켓은 공의 고저에 맞춰서 당기는 것을 유의한다.

테이크 백의 마지막 자세

▶ 포워드 스윙

포어핸드에서의 포워드 스윙과의 큰 차이는 포어핸드는 중심의 이동이 큰 역할을 하는데 반해 백핸드는 오히려 허리의 회전에 의해 치는 것이다. 오른발을 축으로 해서 회전으로 치는 방법을 익히도록 하자.

스윙은 라켓 헤드가 내려가지 않도록 손목을 조여서 가능한 한 수평으로 휘두른다. 이 때 손부터 움직이려고 하지 말고 오른손의 힘을 빼고 허리 회전으로 오른손을 리드하도록 한다. 타점은 포어핸드보다 약간 앞이다.

라켓을 휘둘러 낼 때 그때까지 라켓에 거들고 있던 왼손은 뿌리치듯한 느낌으로 뒤쪽으로 벌린다.

타점의 포인트는 오른발의 약간 전방이다. 임팩트 때는 특히 엄지

임팩트 순간

폴로 스루

를 확실히 유지한다. 임팩트에서 엄지에 힘을 주어 밀도록 하면 위력 있는 공을 칠 수 있다.

▶폴로 스루

임팩트 후 손목의 각도를 그대로 하고 공의 비행선을 따라서 밀어가듯이 팔을 펴 간다. 폴로 스루가 길수록 조절도 좋고 깊고 긴 공이 된다.

포워드 스윙의 휘둘러내기

▶풋워크

제1보는 오른발의 작은 스텝이다. 이 시작과 동시에 상체를 비트는

데 이 때 이미 테이크 백이 시작되고 있다. 공을 치는 위치로 가고 나서의 테이크 백에서는 늦다.

왼발의 위치가 정해지면 날아 오는 공에 대해서 발끝을 벌리지 않고 미트에 대해서 평행히 한 채 오른발을 크로스 기미로 내딛어 타구 자세를 취한다. 중심은 포어핸드보다 일찌감치 왼발에서 오른발로 이동시킨다.

▶ 양손 치기 백핸드

최근 양손 치기의 백핸드가 많기 때문에 그 기본을 설명해 둔다.

양손 치기에서 가장 걱정이 되는 것은 그립이다. 단순히 양손으로 쥔다고 하는 정도로는 칠 수 없다. 정확한 양손 그립은 오른손은 백핸드 그립, 왼손은 포어핸드 그립(오른손잡이)이다. 이것을 잊고 있어서는 정확한 양손 치기는 불가능하다.

양손 치기 백핸드는 라켓을 당길 때 왼팔이 방해해서 백스윙이 짧아져 버리기 쉽다. 백스윙이 짧으면 공에 힘이 붙지 않기 때문에 가능한 한 백스윙을 오래 취한다.

오래 백스윙하기 위해서는 과감히 허리를 돌려야 한다. 허리가 돌면 오른쪽 어깨가 따라서 돌고 라켓이 자연히 뒤로 당겨진다. 목을 돌려서 턱을 오른쪽 어깨 위에 얹고 등 너머로 공을 보는 정도로 한다. 동시에 왼쪽 어깨도 돌아 왼팔에 여유가 생겨 스무드하게 스윙할 수 있다.

또한 양손 치기는 마치 야구의 좌타자가 공을 치듯이 확실히 쳐서 빼는 것도 중요하다.

또 하나 폴로 스루를 적당히 하지 않는 것이다. 폴로 스루는 두

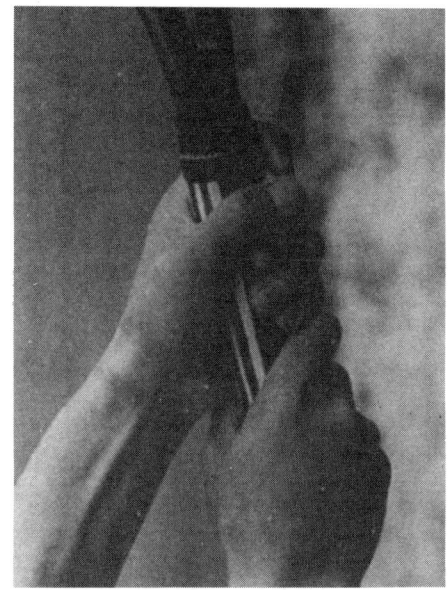

양손 치기
백핸드의 그립

양손 치기 백핸드의
테이크 백

폴로 스루

어깨가 앞으로 나와서 날아 오는 공 쪽을 향하는 정도로 상체를 크게 돌린다.

이렇게 하면 라켓도 크게 호를 그리며 상승하고 몸 반대측의 위쪽에서 폴로 스루를 마칠 수 있다. 이런 폴로 스루를 할 수 있으면 힘찬 샷이 생긴다.

▶체크 포인트

① 테이크 백이 늦어지고 있지 않은가(너무 빠른 정도가 백핸드에는 좋다)?

② 팔꿈치 부분이 몸에 붙어 있는가(팔꿈치가 튀어나와 있으면 아무래도 라켓이 내려가 버린다)?

③ 퍼 올리고 있지 않는가(타점이 너무 낮으면 퍼 올려서 살아 있는 공이 되지 않는다)?

④ 폴로 스루에서 몸이 펴져 있지 않는가(몸이 펴지고 오른쪽 팔꿈치가 펴져 있으면 공에 충분히 체중을 실을 수 없어 수평으로 스윙하는 것이 어려워진다)?

⑤ 허리는 충분히 돌고 있는가(백핸드는 먼저 준비 자세에 들어가기 전에 몸을 회전시키고 물론 어깨도 돌리고 나서 자세를 취하고 공이 오면 오른쪽 어깨를 마치 나사를 되감듯이 돌리면서 친다. 이렇게 하면 라켓 헤드에 속도가 붙어 샷에 힘이 생긴다)?

백 핸드 스트로크

테이크 백
백핸드의 테이크 백은 포어핸드보다 일찌감치 라켓을 당겨서 기다린다. 라켓을 당길 때는 왼손도 라켓에 거든 채이다. 테이크 백의 마지막에는 오른쪽 어깨에 턱을 얹어 등너머로 공을 보는 정도이다.

포워드 스윙
포어핸드의 포워드 스윙은 체중의 이동이 주된 것이지만 백핸드에서는 허리 회전이 주체이다. 허리도 어깨도 팔도 다감은 태엽을 제자리로 되돌리는 느낌으로 휘둘러 푼다.

임팩트
공을 치는 포인트는 포어핸드보다 빠르게 오른발 전방에서 공을 잡는다.

폴로 스루
타구를 친 후의 팔과 라켓은 타구를 쫓듯이 펴지만 그렇게 하면 라켓은 자연스럽게 전방의 위쪽을 향해 편다.

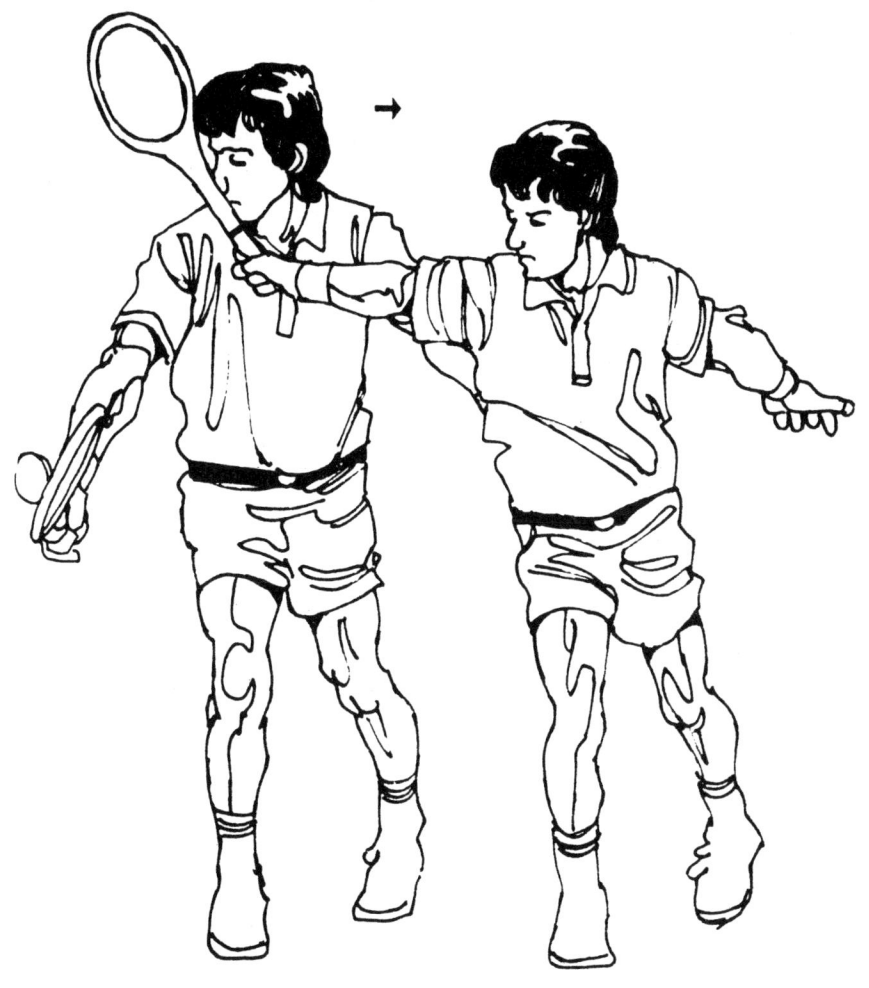

공의 회전과 타법

타구에 회전을 주어 치는 스핀 공의 여러 가지

공의 회전을 스핀(spin)이라고 하는데 테니스에서는 공에 여러 가지 종류의 스핀이 걸려 있는 경우가 많다. 그럼 어떤 스핀이 있고 스핀이 걸린 공에는 어떤 특징이 있는 것일까?

▶ 플랫 공(flat ball)

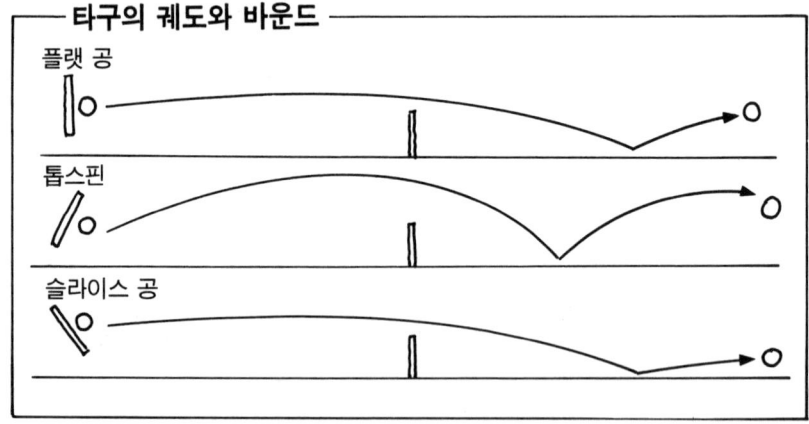

거의 공에 스핀이 걸려 있지 않는 타구이다. 공에 스핀에 의한 영향이 없기 때문에 공의 힘이 있어 가장 속력이 나는 타구이다.

▶톱스핀

드라이브 공이라고도 하며 공에 순회전이 걸려 있다. 네트를 넘고 나서 급격히 가라앉고 높이 바운드하는 공이지만 조절하기 쉬운 구종이다. 속도고 있고 바운드하고 나서 늘어나기 때문에 스트로크에 공격력이 붙는다.

▶슬라이스 공

백스핀이라고도 하며 역회전의 공이다. 타구 방향에 대해서 반대로 스핀이 걸려 있기 때문에 코트에서는 낮게 튀긴다. 이 공은 공기 저항이 많기 때문에 체공 시간이 길고 네트에 대한 어프로치 샷에 흔히 이용된다. 커트 샷이나 촙(chop) 샷, 드롭 샷 등에도 같은 스핀이 걸린다.

▶사이드 스핀

주로 서비스 때에 이용되지만 문자 그대로 옆 스핀이 걸려서 우회전이라면 우측에서 좌측으로 커브한다.

• 들을 만한 정보 메모

▶ 슬라이스 공의 여러 가지 샷

어프로치 샷 : 공을 스트로크한 후 그대로 앞으로 다가가서 네트에 붙을 때의 샷으로 백 스핀이 걸린 깊은 슬라이스 공이 많이 사용된다.
드롭 샷 : 상대가 뒤로 물러나 있을 때 등에 이용되는 샷으로 네트빠듯이 떨어뜨린다. 낙하한 후 크게 바운드시키지 않도록 슬라이스를 세게 건다. 촙 샷, 커트 샷도 드롭 샷의 일종이다.

스핀 공의 타법

포어핸드 톱스핀

공이 다가오면 라켓 헤드를 허리보다 내리고 공을 아래에서 위로 밀어 올려 칠 수 있도록 준비한다. 라켓면은 조금 하향으로 손목의 힘은 조금 뺀다. 이 경우 주의할 것은 좌우로 손목을 돌리지 않고 상하로 움직이기만 하는 점이다.
 공은 빠른 타점에서 앞발의 정면에서 친다. 중심이 앞발로 이동하기 때문에 임팩트에 온몸의 힘을 걸 수 있다.

라켓을 아래에서 위로 스윙하면서 약간 공의 상부를 문지르듯이 해서 치고 폴로 스루는 오래 취한다.

이 톱스핀은 웨스턴 그립이 가장 치기 쉽고 이스턴 그립이라도 칠 수 있지만 콘티넨탈(잉글리시) 그립으로는 상당히 손목이 강한 사람이 아니면 칠 수 없다.

▶ 포어핸드 슬라이스

이 샷은 첫째로 어프로치 샷으로서 많이 이용된다. 또한 바운드가 높은 공은 타점에서 되받아 칠 때와 톱 스핀으로 되받아 칠 여유가 없을 때의 수단으로서 사용한다.

공이 다가오면 어깨를 돌리고 라켓을 공의 높이보다도 올려서 백스윙한다. 라켓 헤드는 손목보다도 위로 기울여서 들고 손목을 단단히

포어핸드 슬라이스의 스윙

고정한다. 체중을 앞으로 이동하고 조금 상향의 라켓면으로 공을 바로 정면에서 친다. 공의 목표 방향으로 스윙을 그대로 계속 한다. 그립은 이스턴이나 콘티넨탈 웨스턴으로는 칠 수 없다.

▶ 포어핸드 플랫

공을 효과적으로 블록할 때에 이용한다. 손목은 단단히 고정하고 백스윙은 콤팩트하게. 라켓면은 지면과 거의 수직으로 해서 몸의 정면에서 확실히 임팩트하고 폴로 스루는 오래 취한다. 웨스턴 그립으로는 치기 어려운 샷이다.

▶ 백핸드 톱스핀

포어핸드 때는 어떻게든 톱스핀을 잘 칠 수 있어도 백핸드에서는 잘 되지 않는다고 하는 선수가 많다. 이것은 타점의 위치에 큰 문제가 있는 것 같다. 모든 백핸드의 타점은 포어핸드 때보다도 약간 몸의 바로 앞쪽에서 하는 것이 이상적이다.

공이 다가오면 어깨를 돌리고 라켓을 공의 높이보다 나즈막하게 당긴다. 이 때 다른 한쪽의 손으로 잘 보조해서 당겨 조절하고 라켓의 면도 확인한다.

체중을 앞발에 이동하고 몸 앞에서 친다. 공을 아래에서 위로 문질러 올리듯이 해서 치는 것은 포어핸드와 같다. 폴로 스루는 오래 높이 취한다.

주의할 것은 백 스윙 때에 어깨를 돌리고 팔을 똑바로 펴지 말고 팔꿈치를 구부린다. 팔꿈치와 라켓은 공보다 낮춰서 기다린다.

제1부 / 테니스의 기초지식　167

백핸드 톱스핀의 스윙

백핸드 슬라이스의 스윙

백핸드 톱스핀은 웨스턴 그립으로는 칠 수 없다.

▶ 백핸드 슬라이스

잘 치면 그대로 자연스럽게 코트내로 들어갈 수 있기 때문에 어프로치 샷에는 가장 적합하다.

공이 다가오기 전에 허리를 잘 돌려서 라켓을 공의 높이보다도 높이 당긴다. 손목을 단단히 고정하고 라켓 헤드는 손목보다 위로 기울여서 기다린다. 라켓면은 조금 상향으로 하고 공을 위에서 아래로 자르듯이 몸의 조금 앞에서 임팩트한다. 임팩트 후 라켓은 타구의 방향을 쫓아서 약간 위쪽으로 올리면서 폴로 스루한다.

백핸드 슬라이스는 콘티넨탈 그립이 가장 치기 쉽고 이스턴 그립이라도 그대로 칠 수 있지만 웨스턴 그립으로는 칠 수 없다.

▶ 백핸드 플랫

이 샷은 포어핸드와 마찬가지로 블록 샷으로 백스윙이 극단적으로 적기 때문에 상당히 손목과 팔이 강하지 않으면 치기 어렵다. 치는 포인트는 몸의 전방이다. 이 포인트는 틀리면 공의 조절은 불가능하다.

웨스턴 그립으로는 그대로 칠 수 없다.

서비스 레슨

빠른 공은 플랫

▶ 마스터하기 쉬운 것은 슬라이스

'서비스는 자신의 뜻대로 되는 유일한 샷'이라고 한다. 상대가 쳐 오는 공에 대응하지 않아도 되고 자신이 생각한 대로 공을 칠 수 있다.

서비스에는 플랫 서비스, 슬라이스 서비스, 스핀 서비스 등이 있다.

플랫 서비스는 공을 라켓에 정면으로 맞혀 스핀은 거의 걸지 않는 힘있는 서비스이다. 똑바로 날아서 착지하고 나서의 바운드도 별로 높지 않다. 가장 속도가 붙는 서비스이기 때문에 퍼스트 서비스 에이스를 노리려고 할 때에 주로 이 서비스가 사용된다.

스핀 서비스는 사이드 스핀과 함께 톱스핀이 걸린 서비스이다. 커브하면서 날아 가(서버 리시버 모두 오른손잡이의 경우) 리시버의 좌측에 높이 튄다. 스핀 서비스는 무릎과 허리를 많이 사용하기 때문에 지치면 스핀이 걸리지 않는 공이 되기 쉽다.

공의 오른쪽 위를 문지르듯이 쳐서 서버 쪽에서 보아 안쪽으로 커브하면서 날고 바운드한 후도 크로스 방향으로 미끄러지는 서비스가 슬라이스 서비스이다. 등골력이나 손목이 남성에 비해 약한 여성이라도 비교적 쉽게 할 수 있는 서비스이다.

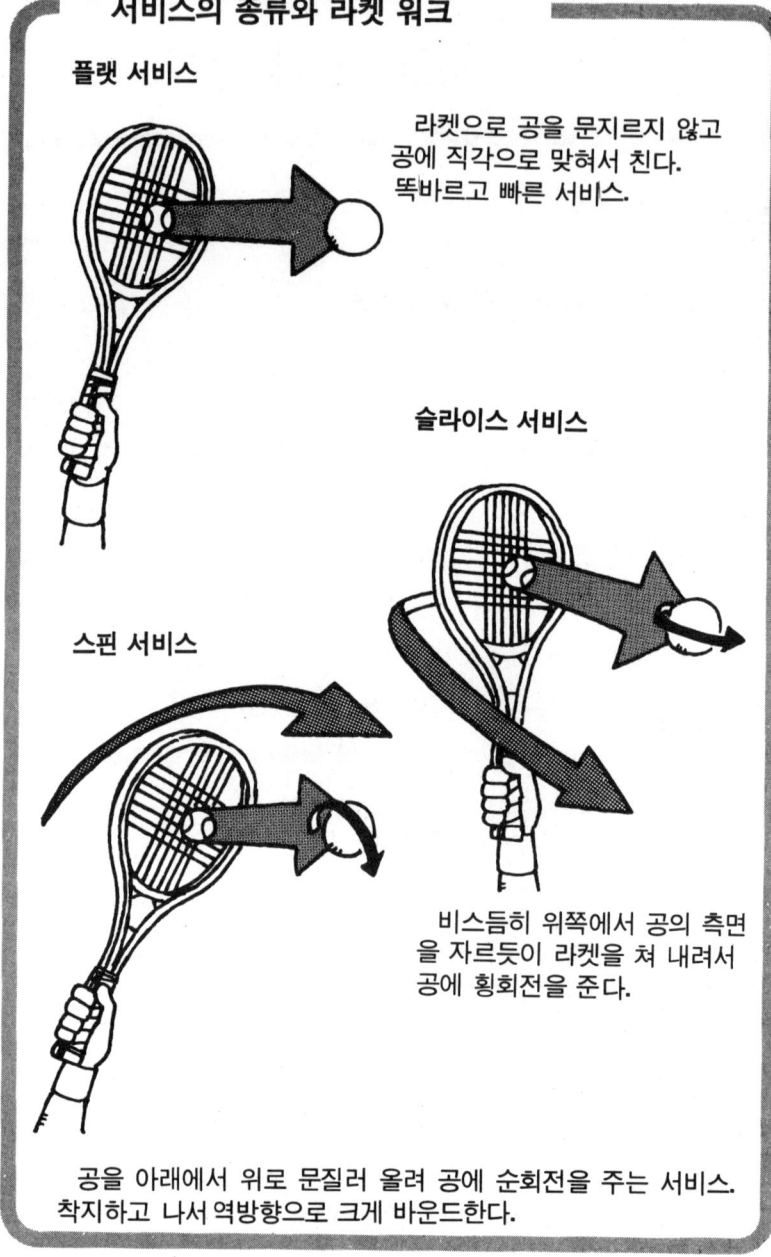

서비스의 그립

처음은 구애되지 않고 치기 쉬운 그립으로

　서비스를 그 구종에 따라 크게 나누면 플랫계, 슬라이스계, 스핀계의 3종류가 있다고 말했다. 각각 공의 회전이 다른 서비스이지만 각각의 구종마다 치기 쉬운 그립과 치기 어려운 그립이 있다.
　빠른 공의 플랫 서비스에는 웨스턴 그립이 적합하다. 바운드하고 나서 옆으로 미끄러지는 듯한 공의 슬라이스 서비스에는 이스턴이나 콘티넨탈(잉글리시) 그립이 적합하다. 크게 바운드하는 스핀 서비스에는 콘티넨탈에 가까운 이스턴이나 콘티넨탈이 적합하다.
　그래서 자신이 치고 싶은 서비스는 이거라고 결정하고 그 그립을 선택하는 것도 나쁘지는 않지만 앞으로 처음 테니스의 입문을 하려고 하는 초보자라면 너무 이 그립에 구애되지 않고 서비스라고 하는 동작에 익숙해지자.
　먼저 서비스라고 하는 동작을 해 보는데 그 때의 그립은 자신이 스트로크를 칠 때의 그립으로 쳐 본다. 점점 서비스의 동작에 익숙해 짐과 동시에 조금씩 자신이 치기 쉬운 그립으로 바꿔 나가는 것이다.
　또한 일반의 보다 상급자를 대상으로 한 테니스의 기술서 등에서는 '신장이 작고 힘도 별로 없는 동양인에게 플랫 서비스는 적합치 않기 때문에 스핀계의 서비스가 적합하다'라고 쓰여 있는 경우가 많은데 이것도 오해하지 말자. 이것은 어디까지나 수준급의 그것도 국제시합급 선수들의 이야기로 초보자용은 아니다.

슬라이스 서비스도 스핀 서비스도 치는데 익숙해지면 조절하기 쉽고 그다지 힘도 필요하지 않지만 처음 서비스에 도전하려고 하는 초보자에게는 역시 어려운 면이 있어 오히려 플랫 서비스가 치기 쉽기 때문이다.

특히 초보자 중에는 비교적 웨스턴이나 세미웨스턴의 그립으로 스트로크하는 사람이 많기 때문에 그대로의 그립으로 칠 수 있는 것은 플랫계의 서비스이다.

여성 경기자는 초보자가 아니더라도 플랫계의 서비스를 하는 사람이 많지만 그것도 '빠른 속도'라고 하는 플랫의 상식을 뒤집는 듯한 것이거나 한다. 이것은 어깨가 뒤로 돌지 않고 스윙하기 전부터 네트에 마주 보듯이 몸이 벌어져 있는 사람이 많기 때문이다. 그것이 나쁘다고 하는 것은 아니다. 오히려 그 반대로 경기 테니스의 선수를 지향하는 사람이라면 또 모를까 그래도 충분히 테니스를 즐길 수 있다고 하는 점은 말하고 싶다.

처음은 서비스의 종류나 그립에 구애 되지 말자. 쥐기 쉬운 그립 치기 쉬운 폼으로 서비스해서 공을 상대의 서비스 지역에 넣는다고 하는 것이다. 점점 숙달해서 정확하게 서비스가 들어가게 되면 이번은 속도를 붙여 코스에 따라 적절히 쳐서 자신에게 맞는 구종을 발견하여 마스터한다고 하는 순서이다.

스탠스(stance)와 발의 방향

클로즈드(closed) 스탠스인지 오픈(open) 스탠스인지

▶ 서비스의 동작

 서비스에는 플랫계, 슬라이스계, 스핀계의 3종류가 있다고 말했다. 각각 공에 거는 스핀의 종류가 다르기 때문에 스윙에는 자세한 점에서 차이가 있지만 기본적인 스윙의 흐름은 같다.
 ① 베이스 라인의 뒤 서비스 위치에 서서 스탠스를 정한다.
 ② 오른손잡이라면 왼손에 공을 들고 몸앞에서 라켓과 공을 합친 자세에서 양손을 위쪽으로 벌리는 듯한 느낌으로 왼손으로 토스를 올리면서 동시에 라켓을 뒤로 당겨 테이크 백한다. 체중은 오른발에 실려 있다.
 ③ 체중을 왼발에 이동하면서 떨어지는 공을 가능한 한 높은 타점에서 잡아 라켓을 휘둘러 내린다.

▶ 서비스하는 위치

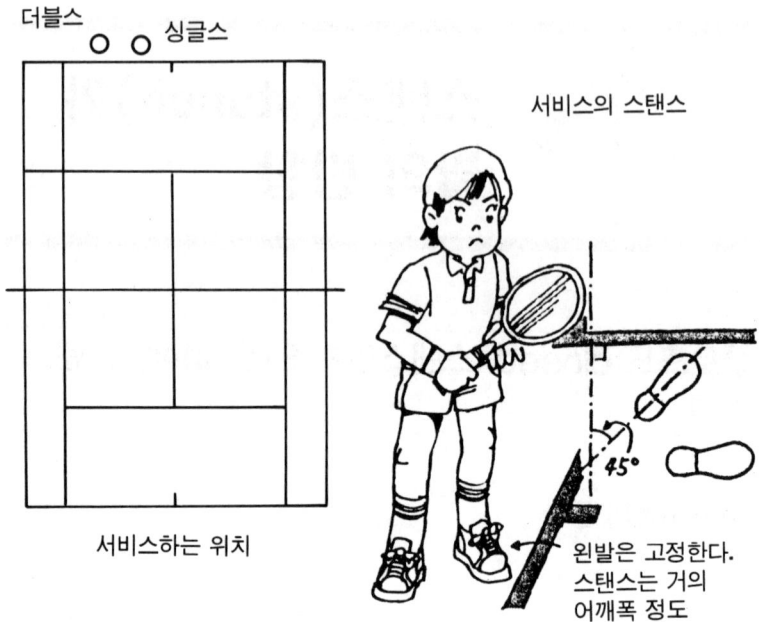

서비스는 베이스 라인의 뒤에서 한다. 듀스 사이드의 서비스는 센터 마크보다 오른쪽 어드밴테이지 사이드는 마크보다 왼쪽에 서지만 싱글스와 더블스에서는 그 위치가 다소 다르다.

싱글스는 센터 마크에 가깝게 중앙 쪽이다. 더블스는 어드밴테이지 사이드라면 좀더 오른쪽에 가깝고 듀스 사이드라면 좀더 왼쪽에 가깝게 서는 것이 보통이다.

▶ 스탠스를 정한다

이제부터는 오른손잡이의 서버가 듀스사이드에서의 서비스를 할 때를 예로 들어 설명한다.

서비스의 자세에 들어갈 때의 스탠스는 거의 어깨 폭 정도 왼발이 앞, 오른발이 뒤가 된다. 축족은 왼발이다. 이 때의 발의 위치는 '양발의 끝을 연결한 선이 네트에 대해서 45도' 등이라고 흔히 일컬어지지만 일률적으로 그렇다고는 말할 수 없다. 그 사람이 치기 쉬운 각도 혹은 서브하려고 하는 코스에 따라 각각 다르다.

뒷발과 앞발을 연결한 선의 연장이 이제부터 서비스하려고 하는 방향에 가깝게 선다. 단, 이것조차도 '그래서 서버가 치기 쉽다면'이라는 조건부이다. 다음은 자신이 치기 쉬운 자세의 각도로 조정한다.

앞발의 발끝 방향도 마찬가지이다. 미트에 대해서 45도라고 하는 것이 평균적이라고 해도 이것을 염두에 두고 자신이 치기 쉬운 방향을 선택한다.

▶ 클로즈드 스탠스와 오픈 스탠스

스탠스에는 클로즈드 스탠스와 오픈 스탠스가 있다. 알기 쉽게 극단적인 예를 들어 설명하자면 앞발을 베이스 라인과 평행 혹은 평행 가깝게 놓고 뒷발을 몸 뒤로 당긴 자세가 클로즈드 스탠스이다. 앞발을 베이스 라인에 대해서 직각이 되도록 앞을 향해 놓고 뒷발도 너무 몸의 뒤로 당기지 않고 선 자세가 오픈 스탠스이다.

클로즈드 스탠스는 몸을 크게 비틀어서 서비스해야 한다. 그만큼 속도도 생기지만 비틈을 견딜 수 있을 만큼의 허리 힘과 등골력이 없으면 불가능하다.

오픈 스탠스는 처음부터 몸이 벌어져서 미트에 정대하고 있는 형태이기 때문에 클로즈드 스탠스에 비해 힘은 나오지 않는다. 스핀계의

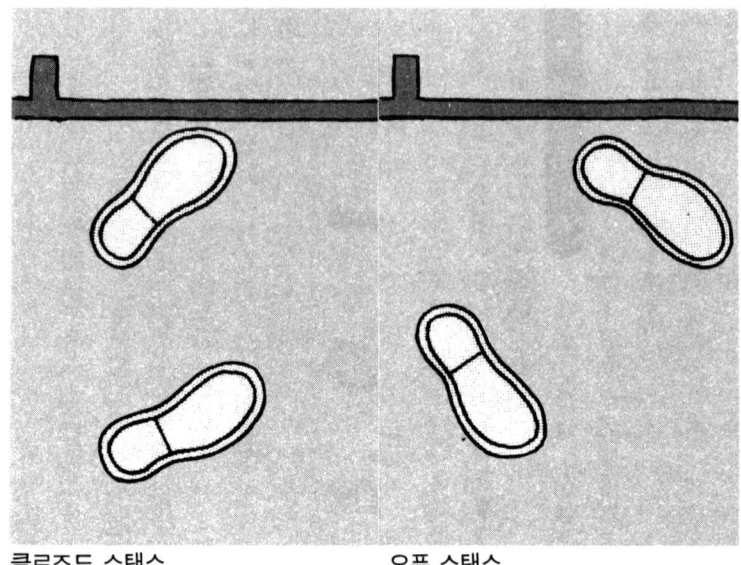

클로즈드 스탠스　　　　오픈 스탠스

서비스는 다소 치기 어려워지지만 플랫의 면에 만들기 쉽다고 하는 점에서 여성 경기자에게 많이 볼 수 있는 형태이다.

이런 사실을 안 후에 어느 스탠스를 취하는 편이 치기 쉬운지를 스스로 시험해 보고 선택한다.

▶공의 방향으로 스탠스를 바꾼다

스스로 서비스를 해 보면 이 때에 치려고 생각한 방향으로 가지 않는 경우가 흔히 있다. 그런 때에는 스탠스를 바꾸어 조정해 보는 방법이 있다. 준비 자세 때의 스탠스의 뒷발 위치를 바꿔 보는 것이다.

듀스 사이드에서 치는 서비스가 자신이 치고 싶은 코스로부터 아무

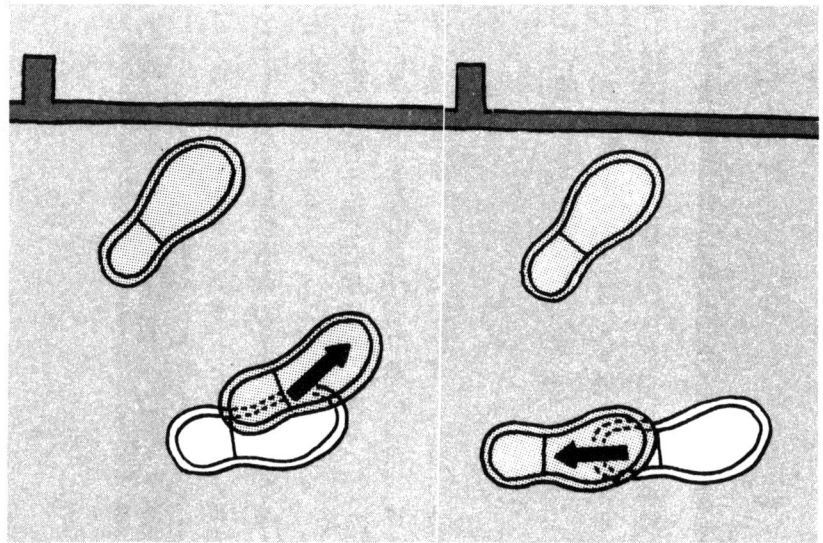

오른쪽으로 너무 갔을 때   왼쪽으로 너무 갔을 때

래도 좌측으로 치우쳐 버린다고 할 때에는 뒷발을 몸 뒤로 큼직하게 당긴다. 앞서보다도 클로즈드 스탠스 기미로 바꾸는 것이다.

생각한 것보다도 아무래도 우측으로 공이 가 버린다고 할 때에는 반대로 뒷발의 당김을 작게 하여 오픈 스탠스 기미로 해서 쳐 본다. 어드밴테이지 사이드로부터의 서비스라면 물론 이 반대라고 생각하면 된다.

슬라이스 서비스

그립은 이스턴이나 콘티넨탈이다. 라켓을 몸 오른쪽 뒤로 천천히 당겨 무리의 오른쪽 위로 올 때까지 스윙을 계속한다. 이 때 체중을

토스 업
머리의 전방 약간 잘 쓰는 팔쪽으로 공을 올리는 것이 요령

폴로 스루

임팩트

거의 오른발에 옮긴다.

라켓이 위쪽으로 올려짐에 따라서 공을 든 왼손을 함께 올려서 어깨 부근에서 공에 라켓에 쉽게 닿는 높이, 머리의 약간 오른쪽 앞으로 토스한다.

계속해서 체중을 왼발에 옮기면서 공의 우측 상부에 비스듬히 위쪽에서 라켓의 면을 내던지는 듯한 느낌으로 맞힌다.

라켓에 공이 맞은 후 라켓도 손맡으로 끌어 당기듯이 폴로한다.

칠 때에는 공을 잘 보는 것이 중요하다. 공을 다 칠 때까지 상대 코트를 보아서는 안 된다.

▶파인트 어드바이스──

슬라이스 서비스는 초보자라도 마스터 하기 쉬운 서비스이다. 낙하하고 나서의 바운드는 낮고 왼쪽(오른손잡이의 경우)으로 급격히 미끄러지듯이 구부러지는 서비스로 완력이 없는 여성이라도 잘 칠 수 있다.

슬라이스 서비스의 각 동작마다의 포인트는 다음과 같다.

① 라켓을 전방에 준비하고 모션을 일으킨다.
② 머리 위의 약간 우측 전방으로 토스한다.
③ 라켓이 공을 칠 때까지 공에서 눈을 떼지 않는다.
④ 라켓면을 비스듬히 휘둘러 내려 공의 우측을 커트하듯이 스윙을 한다.

플랫 서비스

그립은 웨스턴이나 세미웨스턴이 치기 쉽지만 이스턴이라도 할 수 없는 것은 아니다.

슬라이스 서비스와 같은 타법이지만 공을 머리의 바로 위, 약간 전방으로 토스하는 점이 다르다. 즉, 라켓면을 공의 바로 뒤에 맞혀서 정면으로 치는 것이다.

슬라이스 서비스와 플랫 서비스에서는 임팩트 전후의 라켓의 움직임이 다르다. 슬라이스는 라켓이 비스듬히 위에서 공을 문질러 내려서 스핀이 걸리도록 하지만 플랫 서비스의 경우는 스핀이 걸리지 않도록 공의 바로 뒤에서 친다.

플랫 서비스의 특징은 속력이다. 속력을 얻기 위해서 라켓을 뒤로 당길 때의 몸을 비틀어서 옆으로 향하게 된다. 그렇게 함으로써 비틀린 몸이 용수철이 되돌아 오듯이 퍼져서 강력한 공을 칠 수 있다.

라켓은 충분히 뒤로 당겨서 앞팔이 지면에 수평이 되도록 한다. 이어서 라켓 그 자체를 던지는 느낌으로 공의 바로 뒤를 노리고 휘둘러 올린다. 그리고 몸 앞에 올라간 공을 향해서 발돋움하여 몸과 라켓 쪽의 팔을 충분히 펴서 친다. 이렇게 하면 공에 체중이 확실히 실려서 속력도 생긴다.

폴로 스루는 절대로 도중에서 멈추지 말 것. 반드시 충분히 폴로 스루해야 한다.

▶ **포인트 어드바이스**─

플랫 서비스는 공에 속력이 있지만 슬라이스나 스핀과는 달리 타점부터 낙하점까지 거의 직선으로 날기 때문에 과감히 높은 곳에서 치지 않으면 네트하든가 서비스 지역 맞은편에 낙하하는 경우가 많다.

플랫 서비스의 각 동작마다의 포인트는 다음과 같다. ① 팔을 전방으로 올려 칠 자세를 만든다. ② 머리의 바로 위 약간 전방으로 토스한다. ③ 팔을 한껏 편 곳에서 친다. ④ 상대의 서비스 코트를 향해 폴로 스루 한다. ⑤ 슬라이스 서비스 때보다 공에 맞을 때의 라켓면의 플랫(평면)이 되도록 주의한다.

토스 업
머리의 바로 위 약간 전방으로 공을 토스 업한다.

백스윙
몸을 코트를 향해서 정대시키지 않고 옆으로 향하게 된다.

임팩트

폴로 스루

슬라이스 서비스

준비자세

스탠스의 위치를 정하고 공과 라켓을 몸 앞에서 합쳐 체중을 앞발에 싣고 조금 앞으로 구부린 자세가 되어 준비한다. 이것이 레디 포지션으로 이제부터 서비스 동작에 들어간다.

토스 업

몸을 일으켜서 체중을 뒷발에 실으면서 라켓을 당김과 동시에 공을 쥔 손을 밀어 올리듯이 토스업한다. 슬라이스 서비스의 토스는 약간 전방 잘 쓰는 팔쪽으로 비켜서 올리는 것이 요령이다.

임팩트

폴로 스루

토스는 전방 우측으로 올라가고 있기 때문에 있기 때문에 그 공을 우측에서 비벼 내리는 듯한 느낌으로 임팩트하고 라켓 스윙의 궤도를 그대로 계속해서 라켓을 껴안고 폴로 스루한다.

플랫 서비스

준비 자세

스탠스의 위치를 정하고 몸 앞에서 라켓과 공을 합쳐서 약간 앞으로 구부린 자세를 취해 준비한다. 이제부터 서비스 동작에 들어간다. 그립은 웨스턴이나 세미 웨스턴이 적합하다.

토스 업

앞에서 합치고 있던 양손을 8자로 휘둘러 푸는 듯한 요령으로 토스업한다. 동시에 체중은 앞발에서 뒷발로 이동한다. 토스업하는 공의 위치는 머리의 바로 위 조금 전방이다. 몸은 완전히 옆으로 향하게 되고 라켓의 헤드는 바로 아래를 향하는 정도로 테이크백한다.

제1부 / 테니스의 기초지식 185

임팩트

폴로 스루

공은 몸의 정면 가장 높은 위치에서 잡는다. 몸과 팔 라켓이 일직선으로 위로 펴지고 임팩트의 순간은 다소 점프 기미가 되는 정도로 좋다. 임팩트 후 라켓을 그대로 똑바로 휘둘러 내려서 폴로 스루한다.

스핀 서비스

그립은 콘티넨탈 기미의 이스턴이나 콘티넨탈이다.

제일 처음의 백스윙 때 라켓면을 등 뒤쪽으로 가지고 가서 등을 젖히게 한다. 공은 머리의 좌측(오른손잡이의 경우), 귀의 뒤 부근에 떨어지도록 토스한다.

◀ 레디포지션에서 토스로

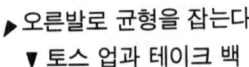

▶ 오른발로 균형을 잡는다
▼ 토스 업과 테이크 백

라켓면을 아래에서 휘둘러 올려 공의 왼쪽 하부에 맞히고 손목의 스냅을 살려 위쪽으로 문질러 올리도록 한다. 몸의 균형을 유지하기 위해서 오른발은 라켓면이 공에 맞음과 동시에 지면에서 띄워 라켓의 선에 대해서 몸의 전방으로 편다.

이 서비스는 공중에서는 오른쪽에서 왼쪽으로 구부러지지만 바운드는 반대로 왼쪽에서 오른쪽으로 크게 바운드한다.

스핀 서비스는 절대 쉽지 않다. 공에 톱스핀, 사이드 스핀을 걸어야 하기 때문이다. 그래서 공은 높이 바운드하고 상대는 리턴에 쩔쩔매게 된다.

그 정도의 스핀을 걸기 위해서는 라켓면을 공의 뒤에서 위로 문질러 올려야 한다. 이것이 슬라이스 서비스나 플랫 서비스 보다 더 어려운 것이다.

그 때문에 손목의 충분한 스냅이 필요하고 슬라이스나 플랫과 전혀 다르다.

▶ **포인트 어드바이스**──

파워있는 경기자는 퍼스트 서비스는 플랫으로 에이스를 노리고 세컨드 서비스는 스핀으로 리시버를 코트 밖으로 내쫓는 것이 보통이지만 퍼스트 서비스부터 스핀 서비스를 사용하는 것도 유효하다. 스핀 서비스의 요령은 다음과 같다.

① 팔을 전방으로 내밀어 서비스 자세에 들어간다.
② 머리의 왼쪽 아래로 토스한다.
③ 휘둘러 올려진 라켓면은 공의 왼쪽 하부에 맞히고 문질러 올릴 때 균형을 잡기 위해 오른발을 편다.

④ 라켓을 몸의 우측으로 폴로 스루한다.

스핀 서비스

준비 자세
준비 자세는 슬라이스 플랫 모두 같다. 스탠스를 정하고 몸 앞에서 라켓과 공을 든 손을 합치듯이 해서 앞으로 구부린 자세로 선다. 그립은 콘티넨탈이나 콘티넨탈에 가까운 이스턴으로 하면 치기 쉬울 것이다.
이제부터 양손을 휘둘러 풀듯이해서 토스업하는데 토스하는 공의 위치가 특징적이다.

토스 업
토스하는 공의 위치는 슬라이스 플랫에 비해 훨씬 안쪽이다. 오른손잡이라면 낙하점이 왼쪽 귀보다 더욱 좌측이 되는 정도이다. 또한 전방으로 올리면 스핀하지 않는다.

⑤ 스윙은 서비스하는 방향에 대해서 거의 직각으로 한다.

공의 문질러 올리기
공의 왼쪽 아래를 문질러 올리듯이 임팩트한다. 처음은 이 스윙이 어려울지도 모른다. 팔을 왼쪽 귀의 뒤까지 돌려서 문질러 올린다.

폴로 스루
문질러 올린 후 순간적으로 라켓을 되돌려서 포물선을 그리듯이 라켓을 휘둘러 내려 왼쪽 옆구리의 아래 주변에 껴안는 듯한 기분으로 폴로 스루한다.

서비스가 좋은지 나쁜지는 토스로 결정된다

▶항상 같은 토스를 올린다

서비스의 종류를 불문하고 가장 중요한 것은 토스이다. 훌륭한 서비스의 요령은 일정한 토스를 올리는 것이다. 좋은 토스라고 하는 것은 일정한 속도와 일정한 높이를 갖고 일정한 포물선을 그리는 듯한 것이다. 서비스가 안정하지 않는 경기자는 토스가 그 때마다 다르기 때문이다.

▶손목을 사용하지 않고 팔 전체로 들어 올린다

토스를 잘 올리는 포인트는 팔전체를 사용하는 것이다. 그리고 공을 공중에 올릴 때 들어 올리듯이 한다. 손목을 사용해서 던져 올리듯이 해서는 절대 일정한 토스는 할 수 없다.
다음은 왼팔을 가능한 한 높이 공중에 펴고 손목을 안쪽으로 구부러지지 않도록 하여 공을 손에서 놓는다. 공을 놓는 때를 가능한 한 늦추면 그만큼 공을 손에 들고 있는 시간이 길어져서 토스는 일정하다.

▶ 팔과 라켓을 편 높이로

높이는 라켓을 가능한 한 높이 위치가 가장 좋다고 한다. 어깨에서 약 1.2m 정도이다.

또한 그 공을 지면에 떨어뜨리면 플랫 서비스의 경우 서 있는 위치에서 약 30cm 우측(오른손잡이)에서 더구나 약 60cm 전방의 코트내에 떨어지는 것 같은 위치로 토스하는 것이 좋은 토스이다. 슬라이스 서비스는 조금 더 우측 스핀서비스라면 반대로 좌측이다.

토스를 같은 지점에 올릴 수 있도록 충분한 연습을 한다. 토스를 정확히 올리기 위해서는 연습밖에 없다.

그립 엔드가 위를 향할수록 라켓을 멘다

▶ 헤드를 내려서 등을 긁어라

서비스에서 팔꿈치나 어깨를 다치지 않고 힘찬 공을 치기 위해서는 플랫을 충분히 등으로 돌리고 팔꿈치를 구부려서 라켓 헤드를 아래로 하고 라켓으로 등을 긁는 정도 당긴다고 하는 것이 포인트이다.

공을 치려고 할 때 라켓을 휘둘러 내기 전에 등 뒤에서 라켓 헤드를 일단 내린다. 그리고 나서 라켓을 휘둘러 내면 헤드의 스피드도 가속되어 타구에 파워가 생긴다.

이 라켓을 등으로 당겼을 때 그립엔드가 바로 위를 향하도록 하면 더욱 좋다. 이 정도 라켓을 젊어지면 손목도 충분히 구부릴 수 있게 되어 그 손목의 되돌리기 포워드 스윙 때의 힘의 원천으로서 작용하게 된다.

더구나 이 위치까지 라켓을 당겨 두면 어깨가 빨리 돌고 몸이 벌어져서 타구의 조절이 흐트러지는 것을 막는다고 하는 효과가 있다.

임팩트의 순간에 몸을 앞으로 내던진다

▶ 공에 체중을 싣는다

초보자 동안은 아무리 힘껏 쳐도 자신의 생각한 속력과 예리한 서비스를 칠 수 없다고 하는 경우가 흔히 있다. 이런 경기자의 가장 큰 결점은 공에 대한 체중의 싣는 법에 있다.

라켓을 등에서부터 휘둘러 낼 때 뒷발로 지면을 차듯이 해서 그 반동으로 몸을 베이스 라인보다 앞으로 내미는 것이 정확한 방법이다. 이렇게 하면 공에 라켓이 닿는 순간 발부터 라켓 헤드까지 앞으로 구부러진 1개의 선이 된다. 그렇게 되면 당연히 속력이나 힘도 생긴다. 허리가 남아 몸이 '〈모양'으로 구부러져 있으면 힘을 낳을 수 없는 것은 당연하다.

▶앞발로 버틴다

또한 체중 이동 때에 앞발을 단단히 지면에 붙여서 힘껏 버티는 것도 필요하다. 이렇게 하면 동작이 진행되어 체중이 이동해도 몸을 지탱할 수 있어서 흔들리지 않기 때문에 파워를 낳을 수 있고 서비스 대시도 유연하게 할 수 있다.

앞발이 힘껏 버티고 있으면 친 기세로 뜬 뒷발이 앞쪽으로 내휘둘려도 풋폴트가 되지 않는다.

공이 순간 멈추는 때가 있다. 그곳을 친다

▶ 어디가 토스의 정상인지를 확인하고

서비스가 좋은지 나쁜지는 토스로 결정된다고 했지만 토스를 자신이 생각한 곳으로 올릴 수 있으면 서비스는 90% 성공한다고 해도 좋을 것이다.

또 하나 토스의 정점을 잘 확인하면 서비스의 성공의 확률은 더욱 높아진다.

토스된 공은 다 올라갔을 때 아주 순간이지만 정지하고 그리고 나서 떨어진다. 떨어질 때는 속력이 붙기 때문에 치기는 매우 어려워진다. 그러나 정지한 것 같은 상태의 공은 비교적 되기 쉽다. 따라서 이 때에 치면 라켓의 스위트 스폿으로 공을 잡는 것도 쉬워진다.

이 정지한 상태를 파악해서 손목의 스냅을 살려 라켓을 휘둘러내면 서비스는 완벽해진다. 손목의 스냅을 사용하면 포워드 스윙에서 가장 중요한 순간에 라켓 헤드의 움직임에 속도가 붙고 힘과 속력이 생기고 또한 공에 스핀을 거는 것도 쉬워진다. 따라서 올리는 토스의 높이는 라켓으로 치는 그 높이이다.

서비스는 넣는 코스를 생각하고

▶ 듀스 사이드는 센터 겨냥이 기본이지만

서비스는 단지 힘껏 넣으면 된다고 하는 것은 아니다. 확실히 목표를 정해서 그곳에 넣는다. 상대 선수어의 약한 곳에 넣는 것이 좋은 것은 말할 필요도 없다.

오른손잡이의 경우 서비스는 듀스 사이드에서라면 센터 어드밴테이지 사이드에서라면 역크로스를 공격하는 것이 기본이다.

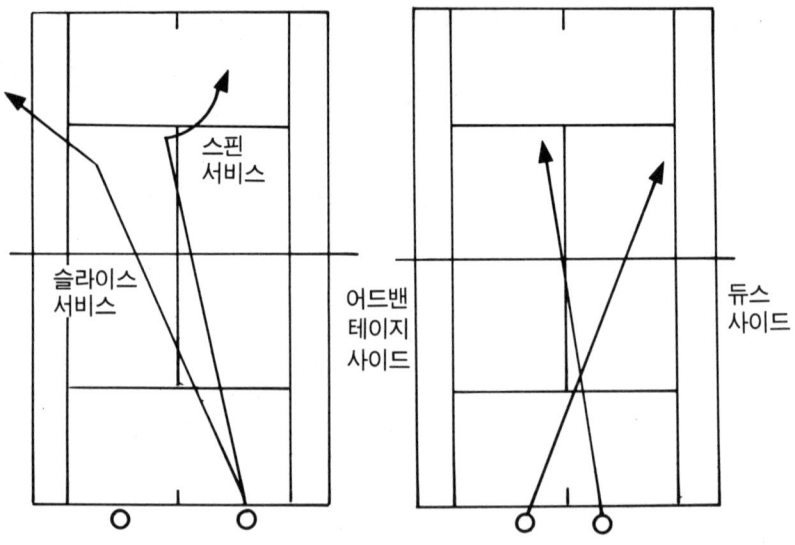

그러나 항상 같은 패턴으로 공격하면 상대 선수에게 간파당해 버린다. 기본은 기본이지만 어드밴테이지 사이드에서 크로스 코너에 넣는 등 때에 따라서 공격하는 장소를 생각하는 것도 또한 상식이다.

▶ 센터에는 스핀, 코너에는 슬라이스

점점 숙달해서 서비스의 종류를 마스터하면 단순히 넣는 코스 뿐만 아니라 그 코스에 따라서 서비스의 종류도 바꿔 본다.

듀스 사이드에서의 서비스에서 센터로 보낼 때는 스핀(트위스트) 서비스, 크로스 코너로 보낼 때는 슬라이스 서비스 등 적절히 사용하면 어느 쪽의 서비스나 리시버의 위치에서 멀리 달아나는 공이 되므로 유효하다.

• 들을 만한 정보 메모

▶ 풋폴트는 무섭지 않다

서비스 때 아직 라켓에 공이 닿기 전에 발이 코트 안에 들어가 버리면 물론 풋폴트로 그 서비스는 무효가 되어 버리지만 초보자 동안은 너무나도 이것을 지나치게 무서워하는 경향이 있다.

토스를 올려서 치기 전에 앞발을 스텝하는 것은 풋폴트이지만 친 여세로 그대로 뒷발을 내딛는 것은 전혀 상관없다. 서비스의 행위는 공을 친 순간에 종료하고 있기 때문이다. 또한 친 순간에는 조금 점프하고 있어 발이 땅에 닿은 곳이 라인내일지라도 상관없다.

발리의 레슨

날아 오는 공을 직접 쳐서 공격한다

현대의 테니스에서 발리는 유력한 공격 기술이다. 네트 경기에서는 정확하고 위력있는 발리는 빼 놓을 수 없다. 발리는 결코 어려운 기술이 아니다.

발리에는 포어핸드와 백핸드가 있지만 양자는 몸의 방향이 다를 뿐 본질적으로는 같다.

▶ 자세

발리에서는 준비 자세 때 이미 스트로크에 들어가 있다고 생각하자. 그만큼 순간적인 움직임이 필요하다. 준비 자세는 그라운드 스트로크와 같지만 네트에 2~3m까지 다가가서 상대가 치는 순간의 공에 집중한다.

▶ 테이크 백

포어핸드나 백핸드나 순간적인 동작이기 때문에 라켓을 당긴다고 하는 것보다도 상체를 비트는 정도의 느낌이다. 작게 비틀어 어깨가 네트와 직각이 되는 부근에서 멈춘다. 이것으로 테이크 백은 완료이다. 라켓 헤트가 손목보다 아래가 되지 않도록 주의한다.

▶ 임팩트(impact)

테이크 백에서 포어핸드라면 왼발을, 백핸드라면 오른발(오른손잡이)을 각각 비스듬히 앞으로 내딛고 체중을 앞으로 이동시켜 손목을 단단히 조이고 라켓면이 지면과 수직이 되도록 해서 임팩트한다. 백핸드의 경우는 포어핸드보다도 앞에 타점이 온다.

임팩트에서의 타점을 앞으로 하면 각도가 생기지만, 너무 앞이면 네트해 버리므로 주의한다. 타점이 몸에 가까울 때는 각도는 생기지 않기 때문에 팔꿈치를 구부려서 손목이 왼발 발끝과 같은 정도의 지점에서 하는 것이 가장 좋다.

테이크 백(백핸드)

테이크 백(포어핸드)

▶ 왼손으로 균형을 잡는다

 포어핸드도 백핸드도 테이크 백에서 임팩트로의 동작 중 라켓을 쥔 오른손의 움직임에 연동한 왼손의 움직임이 균형을 잡는 작용을 한다.
 포어핸드에서 어깨를 돌려 라켓을 당겼을 때 왼손은 약간 전방으로 가볍게 올리고 임팩트의 움직임에 따라서 그 팔꿈치를 조이는 듯한 느낌으로 동작의 균형을 잡는다.
 백핸드의 테이크 백에서 왼손은 라켓에 거드는 형태가 되지만 임팩트 때는 그 왼손이 뿌리쳐진다. 왼손이 놀고 있으면 라켓을 임기 응변으로 움직일 수 없기 때문이다.

임팩트(백핸드)

임팩트(포어핸드)

▶ 폴로 스루

폴로 스루는 그라운드 스트로크와 같이 큰 것은 필요없다. 너무 크게 취하면 조절을 흩뜨려 버린다. 작게 미는 느낌이다.

원칙적으로 포어핸드의 경우는 잘 쓰는 팔쪽의 다리, 백핸드의 경우는 잘 쓰는 팔이 아닌 쪽의 다리를 축으로 해서 반대측의 다리를 내딛어 중심을 이동한다. 초보자는 폴로 스루를 생각하지 않아도 좋을 것이다.

▶ 발리의 그립

발리는 포어도 백도 같은 그립이다. 일일이 그립을 바꾸는 것 같은 시간의 여유가 없다. 기본은 이스턴과 콘티넨탈의 중간 정도의 그립이지만 이것을 기본으로 해서 스스로 발리해서 쉬운 그립을 발견한다.

그립을 바꾸지 않고 치는 것이기 때문에 초보자에게는 다소 치기 어려울지도 모르지만 거기에 익숙해진다.

▶ 포인트 어드바이스

발리에 큰 백 스윙은 필요없다

발리는 그라운드 스트로크와는 전혀 다른 기술이다. 그라운드 스트로크는 원바운드한 공을 치지만 발리는 노바운드의 공을 되받아 친다. 라켓을 휘두르는 것이 아니라 공을 향해서 라켓을 밀어 내는 느낌이다.

큰 백스윙을 하면 정확한 발리는 할 수 없다. 정확한 발리에는 백스윙은 필요없다고 해도 좋을 정도이다. 라켓을 당겨도 겨우 뒤 어깨보다 뒤쪽으로는 가져 가지 않는다.

공의 방향은 라켓을 밀어내는 방향으로 결정된다. 순간적인 경기이기 때문에 라켓에 공을 맞히는 것이 제1의 목표이지만 오픈(네트에 양발을 평평히 놓는) 자세에서는 위력있는 공을 칠 수 없다. 더구나 오픈이라면 치는 코스도 정해진다.

상대의 공이 자신의 어느 쪽으로 올지를 판단한 후 어깨를 그쪽으로 돌리면 팔은 거의 움직이지 않고 자연히 라켓은 뒤로 당겨진다.

발리의 타점을 몸 전방에서

공을 몸의 옆에까지 불러 들이지 않고 전방에서 잡는다. 늦으면 공이 높아져서 상대에게 이용당한다. 몸 앞에서 쳐 정확히 되받아 친다.

몸 전방에서 발리하면 몸 옆에서 치는 것보다 각도가 생기기 쉬워진다. 이것은 라켓의 움직이는 범위가 커지기 때문이다.

우방향으로는 왼발부터 나간다

몸 옆으로 날아 온 공을 발리하기 위해서는 풋워크가 필요하다. 풋워크가 나쁘면 발리할 수 있는 범위가 좁아져 버린다

포어 발리의 경우 오른발(오른손잡이)을 몸 오른쪽 앞으로 스텝해서 공을 치는 경기자가 많은 것 같은데 이래서는 리치가 좁아져 버린다.

최초의 1보는 몸을 오른쪽으로 벌리고 왼발을 오른발과 교차시키듯이 전방으로 내딛는다. 이 풋워크라면 리치가 넓어져 몸에서 거리

가 있는 발리에도 대처할 수 있다. 또한 자세를 낮게 취하기 쉬우므로 어려운 로 발리에도 잘 대처할 수 있다.

라켓 헤드를 손목보다 내리지 않는다

발리에서 가장 어려운 것은 로 발리이다. 이것이 네트에 나오면 상대는 발밑으로 볼을 가라앉혀 온다. 이 낮게 날아오는 공을 발리하는데 로 발리를 잘 할 수 있느냐 어떠냐로 게임의 흐름이 바뀌어 버리는 경우가 많다.

공이 낮은 위치로 와도 라켓 헤드는 내리지 말자. 라켓 헤드를 내리면 공을 퍼 올리는 형태가 되어 공이 높이 올라가기 때문에 상대에게 맞아 버린다. 라켓 헤드는 내리지 않고 그만큼 몸을 낮춘다.

로 발리를 잘 처리하기 위해서는 라켓 헤드를 손목의 높이보다 내리지 말 것. 낮게 왔다고 해서 라켓면을 너무 상향으로 하지 말

낮은 공은 라켓을 내려서 그 높이에 맞추는 것이 아니라 낮은 자세가 되어 맞춘다.

것, 공의 궤도를 따라서 맞히도록 하고 절대 치켜 올리지 않는다.

이렇게 치기 위해서는 무릎을 잘 구부리고 몸을 가라앉혀야 한다. 이 경우 오른쪽 무릎은 구부린다(오른손잡이)고 하는 것보다 왼쪽 무릎을 깊이 구부리도록 하면 유연하게 몸을 낮게 유지할 수 있다.

백 발리는 더욱 전방에서 미트

백 발리는 백핸드 스트로크를 칠 수 있는 경기자라면 포어 발리보다 자연스럽게 칠 수 있을 것이다. 왜냐하면 스윙이 작고 콤팩트해서 스트로크하고 있는 동안 공이 몸의 전방에 있어 잘 볼 수 있기 때문이다.

포어 발리와 마찬가지로 몸의 전방에서 공을 치지만 포어 발리보다 더욱 앞 포인트에서 치도록 유의한다. 그런 까닭에 빨리 접근할 자세를 만들어야 한다.

하이 발리는 체중을 앞에 실어서 친다

스매시할 만큼 높지 않는 공은 하이 발리로 매듭 짓는다. 이 발리는 지금까지의 발리보다 더욱 몸 앞에서 치도록 한다. 몸 앞에서 치면 공을 잘 볼 수 있고 공에 체중이 실리기 때문에 친 공에도 힘이 붙는다.

여기에서 주의해야 하는 것은 네트이다. 공이 높기 때문에 라켓을 하향으로 하기 쉽고, 더구나 몸의 보다 전방에서 치기 때문에 네트하기 쉬워진다.

그래서 손목과 그립을 단단히 고정해서 공을 라켓에 직각으로 맞히도록 하고 체중을 앞에 실어 친다. 다음에 노린 방향으로 밀면서 짧은 폴로 스루를 하도록 하면 된다.

하이 발리는 몸 앞에서 치지만 이때 네트하지 않도록 주의한다.

백의 하이 발리는 먼저 라켓을 올리고

백 하이 발리는 치기 어려운 발리의 하나이다. 초보자 동안은 어쩐지 발리한 공이 높아져 버리기 쉽다. 그것은 아무래도 라켓이 늦게 나와 버리기 때문이다.

백 하이 발리의 요령은 무엇보다도 먼저 라켓을 쭉 위로 올려 버리는 것이다. 라켓을 위로 올려서 기다리면 미트가 늦어져 공이 높아지는 일은 이제 없다.

몸의 정면으로 온 발리는 오른쪽 팔꿈치를 올린다

'아무데도 칠 데가 없으면 상대의 몸을 향해서 힘껏 쳐라'고 흔히 일컬어지는 만큼 몸의 정면으로 오는 공이라고 하는 것은 속도가 있어서 좌우로 움직여서 되받아 치기 어렵다.

몸 정면으로 날아 온 공은 발리하기 쉽다고 생각할지도 모르지만 이것이 매우 어렵다. 먼저 정면으로 오는 공은 전혀 백스윙을 할 수 없기 때문에 다만 라켓으로 블록할 뿐이다.

이래서는 상대를 기쁘게 해 줄 뿐인 이지 공(easy ball)이 되어 버린다. 어쨌든 정면으로 온 공이라도 상대가 치기 어려운 곳으로 받아 쳐야 한다. 그러기 위해서는 매우 단순하지만 오른쪽 팔꿈치(오른손잡이)를 오른쪽 위로 내밀기만 하면 된다. 오른쪽 팔꿈치를 오른쪽 위로 내밀면 발리는 좌측으로 칠 수 있다. 덧붙여서 속도가 있기 때문에 포인트로 이어진다.

포어 발리와 백 발리

포어 발리 준비 자세   내딛기

백 발리 준비 자세   내딛기

스매시의 레슨

가장 공격적인 경기, 높은 위치에서 세게 친다

 높이 올라오는 로입 공을 지면에 떨어지기 전에 높은 위치에서 쳐 직접 상대 코트에 넣는 것이 스매시(smash)이다. 테니스의 플레이 중에서 가장 파괴력이 크고 가장 공격적인 샷이 스매시이다.
 스매시의 타법은 서비스와 거의 같다. 단, 정위치에 서서 스스로 토스한 공을 치는 서비스와는 달리 서비스보다 훨씬 높이 올라간 공의 낙하점에 일찌감치 달려가서 친다.

라켓을 올리면서
공의 낙하점으로 달린다.

▶ 낙하점으로 달린다

공이 올라오면 일찌감치 그 낙하점으로 달려가서 공의 바로 밑에서 기다린다. 달리면서 이미 라켓을 어깨보다 위로 올려 준비하면서 낙하점으로 들어간다.

떨어져 오는 공의 바로 밑으로 들어가는 것이 요령이지만 초보자 동안은 좀체로 바로 밑으로 들어가지 않고 낙하점 바로 앞에서 멈춰 버리는 경우가 많기 때문에 네트에 걸리기 쉬워진다.

▶ 자세

공의 바로 밑으로 들어가면 팔꿈치를 구부리고 라켓을 당겨서 준비한다. 이 때 눈은 이동해 오는 공을 쫓으면서 라켓을 들고 있지 않은 쪽의 팔은 공을 향해 펴서 손가락으로 공을 가리키고 기다린다.

공이 떨어지면 그 타이밍을 맞추면서 라켓을 뒤쪽으로 당겨 테이크 백한다. 네트에 마주하지 않고 옆을 향한 자세이다. 이제부터는 서비스와 같다.

▶ 임팩트

스냅을 충분히 살려서 공을 상대 코트에 세게 친다. 위에서 떨어지는 공은 가속도가 붙어 있기 때문에 그 속도의 변화 때문에 처음은 타이밍이 맞지 않을지도 모른다.

라켓을 너무 빨리 휘두르면 스위트 스폿을 벗어난 라켓 선단에 공이 맞아 버리든가 네트해 버린다. 라켓의 스윙 타이밍이 늦으면

제1부 / 테니스의 기초지식 211

공의 바로 밑으로 들어가서
라켓을 들지 않는 손가락으로
공을 가리킨다.

가장 높은 위치에서
잡아 공을 세게 친다.

폴로 스루를 완전히
할 수 없는 타구는
뜨기 쉬워진다.

공이 떠서 상대 코트의 엔드 라인을 넘어가 버린다.
라켓의 스윙보다도 순간 빠르게 라켓을 들지 않은 쪽의 어깨를 뒤쪽으로 당기고 팔도 뒤쪽으로 휘둘러서 반동을 주면 라켓이 부드럽게 나간다.

▶폴로 스루

공에 라켓이 맞은 후는 스윙의 기세를 그대로 라켓을 쳐 내린다.

낙하해 오는 공의 가속도에 익숙해진다

그라운드 스트로크나 발리는 날아오는 공을 향해서 체중 이동을 하면서 치지만 스매시는 공에 대해 위에서부터 앞으로 체중을 이동하면서 치기 때문에 포인트가 틀어지기 쉬워진다.

특히 여성은 남성과 달리 야구 등의 공 게임에 익숙치 않기 때문에 요령을 파악하는 것이 상당히 어려운 듯하다.

스매시에서 생각해야 하는 것은 가속도의 문제이다.

위에서 공이 떨어지기 때문에 가속도가 붙는다. 상대의 로빙이 높으면 높을수록 가속도는 크다. 여기에 익숙해지지 않으면 스매시는 좀체로 생각대로 먹혀 들어가지 않는다.

가장 높은 위치에서 정확히 친다

　예상보다 빨리 공이 떨어지는 점을 염두에 두자. 그것을 알면 당연히 라켓도 빨리 내밀어야 한다. 상대의 로빙에 대해서 일찌감치 라켓을 내밀어 높은 곳에서 정확히 치는 연습부터 시작하면 좋을 것이다.

　처음부터 무리하게 빠른 공을 치려고 하거나 폼을 잘 하려고 생각하지 말자. 어쨌든 정확히 치는 것만을 유의해야 한다. 다음은 가볍게 폴로 스루할 뿐이니까.

　상대의 로빙을 치는 스매시의 실수는 타점이 너무 뒤이거나 앞이거나 했을 때에 일어난다. 뒤에 있는 공을 과감히 치면 당연히 백 아웃해 버린다. 타점이 너무 높으면 네트해 버린다.

　이것을 막기 위해서는 낙하해 오는 상대의 로빙을 왼손 혹은 왼쪽 팔꿈치로 가리키면서 자신의 훨씬 전방에 조준을 맞추는 것이 중요하다.

일찌감치 라켓을 내밀어서 높은 위치에서 공을 친다.

몸을 옆으로 향하고 치면 속도가 붙는다

처음은 몸의 전방에서 정확히 맞추는 것만을 생각해도 좋지만 이래서는 좀체로 속도 있는 공을 칠 수 없다. 몸의 정면을 향한 채로 치고 있기 때문이다. 그래서 타점의 느낌을 파악한 후 이번은 일단 옆을 향해 자세를 취하고 치는 연습을 한다.

로브(lob)가 온다고 판단하면 일찌감치 라켓을 뒤로 당기고 팔꿈치를 구부려서 준비한다. 로브가 올라가면 재빨리 오른발(오른손잡이)을 비스듬히 뒤로 당겨서 옆으로 향하고 거기에 왼발을 접근시킨다. 이 동작을 반복해서 타점의 위치까지 백한다.

몸을 옆으로 향해 자세를 취하고 오는 공을 가장 높은 점에서 더구나 공을 조금 전방에서 잡는다. 서비스와 비슷한 동작이지만 특히 여성의 경우 몸을 옆으로 향하고 라켓을 휘둘러 내리면서 허리가 회전하여 정확히 향한다고 하는 동작은 좀체로 할 수 없다. 처음부터 정면을 향한 채 스윙하기 때문에 타구에 속도가 붙지 않고 또한 라켓보다도 손목부터 빨리 나가는 형태로 공이 떠 버린다.

그라운드 스매시와 오버 헤드 스매시

 그라운드 스매시는 네트 가까이에 온 높은 공을 바운드시키고 나서 치는 스매시이다. 본래라면 노바운드로 치는 것이지만 네트에 가깝기 때문에 친 후 네트 터치할 것 같은 때 태양 등으로 눈이 부신 경우에 이것을 사용한다.
 베이스 라인 가까이 오는 깊은 공은 그라운드 스매시해도 좀체로 결정타는 되지 않는다.

또한 오버 헤드 스매시는 머리 위를 깊이 빠지는 듯한 로빙을 백하고 다시 점프해서 친다.

오버 헤드 스매시에서 가장 주의해야 하는 것은 아무래도 뒤로

스매시

백 스텝
라켓을 올려서 준비하면서 공의 낙하점으로 달린다. 백할 때는 옆을 향하게 되어 공을 보면서 백 스텝 한다. 정면을 보면서의 자동차 백은 안 된다.

테이크 백
공의 낙하점에 일찌감치 도착해서 떨어지는 공을 기다린다고 하는 점이 중요하다. 낙하점에 도착하면 공의 바로 밑으로 들어간다. 몸은 공에 정대하지 않고 옆을 향해 테이크 백한다. 이제부터 서비스와 거의 같은 동작이다.

제1부 / 테니스의 기초지식 217

물러나기 때문에 칠 때에 양발이 네트에 평행해지기 쉬운 점이다. 여기에서도 역시 상반신을 네트에 직각으로 유지하고 치도록 유의한다.

임팩트
몸도 팔도 라켓도 완전히 펴져서 공을 가장 높은 위치에서 임팩트하는 것이 중요하다. 공의 타점이 너무 앞이면 네트하기 쉽고 너무 뒤이면 타구가 코스 밖으로 튀어 나가기 쉬워진다.

폴로 스루
공을 친 후 라켓을 그대로 아래로 크게 휘둘러 내려서 폴로 스루한다. 폴로 스루가 작으면 타구에 속도가 붙지 않을 뿐만 아니라 타구가 낙하하지 않고 코트 밖으로 나가 버리기 쉬워진다.

샷의 응용 기술

지금까지 설명해 온 기본 기술만 마스터하면 테니스의 게임을 아무 부자유없이 즐길 수 있지만 실제 게임에서는 이런 기본 기술에는 나오지 않았던 응용적인 샷도 흔히 사용된다.

여기에서는 응용 샷의 몇 가지를 설명해 둔다.

드롭 샷

백 스핀을 걸어서 내트가에 떨어뜨린다

드롭 샷이란 상대가 네트로부터 떨어져 있을 때 보통의 스트로크로 가장하고 갑자기 네트가로 떨어뜨리는 것으로 일종의 페인트 경기라고 말할 수 있을 것이다. 일반적으로는 백스핀을 걸어서 낮게 바운드시키는 경우가 많다.

이 샷은 여느때는 강한 톱스핀을 치고 있는 선수가 이용하면 효과적이지만 그 외 코트가 부드럽거나 상대가 지쳐서 풋워크가 무거워진 경우 등에 유효하다.

치는 법은 라켓면을 높이 유지하고 상체는 일보 앞으로 내딛는 형태를 취하면서 공의 기세를 죽이듯이 라켓면을 공의 우측(오른손 잡이)에 넣는 느낌으로 폴로 스루를 취한다. 목적 지점으로 공을 옮기도록 한다.

드롭 셧 다음에 상대의 머리를 넘기는 로빙을 올리면 상대는 전진 후퇴, 격렬하게 움직여야 하기 때문에 괴롭게 된다.

드롭 발리

눈치채이면 효과 반감, 치는 척하고 떨어뜨린다

드롭 발리는 상대가 네트로부터 떨어져서 베이스 라인 가까이에 위치해 있을 때에 백 스핀을 걸어 네트가에 떨어뜨리는 발리이다.

이 샷은 보통의 발리와 같은 폼으로 치는 것이 중요하고 드롭 발리는 상대에게 눈치채여 버리면 아무 소용도 없다.

칠 때의 요령은 공과 라켓면이 닿는 순간에 라켓을 단단히 쥐고 힘차고 작게 샤프한 스윙으로 백스핀을 건다. 단 이 샷은 너무 강한 타구에서는 할 수 없기 때문에 느리게 받아칠 때에 사용한다.

하프 발리

가라앉아 오는 공을 쇼트 바운드로 되받아 친다

바운드한 공의 바운드 직후에 쇼트바운드로 치는 것이다. 따라서 이것은 순간의 샷으로 뛰어난 기술이 요구된다.

하프 발리는 서비스 대시로 네트에 다가갔을 때 상대는 리턴 공을 낮게 가라앉혀 오는데 그런 때에 하는 기술이다. 스윙 자체는 빠르고 짧고 네트에 가까울수록 라켓면은 위를 향하게 된다.

가라앉아 오는 리턴 공에 허리를 낮추고 준비해서 라켓을 밀어내듯이 친다.

그러나 올라오는 공을 치는 것이기 때문에 임팩트 전에는 약간 뒤집어 씌우는 기미로 한다. 라켓면은 손목보다 높게 유지한다.

포어핸드나 백핸드나 주의할 것은 앞으로 기울어진 자세로 치지 않는다고 하는 점이다. 상체를 수직으로 세우고 무릎을 구부리고 허리를 낮춰서 한다. 또 하나 중요한 것은 체중을 임팩트 때에 앞발에 싣는 것이다. 이렇게 하지 않으면 공이 네트 위에서 높아져 상대가 공격하기 쉬워져 버린다.

더블스나 싱글스나 네트 경기자는 이 샷이 많아지기 때문에 잘 연습해서 느낌을 파악해 둔다.

러닝 샷

달리면서의 샷, 어디로 칠지를 정하고

이것은 문자 그대로 달리면서의 샷으로 랠리중 상대의 공이 얕아졌을 때 달려 나가 칠 때에 사용한다. 달리면서의 샷이기 때문에 테이크 백은 가능한 한 작게 하고 또 어느 높이에서 칠 건지를 정해 둔다. 어느 방향으로 이동해도 포워드 스윙 때는 타구 방향으로, 축족(軸足)이 아닌 쪽으로 발(왼발)을 내딛도록 한다.

유연한 몸의 움직임과 공을 치는 타이밍이 이 샷을 성공시키는 열쇠이다. 핀치를 찬스로 바꿀 수 있는 샷이기 때문에 달리면서 겨냥 지점을 확실히 정한다.

 # 로빙(lobbing)의 타법

수비를 위해서 뿐만 아니라 공격하는 로빙도 있다

　로빙은 공을 높이 쳐 올려서 받아치는 것이다. 상대의 샷에 져서 자세를 재정립할 수 없어 부득이하게 쳐 올리는 경우도 있다. 이것이 수비의 로빙이다. 네트 경기가 중요한 열쇠가 되고 있는 현대 테니스에서는 공격의 수단으로서도 이용되고 있다. 이것이 공격의 로빙이다.

공격을 위한 로빙은 상대를 네트로 유인해 내서 의표(意表)를 찌르는 로빙으로 공격한다. 이 때는 보통의 스트로크 자세에서 재빨리 로빙으로 전환하는 것으로, 노골적으로 로빙한다고 하는 동작으로 있어서는 효과가 적어진다.

로빙에는 3종류의 타법이 있다. ① 슬라이스 또는 백의 스핀로브(방어용) ② 플랫 로브(방어용) ③ 톱스핀 로브(공격용)

▶슬라이스 로브

라켓을 뒤쪽으로 비스듬히 당겨서 치는 촙과 다를 바 없이 라켓면에 맞은 후의 공은 역회전이 주어져서 뜨는 기미가 된다. 조절은 손목을 조금 사용하면 다하고 백 스윙이나 폴로 스루도 짧게 끝난다.

▶플랫 로브

공의 하부로 라켓면을 평평하게 해서 떨어뜨리고 라켓을 밀어 내듯이 해서 공중으로 높이 쳐 올린다. 조절에 필요한 스핀이 없기 때문에 슬라이스 로브와 같이는 생각한 곳에 넣기 어렵다고 하는 결점이 있다.

▶톱스핀 로브

라켓면을 공 아래에 떨어뜨리고 공의 후부를 문질러 올리듯이 하여 라켓을 덮어 씌우는 기미로 하면서 공에 순회전의 스핀을 주어 쳐 올린다. 방어용 로브는 시간 벌기의 의미도 있어서 멀리 높게 엔드라인 빠듯이 올린다. 공격용 로빙은 상대의 머리를 겨우 넘는 높이로 상대의 서비스 라인 뒤쪽에 갑자기 낙하시킨다.

방어용의 로빙은 공의 아래를 친다

　방어용의 로빙은 무너진 포메이션이나 자세를 재정립하기 위해서 높이 올려 시간을 벌어야 할 때에 사용한다.
　이런 이유에서 절대 어중간하게는 치지 않는다. 어쨌든 높고 깊게 쳐야 한다. 포워드 스윙은 라켓을 공의 아래쪽에 맞혀서 높이 쳐 올린다.
　손목을 고정하고 그립을 조여서 라켓으로 공을 높이 들어 올리듯이 쳐야 한다. 시간적 여유가 없다고 해서 손목을 사용하여 억지로 공을 퍼 올리듯이 해서는 안 된다. 이런 타법은 절대 깊지도 길지도 않다.
　임팩트부터 폴로 스루에 걸쳐서 손목을 고정하고 공을 전방 위쪽으로 확실히 쳐서 빼는 것이다.
　또 하나 중요한 것은 폴로 스루를 높이 취한다고 하는 점이다. 공을 쳐서 빼고 그 나는 방향으로 가능한 한 오래 폴로 스루한다. 로빙을 충분히 높고 깊게 칠 수 없는 것은 이 긴 폴로 스루가 없는 것이 원인이다.

수비 로빙의 공 회전

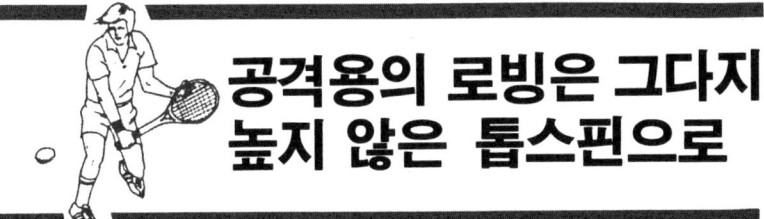

공격용의 로빙은 그다지 높지 않은 톱스핀으로

　공격용의 로빙은 네트로 끌어 낸 상태의 머리 위를 빨리 넘는 로빙이기 때문에 어느 정도의 속도와 짧은 체공 시간에 낙하하는 공이어야 한다. 느린 속도로 매우 높이 올라간 로빙에서는 뒤로 간 상대에게 추월당해 수비로 방향을 바꿔야 하기 때문이다.

　치는 순간까지 로빙임을 깨달을 수 없는 자세에서 재빨리 공을 문질러 올린 톱 스핀을 친다. 높이는 상대가 점프해도 미치지 않는 빠듯한 높이이다. 순회전의 톱스핀이기 때문에 공은 급격히 낙하한다.

제4장

게임의 실전 테크닉

더블스의 실전 테크닉

포메이션이나 수비의 사이드를 정한다

싱글스에서는 혼자서 지키고 있었던 코트를 더블스에서는 둘이서 지키기 때문에 전술적으로는 2인의 조화에 중점이 놓이는 것은 말할 필요도 없다.

여기에서는 페어(pair)를 짜서 싸울 때의 기본적인 이론을 들어 둔다.

▶지키는 사이드를 정한다

2사람 모두 오른손잡이의 경우는 포어핸드가 능숙한 쪽이 오른쪽 (듀스 사이드)을, 백핸드가 능숙한 쪽이 왼쪽(어드밴테이지 사이드)을 지킨다. 만일 두 사람의 실력차가 큰 경우는 실력이 위인 쪽이 왼쪽 사이드를 지킨다. 왼쪽 사이드는 아무래도 백으로 리시브할 확률이 높기 때문이다.

또한 양자 모두 실력차가 없을 경우는 성격적으로 어느 쪽인가 하면, 견실하고 무리를 하지 않는 타입이 우측 사이드를 지키고 공격적이고 대담한 면이 있는 쪽이 좌측 사이드로 지키는 편이 좋을 것이다. 이것은 듀스가 되었을 때 서비스가 돌아 오는 것이 우측 사이드이고 1점 리드하거나 당했을 때의 포인트가 좌측 사이드로 돌아 오기 때문이다.

오른손잡이와 왼손잡이의 경우는 서비스 리턴일 때 양자의 포어핸드의 크로스를 살리기 위해서 오른손잡이가 우측 사이드에 왼손잡이가 좌측 사이드에 붙는 편이 좋다.

▶서비스 순

어느 쪽이 먼저 서비스를 하느냐는 더블스에 있어서 중요한 문제이다. 그것은 먼저 서비스를 하는 쪽의 선수가 서비스의 횟수도 많아질 가능성이 있어 4—4 등의 중대한 장면에서는 처음에 서비스를 하는 쪽에 순서가 돌아오기 때문이다.

따라서 서비스의 유지력이 높은 쪽이 먼저 서비스를 하는 편이 좋다. 더블스라도 서비스 유지(서비스하는 쪽이 그 게임을 얻는다)는 게임에 이기는 기본이기 때문이다.

▶포메이션을 정한다

페어의 두 사람이 만드는 수비 태세, 공격 태세의 패턴을 포메이션이라고 한다. 포메이션은 게임의 진행과 함께 그 국면의 변화에 따라서 아찔하게 변화한다. 기본적으로 어느 포메이션으로 갈지는 미리 정해 둔다.

기본적인 포메이션에는 다음과 같은 것이 이다.

정통 포메이션

서비스를 하는 시점에서 서비스측의 파트너는 네트 가까이를 지키고 리시브측의 파트너는 네트로부터 조금 떨어져서 지킨다.

어느 쪽인가 하면 서비스 측이 먼저 둘이서 네트를 장악할 수 있기 때문에 유리하다고 말할 수 있지만 리시브의 리턴 공이 서버의 발밑으로 날아 들어왔을 경우에는 리시브측이 유리해진다.

서버의 파트너 쪽은 네트에 붙어 있기 때문에 리시브 공을 뛰어나가서 발리하는 포치의 기회도 있다. 리시브 측의 파트너는 거기에 대비해서 약간 뒤에 지키고 있다.

한 사람이 네트 포지션, 또 한 사람이 베이스 라인에 위치하는 이 포메이션은 일반 경기의 대부분이나 여성 초보자, 장년 경기자 등이 이용하고 있다.

리시브 측이 두 사람 모두 베이스 라인에 붙는 포메이션

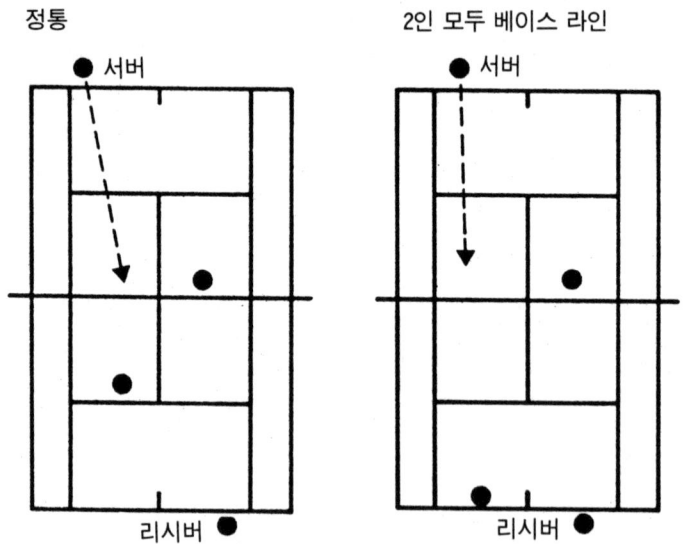

이것은 리시브 측이 수비를 제일로 생각한 포메이션으로 작전으로 서는 상대의 발밑을 노리고 유인해서 로빙을 올려 상대측을 교란시키거나 느린 공이나 빠른 공을 조합해서 상대의 실수를 유발시키거나 때로는 단숨에 짧은 공과 함께 두 사람이 전진해서 포인트로 연결시킨다.

이 포메이션은 상대가 서비스 대시를 하고 네트로 다가오는데 대응해서 만들어진 것으로 일반적으로는 스트로크에 자신을 가지고 있는 선수가 흔히 이용한다.

오스트레일리안 포메이션

서비스 측이 취하는 포메이션으로, 이름 그대로 오스트레일리아에서 생긴 것이다. 변칙적으로 상대를 혼란시킬 수 있지만 그런 까닭에 서비스 측도 상당히 연습해 두지 않으면 함정에 빠져 버린다.

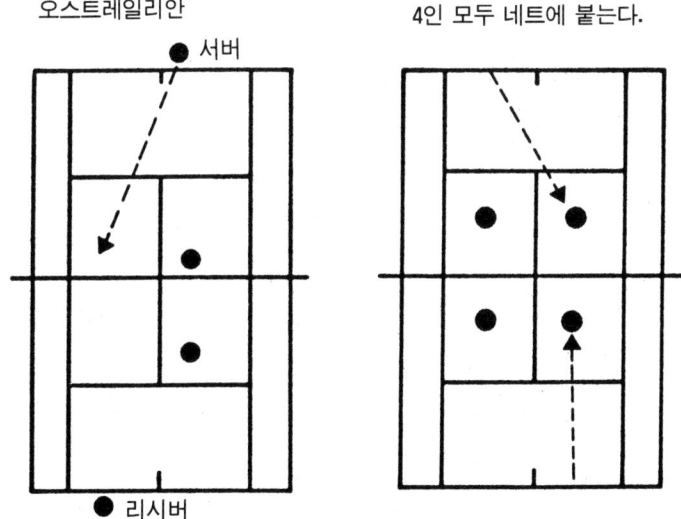

서버의 파트너가 서버의 사이드 앞에 준비하고 두 사람이 세로로 직선으로 늘어선 위치에서 서비스를 한다.

이것은 상대의 크로스 코트에 대한 리턴이 강할 때 거기에 대응하기 위해서 사용된 것이다. 이 포메이션을 이용하면 상대는 크로스코트에 리턴할 수 없고 스트레이트로 리턴할 수밖에 없게 된다.

한편 서버는 상대의 스트레이트의 리턴을 커버하기 위해서 재빨리 오픈 코트로 이동해서 거기에 대비한다.

이 포메이션은 네트 앞에 위치하는 선수의 머리 위를 로빙으로 계속 넘기고 있는 때에도 이용하는 경우가 있다.

이런 포메이션은 좀체로 이용하는 경우는 없지만 그것을 응용하는 포메이션을 순간적인 경우 만들 수 있기 때문에 응용으로서 알아두자.

4명이 네트에 붙는 포메이션

서비스 때에는 당연히 서버와 리시버가 뒤로 물러나 있지만 서비스를 한 서버는 그대로 네트에 대시하고 한편 리시버도 리턴한 기세로 대시했을 때 4명 모두 네트에 붙는 형태가 된다.

이것은 평행진이라고도 불리는 것으로 가장 공격적인 포메이션이다. 발리 발리의 싸움이 되기 때문에 게임은 속력있게 이루어진다. 상급자나 힘있는 남성 경기자가 즐겨 이용하는 포메이션이다.

더블스 경기의 실제

둘이서 지키는 견진의 틈을 어떻게 파괴하느냐의 방법

더블스는 싱글스와 달리 치는 샷의 종류는 한정된다. 싱글스의 상대는 코트를 혼자서 지키고 있지만 더블스는 둘이서 지키고 있기 때문에 그만큼 틈이 없어지기 때문이다.

더블스에서 직접 포인트로 이어질 가능성이 강한 경기에는 다음과 같은 것이 있다.

퍼스트 서비스
스피드 있는 서비스를 코너에 정해서 포인트를 딴다.

서브 앤드 발리
서비스한 기세로 그대로 네트에 붙어 상대의 리턴 공을 발리한다.

리시브 앤드 발리
상대의 서비스를 리시브 받아 치는 기세로 그대로 네트에 붙어 되돌아 오는 공을 발리한다.

포치(poach)

자신의 파트너의 사이드로 되돌아온 공을 옆으로 뛰어 나가서 발리로 잡는 커트 경기이다.

스매시

높이 올라가서 되돌아 온 공을 높은 위치에서 잡아 상대 코트에 친다. 스매시에는 공을 바운드시키지 않고 직접 되받아 치는 다이렉트 스매시(보통 그저 스매시라고 한다)와 한번 바운드시키고 나서 치는 그라운드 스매시가 있다.

물론 이 외에도 로브나 패싱 샷, 드롭 샷 등 여러 가지 테크닉이 있다.

▶퍼스트 서비스

넣는 위치에 따라 공의 종류를 바꾼다

남성에게 있어서나 여성에게 있어서나 퍼스트 서비스(first service)는 가장 포인트로 연결되기 쉬운 더구나 상대 경기에 좌우되지 않고 자신만으로 어떻게든 할 수 있는 유일한 경기이다.

중급이나 상급 경기자로 여러 가지 종류의 서비스를 칠 수 있는 사람은 퍼스트 서비스에서는 속도 있는 플랫 서비스로 코너를 노리는 것이 보통이지만 초보자로 1종류의 서비스밖에 할 수 없으면 자신이 할 수 있는 서비스라도 좋으니까 우선 확실히 넣는 것부터 시작하자.

서비스를 단순히 넣을 뿐이라면 곧 할 수 있게 되기 때문에 그것을 할 수 있으면 이번은 자신이 할 수 있는 서비스의 종류에 따라서 공을 넣는 위치를 정한다.

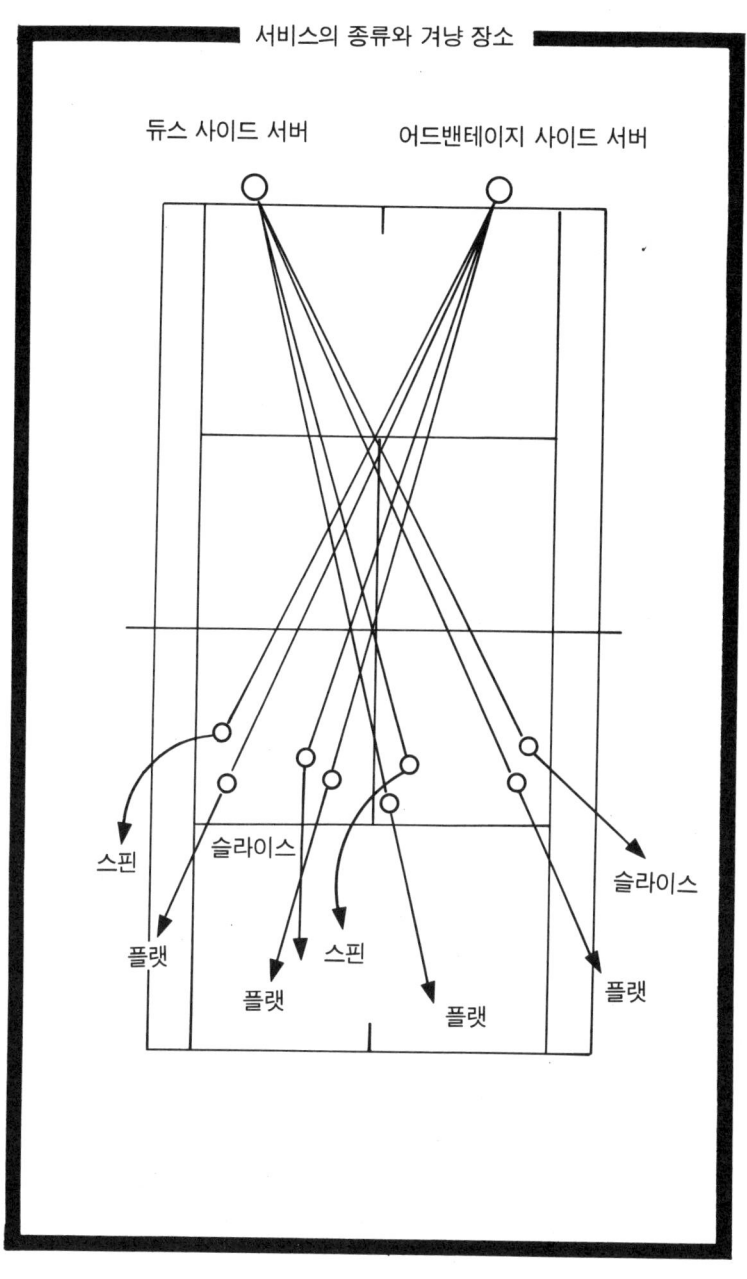

퍼스트 서비스의 종류에 따라서 서비스 지역의 어디에 넣으면 효과적인지를 설명해 둔다. 단, 이것은 어디까지나 기본으로 실전에서 항상 같은 장소에 넣고 있으면 상대에게 그것을 간파당해 버리기 때문에 때로는 다른 장소를 노릴 필요도 있다. 모두 오른손잡이의 서버를 예로 들어 설명한다.

듀스 사이드에서의 서비스

플랫 서비스라면 센터나 사이드의 코너 어느 쪽이나 깊을수록 효과적이다.

슬라이스 서비스라면 사이드의 코너를 노린다.

스핀 서비스라면 센터 라인에 가까운 위치를 노린다.

어드밴테이지 사이드에서의 서비스

플랫 서비스라면 센터 라인 가까이나 사이드의 코너 어느 쪽이나 깊은 위치일수록 효과적이다.

슬라이스 서비스라면 센터 라인에 가까운 위치.

스핀 서비스라면 사이드의 코너를 노린다.

▶세컨드 서비스

가능하면 스핀으로 확실히 넣는다

퍼스트 서비스를 넣는다고 하는 것이 중요하지만 여기에 실패했을 때의 세컨드 서비스는 절대로 넣어야 한다.

싱글스의 세컨드 서비스는 단순히 넣는 것만으로는 공격당해 버리지만 더블스의 경우는 둘이서 지키고 있기 때문에 그다지 속도 있는

서비스 토스의 위치

서비스가 아니더라도 괜찮다. 그대신 어쨌든 절대로 넣어야 한다.

자신의 기술에 따라서 플랫이나 슬라이스, 스핀이라도 괜찮지만 확실히 들어가는 서비스를 한다. 그러나 스핀 서비스를 칠 수 있으면 그것이 가장 좋다. 네트를 넘고 나서 급격히 떨어지는 스핀 서비스는 가장 확실한 서비스이기 때문이다. 더구나 바운드하고 나서 크게 튄다고 하는 특징이 있기 때문에 상대 태세를 무너뜨린다고 하는 이점도 있다.

문제는 테니스를 시작해서 얼마 안 된 사람이 스핀 서비스를 칠 수 있느냐 어떠냐라고 하는 점에 있다. 연습을 해서 마스터하면 가장 확실한 서비스이지만 플랫이나 슬라이스의 서비스에 비해 처음은 어렵게 느껴질 것이다.

그러나 그래도 세컨드 서비스에는 이스핀 서비스가 가장 적합하다고 말하기 때문에 결론은 처음부터 스핀 서비스도 연습해 두어야 한다고 하는 것이 된다.

▶ 서브 앤드 발리

전진하면 일단 멈춰서 타구를 확인한다

서비스를 하면 그대로 네트에 대시해서 되돌아 오는 공(리턴 공)을 발리하는 방법이다. 직접 포인트가 되는 경우가 많은 경기이다.

서비스를 하면 먼저 일찌감치 서비스 라인의 가까이까지 대시한다. 서비스로 라켓을 공에 맞힌 후는 앞으로 구부러진 자세가 될 테니까 그 순간에 먼저 축족이 아닌 쪽의 다리(오른손잡이라면 오른발)를 코트내에 내딛는 것부터 시작된다.

그대로 종종 걸음으로 서비스 라인의 가까이까지 일직선으로 달린다. 이 대시가 늦으면 상대로부터 되돌아 오는 공을 어려운 로 발리(low volley) 또는 하프 발리(half volley)로 되받아 쳐야 한다.

서비스 라인 가까이에 오면 일단 멈추고 자세를 취해서 상대의

서브 앤드 발리의 포인트

① 서비스를 하면 그대로 축족의 반대 다리를 내딛어 전진한다.

② 서비스 라인 가까이에서 일단 정지해서 타구의 방향을 확인하다.

타구가 어느 방향으로 올지를 확인하고 그 방향으로 더욱 전진해서 발리한다.

여기에서 중요한 것은 서비스 대시는 2단 준비 자세의 전진이라고 하는 점이다. 단, 마구 네트로 뛰어 드는 것이 아니라 한 번 멈추어 공의 방향을 확인하고 나서 다시 타구의 방향을 향한다고 하는 것이다.

또한 네트 앞에 붙어서 막상 발리라고 할 때도 일단 멈추어 발리하도록 유의한다. 뛰어서 다가가면서의 발리는 실수할 경우가 많다.

▶ 서비스 리턴

크로스 스트레이트 또는 로브로 되받아 친다

서비스 공을 상대 코트에 되받아 치는 것이 서비스 리턴이다. 서비

③ 짧게 테이크 백하면서 타구의 방향으로 이동한다.

④ 공을 잘 보면서 체중을 실어 발리한다.

스 리턴에는 대강 4가지의 방법이 있다.

① 크로스 코트에 친다
서버가 있는 쪽의 코트에 크로스 공을 되받아치기 때문에 가장 확실하고 일반적으로 받아치는 방법이다.

서버가 서비스한 후도 그대로 베이스라인 부근에 있는 것 같으면 깊은 공이 좋지만 서비스 대시해서 네트에 붙으려고 하고 있는 때에는 네트를 넘으면 서비스의 발밑으로 가라앉는 것 같은 낮은 공이 효과적이다.

서버가 네트에 붙으려고 하고 있을 때 높은 듯한 공을 되받아 치면 발리당하기 쉽기 때문이다. 낮게 가라앉는 공이라면 서버는 어려운 로 발리나 혹은 하프 발리로 되받아 쳐야 한다. 그만큼 리시브 측이 유리해진다.

서브 리턴의 기본

로브로 크로스에 깊이 되받아친다. 로브로 스트레이트로 되받아친다.

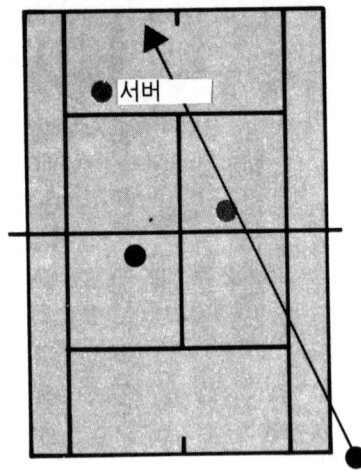 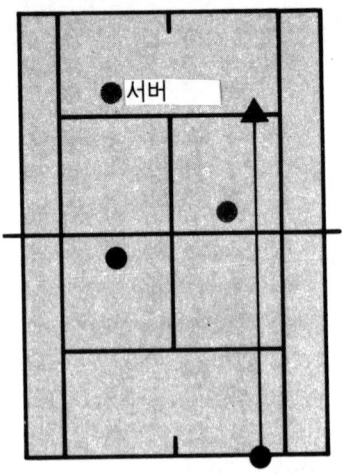

② 네트에 붙어있는 경기자의 바깥쪽을 스트레이트 공으로 되받아 친다

항상 크로스 공만 되받아 치고 있으면 그 코스를 간파당해서 네트에 붙어있는 경기자가 옆으로 나가 포치(poach)하는 경우가 있다.

상대가 포치하러 나가는 것 같은 때에 치는 리턴으로 네트 경기자의 바깥쪽을 똑바로 빼낸다. 잘 빼내면 포인트가 될 가능성은 높지만 미리 간파당하면 간단히 발리되거나 또는 노리는 코스도 좁고 공이 코트를 뛰어 나가 버리거나 할 확률도 높기 때문에 안전 확실한 리턴 방법이라고 말할 수 없다. 그래도 아직 어느 정도 테니스에 익숙해진 후에는 아무래도 마스터해 두어야 하는 받아치기 방법이다. 이 방법으로 1개 리턴해 두면 상대의 네트 경기자는 그 후 상당히 포치하러 나가기 어렵다고 하는 효용도 있다.

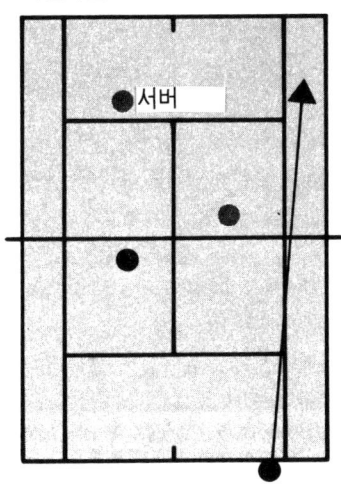

바깥쪽을 스트레이트로 되받아친다.

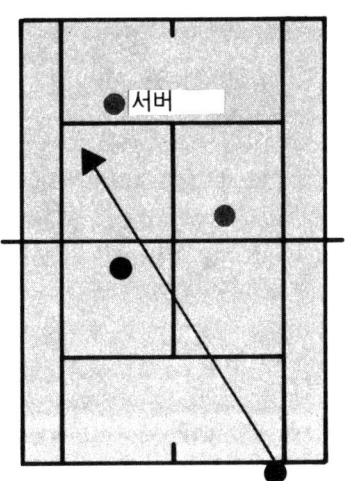

크로스 코트로 되받아 친다.

③ 네트에 붙은 선수의 머리 위를 공격적인 로빙으로 넘긴다

스핀이 걸린 비교적 빠른 공으로 네트에 붙은 선수의 머리 위를 넘는 로빙을 치는 방법이다. 상대의 포메이션을 무너뜨리는 것이 목표이지만 이 때 주의해야 하는 것은 올리는 공의 높이이다.

네트 앞에 있는 상대가 손을 펴도 라켓이 닿지 않는 빠듯한 높이가 아니면 안 된다. 이것보다 낮으면 스매시당한다. 너무 높으면 체공시간이 길어져서 상대가 대응하기 쉬운 방어용의 로빙이 되어 버려서 뒤에 있는 서버에게 돌아가서 스매시당하거나 한다.

④ 베이스 라인 가까이에 깊은 방어용의 로빙을 올린다

좋은 서비스가 들어와도 이것을 힘껏 칠 수 없을 때나 코트의 바깥쪽으로 내쫓겨 버렸을 때 등에도 이용하는 방어적인 반구 방법이다. 높고 깊은 로빙을 올려서 그 체공시간의 길이를 이용하여 무너진 태세를 재정립할 때 등에 이용한다.

단, 이 로빙을 올렸을 때에는 그 공이 스매시에 되돌아 오는 것을 각오해야 한다.

서비스 리턴에는 이외에 네트에 붙은 선수의 정면을 빠른 공으로 뚫거나 지키는 두 사람 사이의 센터를 돌파하거나 등 여러 가지 있지만 여기에서 설명한 4방법이 기본이다.

▶ **리시브 앤드 발리**

리시브한 후 그대로 네트에 붙는다

상대의 서비스가 약할 때나 짧은 공일 때에 리시버가 취하는 공격적인 방법이다.

세컨드 서비스 등에서 서비스 코스나 속도를 예측할 수 있을 때에 낮게 준비한 위치에서 조금 앞으로 나가면서 예리한 공을 리턴하고 그대로 전진해서 되돌아 오는 공을 발리한다. 이 때 서브앤드 발리와 마찬가지로 일단 멈춰서 되돌아 오는 공의 코트를 확인하고 나서 발리 동작에 들어간다.

▶ 포치(poach)

옆으로 나가서 리턴 공을 발리로 잡는다

리시버의 크로스 코트에 대한 리턴을 네트 앞에 있는 선수가 옆으로 나가서 발리하는 것이 포치(poach)이다.

포치하러 나가면 그 발리를 한 번에 잡아야 하는 것이라고 생각하자. 왜냐하면 포치하러 나간 선수가 자신이 지키는 사이드에서 다른 사이드로 뛰어 나가기 때문에 일시적으로 포메이션이 무너져서 다음 경기로의 적응성이 약해지기 때문이다.

비스듬히 옆으로 재빨리 나가는 스타트로 결정된다

포치가 성공하느냐 어떠냐는 언제 나가느냐라고 하는 결단력과 스타트의 빠르기로 결정된다.

같은편 서버가 서비스를 하고 그 속도나 들어가는 위치를 확인한 순간에는 이미 포치할지 어떨지를 결단하고 있어야 한다. 리턴하는 리시버의 타구 방향은 어디인지를 예측하고 첫 동작에 들어간다. 그렇다고해서 그 동작이 너무 빠르면 리시버에게 간파당해 버려서 역방향으로 스트레이트로 맞아 버린다.

타구의 방향을 확인한 후 그 방향을 향해서 비스듬히 전방으로 달려가 발리한다. 이 때 주의해야 하는 것은 바로 옆으로 달리는 것이 아니다. 아주 조금이라도 전방을 향하면서 옆으로 달리는 것이다. 바로 옆으로 달려서 라켓을 내밀어도 맞은 공에는 반발력이 없어 생각한 곳으로는 날지 않기 때문이다. 조금 앞으로 달리기 때문에 공에 체중이 실려서 좋은 발리를 할 수 있다.

각도를 매기든가 깊고 빠른 공을

발리를 치는 방향은 리턴 공의 코스나 속도로 임기 응변으로 결정해야 하지만 일반적으로는 좌우로 각도를 매기든가 빠른 공을 깊은 위치로 되받아치든가이다.

물론 상대 선수가 없는 장소를 노리는데 처음에는 상당히 어려울 것이다. 그런 때에는 상대 선수가 있든 없든 상관 말고 발리하는 정도의 마음이라도 좋을 것이다. 점점 익숙해지면 코스를 노리도록 하면

포치의 포인트

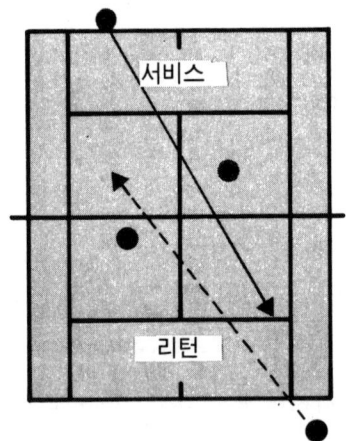

① 서비스의 코스를 읽고 리턴 공의 방향을 예측한다.

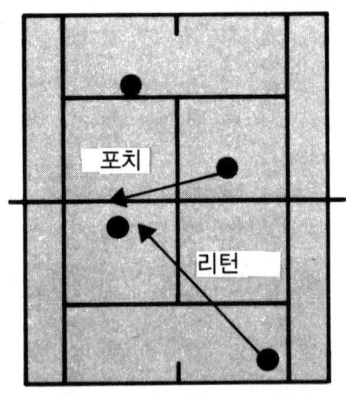

② 리턴 공의 방향을 향해 횡방향으로 비스듬히 달려 발리한다.

좋다.

서버는 빈 사이드를 커버한다

네트에 붙은 파트너가 포치하러 나가면 그 때문에 빈 사이드를 커버하는 것은 서버의 역할이다.

서비스를 한 후는 그대로 몇 걸음 앞으로 달려가고 있겠지만 이 즈음에서 파트너가 포치하러 나간 사실을 알면 전진을 멈추고 이번은 옆으로 달려서 빈 사이드를 커버한다. 이것을 확실히 경기하지 않으면 두 사람의 선수가 한 쪽에 모여 버리게 되어 수비가 빈틈투성이가 된다.

▶ 공격적 로빙

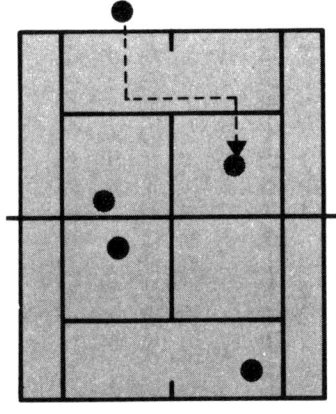

③ 서버는 포치하러 나갔기 때문에 빈 사이드를 커버한다.

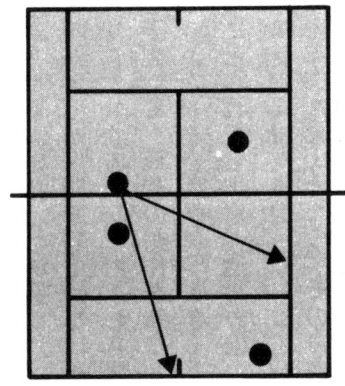

④ 발리한 공은 각도를 매기든가 깊이 되받아 친다.

빠른 스핀 공을 올려서 달리게 한다

단지 수비를 위해서 뿐만 아니라 네트에 붙은 상대의 의표를 찔러 스트로크의 자세에서 빠른 스핀 공의 로빙으로 상대의 머리 위를 넘기는 공격적인 로빙도 효과적이다. 상대를 후퇴시켜서 달리게 하는 것만으로도 충분하다.

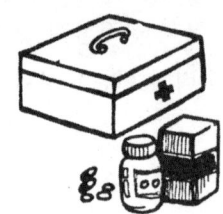

테니스하는 건강과 안전 – 테니스 장애와 치료법

테니스는 격렬한 스포츠이기 때문에 부상이나 장애는 으레 따르는 법이다. 그러나 경기를 시작하기 전에 준비 운동을 하는 것만으로 부상의 방지에는 상당히 도움이 되기 때문에 충분히 몸을 풀고 나서 경기에 임한다.

테니스 장애는 '테니스 엘보우' '무릎건 서혜부의 경련' '무릎의 고장' '복사뼈 부상' '등의 장애'가 주된 것이다.

▶ **테니스 엘보우**

테니스 엘보우(팔꿈치)는 팔의 과다사용, 폼에 무리가 있는 타법 등이 원인이다. 손목이나 팔꿈치에 부담이 가서 테니스 엘보우가 되는 것이다.

테니스 엘보우를 막기 위해서는 폼에 무리가 있으면 이것을 교정할 것과 팔꿈치는 그다지 단련되어 있지 않기 때문에 트레이닝으로 강하게 만드는 것이다.

경기를 하고 있을 때에 팔꿈치가 조금이라도 아프다고 느끼면 곧 차게 한다. 차게 하는 것만으로는 통증이 사라지지 않는 경우는 의사의 진단이 필요하다. 테니스 엘보우는 참고 경기를 계속하면 통증이 사라지지 않게 되고 더구나 상당한 통증이기 때문에 오랫동안 쉬어야 한다. 부디 무리는 금물이다.

▶ 무릎건(腱)·서혜부의 경련

테니스에서는 갑자기 달리거나 멈추거나 하기 때문에 무릎건이나 서혜부에 손상을 초래하는 경우가 있다. 이런 때는 곧 경기를 중지한다. 참고 계속하면 인접한 건강한 근육도 다쳐 버린다.

무릎건 서혜부의 경련은 그때까지 스포츠를 그다지 하고 있지 않던 사람이 흔히 다치는 부위이다. 근육이나 건이 아직 충분히 강화되어 있지 않기 때문이므로 이 부분을 강화하는 트레이닝에도 몰두해 주기 바란다. 경기 중에 경련이 일어난 경우는 국부를 차게 해서 통증을 제거한다.

장시간 경기를 해서 근육이 피로해졌을 때 등에는 장딴지가 경련하는 경우가 흔히 있다. 이 경련의 통증을 참을 수 없을 정도이지만 곧 앉아서 신발을 벗고 발목을 마음껏 구부리면서 엄지 발가락을 세게 자기 앞쪽으로 구부려 당긴다. 경련의 발작을 일으킨 후는 이제 그날의 경기는 단념해야 한다.

▶ 무릎의 고장

최근 하드 코트가 많아졌기 때문에 무릎의 고장이 늘고 있다. 무릎을 지키기 위해서 하드 코트의 경우는 바닥이 두껍고 탄력이 있는 신발을 선택해서 신어야 한다. 그 탄력으로 코트로부터의 충격이 무릎에 직접 전해지지 않도록 하는 것이다. 무릎에 좋은 클레이 코트용의 신발을 하드 코트에 대용하면 먼저 무릎을 다칠 것을 각오한다.

무릎을 다치면 곧 차게 하고 부기가 가시지 않거나 통증이 가시지 않을 경우는 반드시 의사의 진찰을 받는다.

무릎을 다치는 것은 그 부근의 근육이 약하다고 하는 의미이기 때문에 무릎의 강화가 무엇보다 예방법이다. 가장 좋은 방법은 웨이트 트레이닝인데 특히 4두 근력관절 사이의 근육에 집중해서 하면 좋을 것이다. 이 트레이닝은 자기식이 아니라 전문가와 상담해서 좋다고 하는 방법으로 실시한다.

▶ 복사뼈의 부상

복사뼈(발목)를 비틀거나 꼬거나 삐면 곧 발을 위쪽으로 올리고 부기를 제거하기 위해서 차게 하고 습포한다. 부상했을 때 뚝이라든가 탁이라든가 튕기는 소리가 나면 건이 끊어지는 등의 중상이므로 곧 병원에 가자.

▶ 등의 장애

등의 장애는 피로해 있을 때나 서비스 때, 무리한 자세를 취하거나 혹은 워밍업 부족으로 충분히 발의 근육이 따뜻해져 있지 않고 정확한 움직임이 되고 있지 않을 때 등에 흔히 일어난다.

특히 무릎의 근육이나 4두근, 허리의 근육이 충분히 풀려 있지 않을 때에 무리한 경기를 하는 경우 정확한 자세라면 허리로 몸을 회전시켜야 하는데 등으로 돌려 버려서 거기에 부담이 간 것이다. 만일 다치면 휴양을 취한다.

▶ 눈의 부상

눈에 공을 맞혀 버리는 경우가 있다. 이런 때는 곧 차게 한다. 다음에 눈동자를 좌우 상하로 움직여 보고 이상이 없는지 어떤지 혹은 시력은 어떤지를 확인한다.

제2부 테니스의 기본기술

서 장

돌연 변하기 시작하는 마스터법

―마구 많은 공을 치면 점점 서툴러진다―

이것이 최단시간에 중급을 마스터하는 비밀 효과법

▶ 테니스야말로 사실은 동양인에게 최고로 적합하다

미국에서 농구 시합을 관전했을 때의 일. 대학생 시합이라고 하는데 신장 2m나 될까 생각되는 큰 남자들이 골 위에서 공을 던져 넣는 덩크슛을 연발하고 있는 것을 보고 이래서는 우리나라가 올림픽에서 금메달을 따기는 어렵겠구나하고 생각했다.

키가 작은 사람이 아무리 기술을 연마해도 큰 남자 사이에서는 기술이 들어갈 여지가 그다지 없다고 하는 것이 실감났다. 만일 골이 1m 높든가 혹은 50cm 낮으면 어떻게든 되겠는데하고 절실히 생각했다.

스포츠계를 내다보면 이와 같이 키가 큰 편이 유리한 것, 체중이 있는 것 또는 키가 작고 가벼운 쪽이 유리한 것, 예를 들면 기수 등 여러 가지가 있다.

농경 민족과 수렵 민족의 차이라고 할까 밭을 갈고 수확하는데 체격의 대소의 차이는 그다지 관계없었다. 그러나 수렵 민족에서는 사냥감을 잡는데 큰 사람은 큰 사냥감을 잡고 작은 사람은 작은 사냥감을 잡는다는 식으로 따라서 상당한 차이가 있었다.

한국은 원래 농경 민족이기 때문에 씨름이든 태권도이든 체중별 별 문제는 없었다. 그러나 세계에 나가면 태권도도 복싱이나 레슬링과 마찬가지로 체중별로 되어 버렸다. 이것은 큰 사람이 절대 유리하다고 하는 말이다. 안타깝지만 이것이 현실이다.

그러나 축구는, 공이 항상 밑에 있어 키가 큰 사람이 특별히 유리하다고는 말할 수 없다. 그래서 한국인용의 스포츠라고 말할 수 있는 것이다.

테니스도 이와 같은 점을 생각하면 네트도 그렇게 높지 않고 라켓을 사용하여 코트 안에 공을 넣어야 하기 때문에 힘이 있는 큰 남자만이 유리하다고는 말할 수 없다. 세계에서 현재 활약 중인 선수를 둘러 봐도 그렇게 한국인과 체격적으로 차이가 있는 것도 아니다. 테니스야말로 한국인의 치밀함과 체력을 살릴 수 있는 스포츠라고 말해도 과언은 아니다.

▶습관을 고쳐라, 이렇게 살리면 된다

최근에는 몹시 영재 교육 유행으로 남보다 빨리 시작하면 절대 잘 된다고 생각하고 있는 사람이 매우 많을 것이다.

미국에서 12세 이하의 상위권이었던 주니어 선수로 어른이 되어 세계 명물이 된 사람은 거의 전무라고 하는 통계가 있다. 오히려 10세 경에 축구나 농구, 야구를 하고 있던 사람이 현재 세계에서 활약하고 있다고 하는 것이다.

어렸을 때부터 테니스만 하고 있었던 어린이가 10세, 12세 이하의 챔피언이 대개 되지만 그런 아이는 어느 시기가 되면 테니스에 신선미도 없어지고 눈에 보일만큼의 기술 향상도 없기 때문에 중도에 해이해져 버린다.

거기에 비해 10세경 축구나 농구 등의 다른 스포츠를 하고 있었던 어린이에게 있어서 테니스는 모두 신선하다. 테니스에 필요한 다리나 허리도 튼튼하다. 다른 스포츠나 연습 방법도 알고 있어 테니스에 받아 들인다. 눈에 보이게 향상하기 때문에 끝까지 노력한다. 어릴 때부터 테니스를 하고 있는 아이를 시합에서 혼내줄 것 같으면 이미 기뻐서 어찌할 줄 모른다. 그에 반해서 어릴 때부터 하고 있는데 시합에서 지면 충격으로 인해 무기력해지기도 한다.

이와 같이 반드시 빨리 시작하는 것이 최상은 아니다. 테니스를 위해서 언뜻 돌아가는 길 같이 보여도 다른 스포츠를 시킨다. 이것은 중요한 점이다.

어른 역시 마찬가지이다. 다른 스포츠를 하고 있었던 사람은 모두 테니스에는 도움이 된다. 배드민턴이나 연식 테니스, 탁구 등은 다른 스포츠에 비하면 친척과 같은 것이다.

만일 탁구를 10년간 하고 있었던 사람이 3년간 테니스를 진지하게 했다고 하자. 13년간 테니스를 하고 있는 사람과 같다. 또한 다음해에는 앞질러 버릴 것이다.

젊을 때에 하면 좋았을 걸, 연식의 습관을 버릴 수 없어서라고 하는 말은 이제 그만두고 다른 스포츠의 특징을 테니스에 잘 살려보자.

▶어떤 상급 기술이라도 어떤 상대와도 즐길 수 있다

테니스의 장점은 뭐니뭐니해도 연령을 초월하고 또 남녀의 구별없이 게임을 즐길 수 있는 점이다. 테니스는 학교 체육에서도 활발하기 때문에 세상에서는 보통 전혀 이야기를 하지 않는 것 같은 세대도 초월한 교제를 할 수 있다.

만일 이것이 골프였다면 우선 국민학생, 중학생과 함께 경기하는 것은 무리일 것이다. 대개가 같은 세대 또는 성인끼리 경기를 즐기게 된다고 생각한다.

또한 이것이 축구나 배구, 럭비 등의 단체 경기였다면 사회인이 되면 게임에 필요한 동료를 모으는 일도 어렵고 수준이 다르거나 나이 차가 있으면 부상도 염려되기 때문에 함께 경기하는 것은 어렵다고 생각한다. 게다가 장소도 큰 문제이다.

그런 의미에서는 테니스는 남녀 노소, 가족이라도 즐길 수 있는 매력적인 스포츠라고 말할 수 있다. 날씨가 좋은 날은 밖에서, 비가 내리는 날은 실내에서라고까지는 좀체로 가지 않지만 그런 것도 가능하다. 두 사람 있으면 게임을 즐길 수 있는 것도 매력의 하나이다.

▶ 명코치라고 해서 명선수는 아니다

옛날부터 명선수가 곧 명코치는 아니다라고 흔히 일컬어지는데, 이것은 중요한 점이다.

실제 14~15세에 세계 챔피언이 되는 시대이다. 그들은 천재적 재능을 가진 경주마와 마찬가지로 훌륭한 조교사와 기수가 있어야 그 재능을 발휘할 수 있는 것이고 남을 가르치기 위해서는 특별한 공부 트레이닝을 하지 않는 한 어려운 일이다. 선수와 코치와는 전혀 다른 세계이다.

시합 중 상대가 경련했다, 잘됐다고 생각하고 좀더 달리게 하는 것을 생각하는 사람이 선수이고 그 상대에게 치기 쉬운 곳에 쳐 준다, 그런 동정이 있는 사람은 코치감으로 선수에는 부적합하다고 말할 수 있다.

또한 재능이 있는 사람은 처음 라켓을 쥐었을 때부터 라켓에 공이 닿을테니까 라켓에 공이 닿지 않는 사람의 심정 따위는 좀체로 이해할 수 없다. 가르친다고 하는 것은 맞지 않는 사람에게 어떻게 해서 맞히게 하느냐가 기   이 된다.

▶ 오랜 연습, 시시한 연습은 해로울뿐

'연습이 너무 길다. 하루 종일 연습해서 무슨 소용이 있는가. 오히려 백해무익하다.'

강한 대학의 체육회라도 되면 수업을 게을리하고 연습하는 것은 당연한 일이고 수업에 나가는 것은 뭔가 나쁜 일을 하고 있는 듯한 그런 상태이기 때문에 졸업하는 것도 간단하지는 않다.

1961년, 미국의 플로리다 대학에서는 코치가 항상 붙어서 1주일 2시간의 연습을 3회 정도 했다. 그리고 나머지는 선수에게 맡기는 자율 연습 제도를 취하고 있었다. 어느 때 테니스팀의 학생 두 사람이 가장 더운 오후 2시경 연습하러 왔다. 플로리다의 여름은 오후 2시가 되면 코트에서 달걀 부침이 될 정도로 덥다.

1시간 연습하고 돌아갔지만 '더울 때에 연습하면 고통스럽지만 그렇기 때문에 집중하지 않을 수 없어, 뭐니뭐니해도 효과적이고 서늘한 때라면 연습을 몇 시간이나 하지 않으면 효과가 오르지 않기 때문에 공부에도 오락에도 지장이 있다'고 말해서 놀라 버렸다. 생각해 보면 윔블던에서는 3시간을 넘는 장대한 시합이 매년 반복해서 펼쳐지고 있다. 윔블던에서 우승이라도 하면 그 해의 세계 챔피언이라고 해도 좋을 정도로 그 까닭에 어떤 시합도 간단히 결말이 나지않는 롱매치이다.

그러나 이 롱매치도 실제로 공을 치고 있는 경우를 골라내 보면 게임 시간이 약 4분의 1로 3시간의 시합이라면 45분이다.

뙤약볕에서 1시간 경기하면 3시간 이상의 시합과 같다. 또 1시간의 경기라면 집중하고 경기할 수도 있다. 오랜 연습은 그렇게 따져 보면 백해무익한 것이다.

제1장

차츰 실력이 늘어, 재미있어지는 프로그램

포어(fore), 백(back), 강도 차이의 그랜드 스트로크 (grand stroke)

▶ 모든 기본은 이 톱스핀(Top spin)에 있다

　포어핸드 그랜드 스트로크(forehand grand stroke)에는 톱스핀 드라이브(top spin drive), 슬라이스 드라이브(slice drive), 플랫 드라이브(flat drive)의 3종류가 있다. 드라이브라고 하면 순회전이 잘 걸린 톱스핀의 공을 가리킨다고 생각하는 사람이 많은데 드라이브라고 하는 것은 친다고 하는 의미이고 순회전이라는 의미는 전혀 없다.
　자전거의 바퀴가 전진하듯이 회전이 걸린 공은 정확하게는 톱스핀 드라이브이다. 그리고 그 반대가 슬라이스 드라이브라고 해서 언더스핀(under spin)이라고도 부르고 있다.
　플랫 드라이브는 야구의 직구로 공의 속력은 가장 빠르다. 편리하고 조절이 좋은 것은 슬라이스 드라이브. 그리고 뭐니뭐니해도 공격력과 안전성이 뛰어난 것은 톱스핀 드라이브이다. 톱스핀이 잘 걸린 공은 100%의 힘으로 강타해도 네트 위를 높이 날아 상대 코트에 들어가면 급격히 하강 바운드 후도 살아있는 공과 같이 힘차게 바운드하기 때문에 현대 테니스에는 불가결하다.
　톱스핀도 상황에 따라서 공의 회전 수를 늘리거나 줄이거나 할 수 있게 되면 당신은 일류의 톱스핀 히터라고 말할 수 있다.
　톱스핀은 라켓을 아래에서 위로 휘둘러 빼내는 라켓 워크로 걸리는 것으로 손목을 억지로 주물럭거려서 거는 것이 아니다.
　기본은 톱스핀. 상황에 따라서 플랫이나 슬라이스를 칠 수 있도록 한다.

▶상대를 휘둘러 돌리는 앵글 샷(angle shot)의 타법

　상대에게 공격당하지 않기 위해서는 상대의 베이스 라인 바로 앞 1m를 노리고 쳐 두면 된다, 어쨌든 깊은 공을 쳐 두면 안심이다라고 흔히 일컬어진다. 깊이 치고 있으면 상대의 공은 마지막에는 짧아질 것이므로 그것을 공격 기회로 하자. 그리고 자신이 베이스 안쪽에서 치는 공은 이미 어프로치 샷(approach shot)을 치고 앞으로 좁히는 기회이다. 이것은 매우 중요한 점이다.
　그러나 현대 테니스에서는 이 방법으로는 이길 수 없다. 플랫이나 슬라이스로 치고 있는 시대는 깊이 치는 것으로 충분했었다. 이것이 톱스핀 전성의 지금에서는 앵글 샷을 칠 수 없으면 상대를 달리게 하는데 충분하다고 말할 수 없다.
　톱스핀이기 때문에 앵글 샷은 할 수 있는 것이라고 말할 수 있다. 앵글 샷의 타법은 날아 오는 공을 인간의 얼굴에 비유했을 경우에 보통은 코를 치지만 포어의 앵글 샷은 얼굴의 왼쪽 뺨을 아래에서 위로 치고 백의 앵글 샷은 오른쪽 뺨을 아래에서 위로 친다. 라켓면을 공의 진행 방향의 아래로 가져 가 라켓 헤드의 앞에서 돌리듯이 친다. 이것은 어디까지나 오른손잡이 사람의 경우이지만 공을 한 점에서 항상 친다고 하는 생각을 고친다. 슬라이스에서도 앵글 샷은 칠 수 있지만 아무래도 톱스핀만큼 속도를 낼 수 없기 때문에 효과적은 아니다. 상대에게 쫓겨서 역습당하는 것이 십상이다.

▶편리한 슬라이스를 간단히 익힌다

최근 특히 눈에 띄는 것이 톱스핀은 칠 수 있지만 슬라이스는 전혀 안 된다고 하는 주니어 선수가 많아진 점이다.
10년 전은 이 반대로 슬라이스는 잘 칠 수 있지만 톱스핀은 어렵다

적절하게 휘두르는 앵글 샷

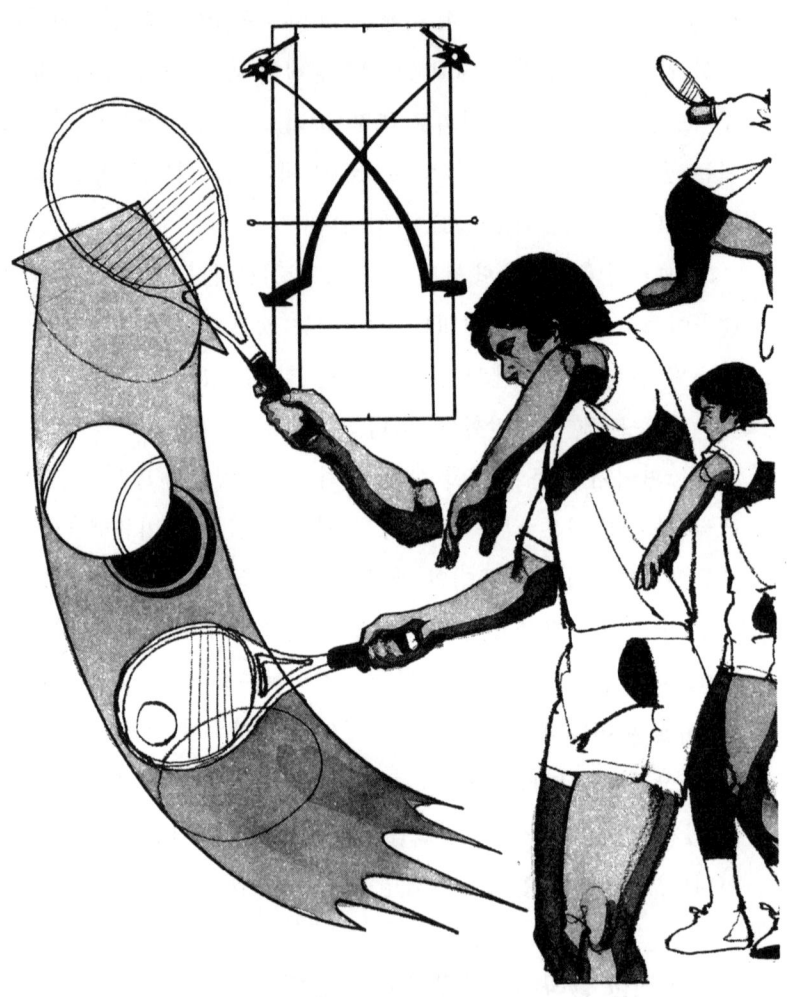

고 하는 것이 보통이었다. 시대가 바뀌면 변하는 것이로구나 하고 절실히 생각한다.

수준이 높은 시합에서 이기기 위해서는 슬라이스도 톱스핀도 적절

공을 얼굴에 비유해 보면 오른손잡이의 사람은 포어는 공의 왼쪽 뺨을 백은 오른쪽 뺨을 아래에서 위로 두들겨 준다. 왼손잡이의 사람은 이 반대가 된다.

히 사용할 수 없으면 어렵다고 생각한다. 슬라이스는 시간적으로 여유가 있을 때에 매우 편리하고 조절도 뛰어나다. 예를 들면 빠른 서브의 리턴도 라켓면을 잘 맞추기만 하면 충분히 공을 슬라이스로 조절할 수 있다.

어프로치 샷도 톱스핀으로 치는 것보다 슬라이스로 치는 편이 바운드가 낮게 가라앉기 때문에 패스를 당하기 어렵다고 하는 이점이 있다. 높은 바운드의 공도 슬라이스로의 되받아치기는 쉽다. 그러나 공격이 되면 위력을 발휘할 수 있는 것은 톱스핀일 것이다. 강타이다. 앵글 샷도 톱스핀이라면 가능하다.

이와 같은 이유로 양쪽을 적절히 사용해야만 실력자라고 할 수 있다.

그래서 어느 쪽을 먼저 마스터하는 편이 좋으냐 하면 테이크 백(tack back)이 큰 톱스핀을 마스터하고 나서 슬라이스를 익힐 것을 권한다. 왜냐 하면 테이크 백이 작은 슬라이스를 먼저 익히면 큰 테이크 백을 필요로 하는 톱스핀은 순간을 겨루는 시합에서는 아무래도 어려운 기술이 되어 버리기 쉽다.

톱스핀으로 서로 쳐서 상대를 달리게 하여 기회를 만들고, 어프로치는 상대의 공격을 주고 받는데 슬라이스를 사용한다는 식으로 상황에 따라서 적절히 사용해야만 실력자이다.

▶백핸드(back hand) 양손 치기의 이점

1970년대 후반, 미국 플로리다주 게인즈빌은 10만 명이었다. 테니스 코트라고 하면 플로리다 대학에 60면, 게다가 시영 코트 전부 합치면 2백면 이상 있었다. 그리고 대부분의 나이트 설치 대개가 무료로 비싸도 1시간 50센트이다. 당시로서는 무척 싼 편이다.

플로리다라고 하면 양손 치기의 발상지라고 일컬어질 만큼 당시도 양손 치기가 활발했었다. 그곳에서 배운 양손 치기를 가르치려고 귀국 후 도내의 고교 테니스부를 20교 정도 가르치고 다녔지만 양손 치기를 하고 있는 사람은 부원 30명 중 겨우 1명이라고 하는 상태였다. 그래서 여성은 전원 양손치기를 하는 편이 좋다고 어필한 것이다.

그 이유는 여자 고교생의 파워로는 한 손으로는 거의 영원히 백은 잘 칠 수 없다고 생각했기 때문이다. 당시 한 손으로 능숙한 백핸드를 치는 선수는 그다지 눈에 띄지 않았고 특히 공격력 있는 톱스핀을 칠 수 있는 선수는 거의 없었다. 그것이 양손이었다면 누구나 백으로 톱스핀을 칠 수 있게 되기 때문에 당연하다.

그리고 양손을 사용하기 시작하자 백사이드에 온 공을 포어로 바꿔 넣거나 하는 경우도 없어져서 숙달도 빨라진 것이다. 양손 치기는 왼손잡이의 포어핸드라고 생각하고 타점은 앞발의 앞 부근 왼손으로 치는 셈으로 오른손은 흔들리지 않도록 보조해 둔다고 하는 기분이 중요하다. 그리고 특히 허리가 타점에서 극단적으로 벌어지지 않도록 주의한다.

양손 치기의 그립은 왼손은 포어핸드 이스턴으로 쥐고 오른손은 콘티넨탈 그립이나 또는 오른손의 백핸드 이스턴으로 쥔다.

▶양손 치기 백핸드의 가장 좋은 마스터법

양손 치기의 백핸드는 오른손잡이 사람은 오른손에 3할 왼손에 7할의 균형으로 힘을 준다. 오른손잡이 사람이 양손 치기의 백을

한손 치기 백핸드는 어깨가 결정수

☆발은 클로즈드 스탠스

공이 백사이드로 오면 우선 어깨를 돌려서 그립 체인지한다. 어깨 너머로 공을 보면서 발을 내딛어 앞발의 30cm 정도 앞에서 친다. 상반신이 벌어지지 않도록 주의.

제2부 / 테니스의 기본기술　269

☆프리스비를 던지는 이미지

☆백핸드 이스턴 그립

양손 치기 백핸드는 왼손으로 성공한다

☆ 타점은 앞발의 앞 부근에서 잡는다.
타격 후 공을 친 곳에 시선을 남길 것.

제2부 / 테니스의 기본기술　271

☆그립은 왼손은 포어핸드
　이스턴 오른손은 콘티넨탈
　이나 오른손의 백핸드
　이스턴으로 쥔다.

왼손 7할 오른손 3할의 균형으로 힘을 주어 왼손잡이의 포어핸드의
셈으로 친다. 조금 허리를 벌린 상태에서 치고 친 후도 그 이상
허리가 벌어지지 않도록 주의한다.

하면 아무래도 오른손에 힘이 들어가서 딱딱한 폼이 되어 버린다. 왼손의 포어핸드를 치는 셈으로 한 손으로 공을 치는 연습을 반복해 주시기 바란다.

양손 치기는 허리를 조금 벌린 상태에서 공을 기다리고 그리고 타격하는데 타격 후도 그 조금 벌어진 허리를 그 이상 벌어지지 않도록 하는 것이 샷을 안정시키는데 있어서 중요하다.

몸이 정면을 향해도 허리가 벌어져 버려서는 이미 안정된 양손 치기 백은 어려워진다. 어깨는 벌어져도 허리는 벌어지지 않도록 하고 피니시(finish)에서 천천히 허리를 벌려 준다.

이것은 포어핸드 그랜드 스트로크에도 마찬가지이지만 조금 허리를 벌린 상태에서 치고, 친 후도 갑자기 벌어지지 않도록 주의한다.

또한 양손 치기는 친 후도 허리가 벌어지지 않도록 하기 위해서 공을 친 곳에 시선을 고정시킨다고 하는 골프 스윙과 같은 기분도 중요하다.

또한 높은 바운드의 공을 치는 양손 치기는 허리 부분이 안쪽으로 가장 들어간 상반신을 구부린 활모양의 상태로 공에 얹듯이 친다. 공을 꽉 누르듯이 치는데 이 때 라켓면은 조금 덮어씌우는 기미가 된다.

▶왜 톱스핀이 중요한가의 근거

항상 테니스는 톱스핀이다.

테니스가 야구와 다른 점은 야구의 타자는 타구를 날리면 날릴수록 좋고 장외는 아웃이 아니다. 오히려 크게 날리는 장외 홈런은 영웅이 될 수 있다.

날리기 위해서는 슬라이스(언더 스핀)가 걸린 공 쪽이 비거리 (飛距離)가 향상된다. 야구 타자에게 톱스핀을 가르치면 굉장한 홈런 성의 히트이지만 그러나 '어떻게 된 일인지 의외로 향상되지 않았 다'고 하는 경우가 되면 테니스에서는 아무리 하드 히트해도 어떤 빠른공이라도 코트에 들어가지 않으면 전부 아웃이 되어 포인트를 잃는다.

또한 중간에는 네트도 있다. 네트를 잘 클리어해서 상대 코트에 넣는다. 실내 코트가 아니면 아무리 네트 위를 높이 날려도 위반이 아니다.

이 조건을 가장 만족시키고 있는 것이 톱스핀이라고 말하고 싶은 것이다. 톱스핀이라고 해도 회전이 너무 걸리면 공의 속도가 떨어져 서 위력을 잃게 된다. 네트를 잘 클리어하기 위해서 충분한 회전을 공에 준 후는 속도를 주는 것이다. 내추럴 톱스핀이 그 조건을 만족시 키고 있다고 말할 수 있다.

톱스핀은 공을 라켓으로 문질러 올리지 않고 아래에서 위로 쳐 빼낸다고 하는 히트가 두꺼운 것이 내추럴 스핀의 포인트이다.

▶사실은 백보다 포어가 훨씬 어렵다

포어핸드와 백핸드(한손 치기) 중에서 어느 쪽이 어려우냐고 곧잘 질문을 받는다. 나는 당연히 포어핸드라고 대답하고 있다. 그렇게 하면 으레 '어째서?'라고 되묻는다.

테니스를 처음 배울 때 대부분의 사람이 포어핸드부터 배우고 백핸 드로부터 시작하는 사람은 거의 없다고 해도 좋을 것이다. 손바닥 방향으로 치는 것이 힘이 들어가기 쉽고 손등 방향으로 치는 것은 힘이 들어가지 않기 때문에 아무래도 포어핸드부터 시작하지만 그래서 포어핸드는 연습량이 백과 비교할 수 없을 만큼 많아진다. 랠리(rally)도 대부분 포어로 치게 되어 포어 쪽이 익숙해져서 간단하게 느끼는 것이다.

백은 거기에 비하면 연습량은 미미한 것이다. 아무래도 질색하게 된다.

그런데 포어핸드는 언제까지라도 칠 수 있기는 하지만 만족한 히트가 없다고 하는 것이 실정이다.

왜냐 하면 포어의 이상적인 타점이라고 하는 것은 한 점이기 때문이다. 포어에서는 약간 타점이 늦거나 빨라도 치는 손의 지점인 어깨가 몸 뒤쪽에 있는 만큼 융통성이 있다. 폼이 깊다고 하지만 백핸드에서는 치는 손의 지점인 어깨는 앞으로 오기 때문에 가장 치기 쉬운 이상적인 앞의 타점을 놓쳤을 경우 몸이 방해를 하게 되어 어쩔 수 없어진다.

그러나 정확한 타점으로 잡으면 손이 몸 앞에 있는 만큼 몸전체가 응원해 주기 때문에 정확한 타점을 파악하면 이미 백은 안정이 틀림없다. 포어는 폼이 깊은 만큼 버릇이 개입하기 쉬우므로 주의가 필요하다.

▶ 라켓을 던지듯이 하면 속도가 난다

포어핸드 그랜드 스트로크를 칠 때에 라켓을 던지듯이 가르친다. 포어핸드를 치듯이 공을 침과 동시에 라켓에서 손을 뗀다. 친 공은 코트에 들어가지만 이런 이미지로 항상 치도록 한다.

라켓을 뗄 때는 힘을 뺀다. 이것이 이상적인 타법이다. 빠른 공을 치려고 생각하면 아무래도 손에 힘이 들어가서 라켓을 꽉 쥐어 버린다.

그러나 힘이 들어가면 라켓의 그립은 느껴진다. 힘을 준만큼 공은 날아가지 않는다. 그렇다!! 공의 속도를 내고 싶으면 힘을 뺀다. 힘을 빼면 라켓을 빨리 휘두를 수 있다. 라켓의 스윙이 빠를수록 빠른 공을 칠 수 있기 때문에 라켓이 손에서 떨어지지 않을 정도로 라켓을 가볍게 쥐고 치는 것이 빠른 공을 치기 위해서는 가장 중요한 조건이다.

포어핸드 그랜드 스트로크도 처음은 공을 옮기듯이 정성껏 치는 것부터 시작해서 잘 조절해 칠 수 있게 되어 빠른 공을 치고 싶어지면 손의 힘을 빼고 라켓을 던지는 듯이 치도록 한다. 그렇게 함으로써 공을 치려고 하는 방향으로 힘이 흐른다.

▶ 톱스핀, 테이크 백은 둥글게, 둥글게

톱스핀 포어핸드 그랜드 스트로크를 치는데 있어서 라켓을 테이크 백하며 포워드 스윙에 들어가는데 조금 둥그스름하게 멈추지 않도록 하는 것은 중요하다. 테이크 백에서 둥그스름하게 하는 것은 리듬을 멈추지 않고 친다고 하는 사실과 테이크 백하기 시작했을 때부터 타점까지 위력을 축적하고 있는 것이 된다.

한 번 라켓을 백스윙한 곳에서 멈추는 것은 에너지의 낭비를 낳는다. 모처럼 모아 온 에너지를 잃을 뿐만 아니라 멈추는데 에너지를 사용하여 멈춘 곳에서부터 다시 출발 에너지를 사용한다.

고작 이 정도냐고 생각할지도 모르지만 게임 중에는 몇천 번 라켓을 휘두르기 때문에 대단한 낭비가 된다. 또한 톱스핀 그랜드 스트로크를 치기 위해서는 이 둥글고 멈추지 않는 리듬은 귀중한 것이다. 그립엔드에서 공을 향하여 라켓면으로 팽이를 돌리듯이 공을 세게 쳐 보자. 자연히 걸리는 것은 틀림없다.

▶ 풋워크(foot work), 조금이라도 빨리 되돌릴 수 있는 스텝이란

시합에서 갑자기 실수가 나기 시작한 스티브. 아무리 해도 치는 공이 조금씩 라인을 벗어나기 시작한 것이다. 어째서, 어째서하고 외국인 특유의 이해할 수 없다고 하는 몸짓을 하면서 또 실수를 반복한다.

원인은 장시간의 경기로 지쳐서 무릎이 여느때만큼 구부러지지 않고 치고 있기 때문이다. 여느때대로 치고 있는 듯이 조금씩 벗어나 버려서 아웃이 되어 버린다.

시합에서 항상 최상의 상태를 유지하기 위해서는 좋은 풋워크는 빼 놓을 수 없다. 풋워크가 나빠지면 타점이 변하여 테니스 그 자체를 바꾸어 버린다.

최근의 프로 선수의 공은 빨라졌다. 여자 선수라도 양손으로(풋어웨이) 결정구밖에 치지 않는다고 하는 선수가 있다. 그녀에게는 잇는 다는 것은 이미 염두에 없다.

그와 같은 테니스계이기 때문에 풋워크도 점점 빨라졌다. 그 주된 것은 크로스 스텝이다. 보통은 공을 치고 홈포지션으로 되돌아갈 때는 사이드 스텝을 사용하지만 멀리 쳐러 가서 홈포지션까지 거리가 있는 경우에 사용하는 것이 크로스 스텝이다.

포어를 쳤을 경우 오른발을 왼발 앞에 크로스하듯이 크게 스텝,

백을 쳤을 경우는 왼발을 오른발에 크로스하듯이 하고 그것을 반복함으로서 스텝이 커져 빨리 홈포지션으로 이동할 수 있다.

또한 러닝 스텝은 구보로 타점에 들어가고 구보로 홈포지션으로 되돌아오는 스텝이다. 조금이라도 빨리 되돌아오는 스텝을 당신도 익혀 보자.

▶ '〈모양' '〉모양'이 공격타법을 낳는다

포어핸드 그랜드 스트로크는 '〈모양'으로 백핸드 그랜드 스트로크는 '〉모양'으로 친다.

포어핸드에서는 타격 직전에 팔과 라켓이 만드는 모양이 '〈모양'이 되도록 그립엔드부터 선행하고 타격 포인트에서 마치 타격면이 따라붙듯이 한다고 하는 타법이다. 타격하는 라켓헤드와 그립 부분이 평행해져서 타격을 향했다면 라켓의 스윙은 느려서 빠른 공은 칠 수 없다.

이것과 마찬가지로 백핸드 그랜드 스트로크에서도 그립엔드 부분이 선행하고 타격 직전에서는 팔꿈치와 라켓이 만드는 모양이 '〉모양'이 되도록 한다. 백핸드에서는 '어깨의 전방 상당히 앞의 타점까지 그립엔드를 선행시키고 타격 포인트에서 헤드가 그립 부분과 동렬이 되도록 하는 것이다. 포어는 '〈자' 백은 '〉모양'을 항상 염두에 두자.

시합에서 긴장하면 손에 힘이 너무 들어가서 손과 라켓이 1개의 막대기와 같이 되어 대개 이 '〈모양'이 생기지 않게 되기 때문에 빠른 공을 칠 수 없는 것이다.

포어도 백도 '〈모양'으로 스피드가 한층 다르다

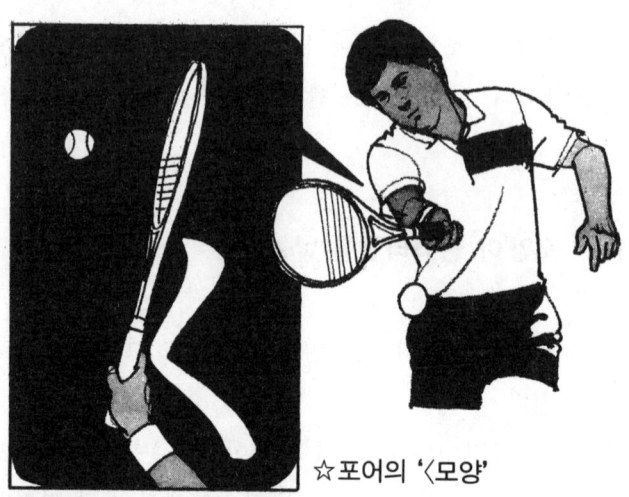

☆포어의 '〈모양'

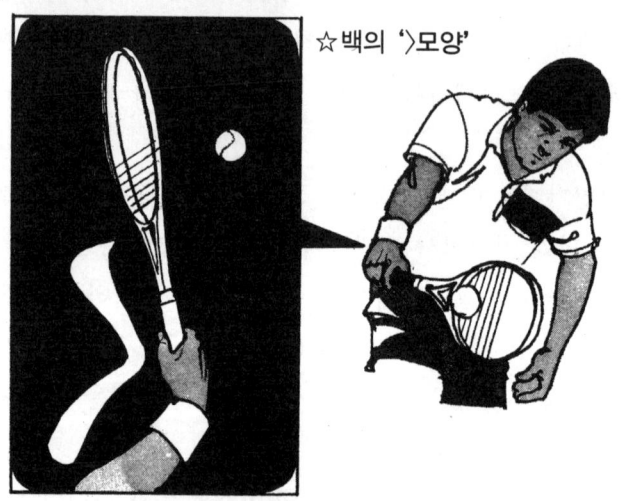

☆백의 '〉모양'

빠른 공을 치는 비결. 그립 엔드를 선행시켜서 치기 직전 라켓과 팔로 '〈모양'을 만든다. 치는 순간은 라켓 헤드가 그립 엔드에 따라 붙도록 한다.

샷과 움직임이 갑자기 변하기 시작하는 마스터법

▶ 라켓없는 테니스로 움직이는 법을 익힌다

'프로 선수와 같은 게임운영을 할 수 있으면!'이라고 누구나가 생각하지 않을까? 그래서 윔블던에서의 싱글스 텔레비전 중계를 보면서 '만일 선수가 라켓을 들지 않고 시합을 한다면'이라고 생각해 보기를 권한다. 서브를 투수와 같이 던지고 리시브는 양손으로 캐치, 리턴을 한 손으로 던지고 랠리(rally)도 양손으로 캐치하고 되돌아 오는 공은 한 손으로 던지다라고 하는 상태로 바꾸어 게임을 보면 야구나 도지볼(dodge ball)을 어릴 때에 한 적이 있는 사람이라면 프로 선수의 전술도 그렇게 대단한 전술은 아님을 알 수 있다고 생각한다. 테니스에서 어려운 것은 어떻게 타이밍 좋게 라켓에 잘 맞히느냐, 노린 지점에 잘 치느냐가 어려운 것으로서 그것이 프로의 기술이다.

게임 운영과 어디를 노리면 좋으냐는 이 라켓 없는 도지볼 테니스로 프로 선수 못지 않은 전술을 익혀 주기 바란다.

이것은 어렵고 좋은 풋워크 연습이 되는 것이 틀림없다.

라켓을 사용하지 않고 플레이하는 것이 이렇게 어려운 것일까하고 깨닫게 된다.

이 연습은 어디로 치면 어디에 빈틈이 생긴다고 하는 게임에서의 움직임이나 카운트의 세는 법 등을 아이에게 가르치는데 도움이 된다. 한 쪽의 선수만 라켓을 들려주고 겨루어 보게 하는 것도 재미있다고 생각한다.

▶ 가장 좋은 타점을 파악하는 바스터 번트법

상대가 이어오는 타입의 선수라면 쉽게 이길 수 있지만 하드 히터나 서브 앤드 발리 선수의 능숙함에는 좀체로 이길 수 없다고 하는 선수다. 아무래도 그의 경우 타점이 배꼽 앞 부근에서 치고 있기 때문에 공이 빠르면 스윙 타임이 늦어지는 것 같다. '그러면 안 돼요'라고 말하자 '그래도 여기가 가장 치기 쉬운데요'라며 좀체로 바꾸려고 하지 않는다.

그래서 '그 이상 세지지 않아요'라고 말하자 '타점을 앞에 잡으면 좀더 강한 공도 칠 수 있을테고 빠른 테니스에 이기기 위해서는 타점을 앞으로 하지 않으면 안 된다고 알고 있는데'라고 말하길래 '그럼 먼저 치고 싶은 앞의 타점에 라켓을 한 번 세트하고 나서 테이크백해서 친다고 하는 연습을 반복해 보세요'라고 충고했다.

3주일 정도 후 그의 타점이 상당히 앞이 되어 있는데 만족한 것이었다.

이것은 골프에서 도입한 연습 방법이다. 골프에서는 공을 치기 전에 어드레스라고 해서 어디에 어떻게 맞힐까 타점을 체크하고 있다. 이 타점의 체크, 야구의 바스터 번트(bastared bunt)도 마찬가지이지만 번트로 가장하고 강타를 하는 이 간단한 타격은 테니스에서도 충분히 사용할 수 있는 연습 방법이다.

▶ 맞기 직전의 라켓면을 잘 알 수 있는 분해법

골프에 비하면 테니스의 교습법은 정말로 조잡하다고 생각한다. 골프는 그립은 어떻다, 손가락은, 발 뒤꿈치는, 허리는, 잔디결은 하고 정말로 세밀하다. 테니스는 거기에 비하면 매우 엉성하게 가르치고 있다. 골프와 같이 자세하게 가르쳐 주면 좀더 학생도 늘어나리라고 생각한다.

왜냐 하면 골프 스윙은 테니스로 말하자면 포어핸드, 그것도 그랜드 스트로크밖에 없기 때문에 자세히 가르쳐 주지 않으면 가르칠 것이 없기 때문일지도 모른다.

테니스는 포어, 백의 그랜드 스트로크, 발리의 포어와 백. 서브, 스매시, 하프 발리, 로브 등 아직 잔뜩 있다. 싱글스의 전술도 더블스의 전술도 있다. 코트 표면 따위 자세하게 가르쳐 주지 않아도 심심하지 않다고 한다.

따라서 너무 많아 아무래도 조잡해져 버린다. 따라서 안 된다고 말해도 좋다. 골프와 같이 조금 더 하나 하나 시간을 들여서 파고 들어 가르쳐 주는 것이 중요한 것은 아닐까라고 생각한다.

포어 핸드를 가르쳐 주는 경우 반드시 분해해서 가르친다. 초보자는 물론 상급자도 마찬가지다. 포어핸드 전체를 가르쳐 주는 것보다 학생이 이해하기 쉽기 때문이다. 테이크 백을 낮게 취했기 때문에 톱스핀이 걸린다고 하는 것도 아니다. 공에 맞기 직전의 라켓면이 문제다. 공에 맞기 직전에 조금 클로즈드 페이스(조금 면이 아래쪽을 향하고 있다)로 수직으로 맞으면 톱스핀이 걸리고 면이 직전에서 오픈 페이스로 공에 수직으로 맞으면 슬라이스가 되어 버린다.

타점의 조금 전부터 타격포인트 그리고 폴로 스루 등이 맞기 직전 직후의 연습을 먼저 할 것을 권한다. 그렇게 함으로써 초보자는 절대 공에 맞지 않는다고 하는 일은 없어지고 레슨도 즐거워진다. 급할수록 돌아가라.

▶ '어떻게 공을 보고 있지 않은지' 사진으로 곧 알 수 있다

공 경기는 워치 더 볼이 가장 중요하다. 특히 야구나 테니스는 공이 작고 빠르기 때문에 순간일지라도 눈을 뗄 수 없다. 공이 라켓에 닿는 순간까지 확실히 본다. 공이 라켓에 닿는 순간을 보는 것은 육안으로는 도저히 불가능하지만 볼 수 있는 데까지 본다고 하는 것이 중요하다.

아마추어와 프로의 차이는 이 어디까지 공을 보고 있느냐가 다르다.

미심쩍다고 생각되면 잠시 테니스 잡지를 넘겨 보자. 세상을 돌아다니며 활약하고 있는 세계적인 선수와 당신의 게임 중의 비디오 사진을 찍어 비교해 보자. 누가 가장 끝까지 공을 보고 있는지 세계적인 선수가 어째서 저렇게 좋은 히트를 하는지 알 수 있다고 생각한다.

가장 보아야 할 아마추어 선수가 보지 않고, 보지 않아도 칠 수 있는 세계적인 선수가 저렇게 게임 중에 공을 보고 있다.

바꿔 말하자면 저렇게 보고 있기 때문에 프로인 것이다. 시합 중에 찬스 공을 어디로 쳐 줄까 등이라고 생각했을 때에는 이미 공에서 눈이 떨어져 있다. 오늘부터 코트에 나가면 프로와 같이 공을 끝까지 볼 셈으로 치자. 그리고 공에 쓰여 있는 글자를 읽을 수 있을 만큼 집중할 수 있으면 이미 주위의 일 따위는 아무 걱정 없다.

▶ 잘 쓰는 팔의 반대 발을 단련하면 시합에 강해진다

어떤 시합의 결승 마지막 세트에서 긴 랠리 끝에 한쪽 선수가 갑자

샷이 갑자기 변하기 시작하는 재미있는 연습법①
라켓을 들지 않고 게임을 한다

라켓을 들지 않고 게임을 해 본다. 서브를 투수와 같이 던져 넣고 다음은 캐치는 양손, 되돌아 오는 공은 한 손으로. 게임 운영을 알 수 있고 풋워크가 몸에 배도록.

샷이 갑자기 변하기 시작하는 재미있는 연습법②
바스터 번트와 같이 맞힌다

타점이 뒤가 되기. 쉬운 사람에게 좋은 연습법. 먼저 치고 싶은 타점에 한 번 라켓을 세트하고 그리고나서 테이크 백해서 치는 연습을 반복한다. 야구의 바스터 번트와 같이.

샷이 갑자기 변하기 시작하는 재미있는 연습법③
맞기 직전 직후만 반복한다

☆톱스핀

☆슬라이스

공이 라켓면에 맞기 직전 직후만의 연습을 반복하면 톱스핀이나 슬라이스의 회전을 잘 이해할 수 있어 확실히 적절히 칠 수 있게 된다.

샷이 갑자기 변하기 시작하는 재미있는 연습법④
임팩트의 순간을 사진으로 비교해 본다

라켓에 공이 맞는 순간의 사진을 찍어 세계적인 프로 등 여러 수준의 사람의 사진과 비교해 본다. 능숙한 사람일수록 확실히 끝까지 공을 보고 있는 것을 잘 알 수 있다.

샷이 갑자기 변하기 시작하는 재미있는 연습법⑤
잘 쓰는 팔과 반대 다리만 단련한다

평소부터 잘 쓰는 팔과 반대 다리를 특히 잘 단련해 둔다. 경기 중은 그쪽 다리에 부담이 가해지기 쉬워 경련 등을 일으키는 경우가 흔히 있기 때문이다.

기 다리에 경련을 일으켜서 져 버렸다. 경련을 일으킨 선수는 근육이 울퉁불퉁한 도저히 경련을 일으킬 것 같지 않는 단련된 다리다. 그러나 그는 게임이 엎치락뒤치락하면 항상 이런 식이 되어 버린다. 그리고 항상 그의 경우 왼발부터 일어나는 것이다.

그의 경기를 보면 그랜드 스트로크의 타점이 이상하게 낮기 때문에 정규사이즈보다 상당히 넓은 코트를 지키고 있는 듯하다.

또한 낮은 타점에서 잡는 만큼 무릎의 상하 운동도 격렬하다. 바꿔 말하자면 그의 울퉁불퉁한 근육은 이와 같이 낮은 타점에서 잡고 코트를 뛰어 다니며 길러진 근육이다. 그가 만일 높은 타점에서 공을 항상 칠 수 있으면 좁은 코트를 지키고 있는 것과 마찬가지로 공격적이고 상대에게 경련을 일으키게 해도 자신이 경련을 일으키는 경우는 없을 것이다.

일반적으로 시합 중 오른손잡이의 선수는 왼발을, 왼손잡이 선수는 오른발에 경련이 일어나기 쉽다. 왜냐하면 시합 중 오른손잡이 선수는 서브에서 왼발을 혹사하게 되어 혹사하는 다리를 단련해 두지 않으면 시합이 엎치락뒤치락 했을 때 다리가 달리지 않아서 경련이 시합 중에 일어나게 되기 때문이다.

착착 매듭지어 가는 적을 휘두르는 적극 발리

▶ **발리, 포어와 백의 가장 중요한 것**

발리의 포어와 백을 단순히 상상하면 포어는 공을 잡는 요령, 백은 빈손 촙(chop)의 요령이다.

포어 발리는 왼손잡이의 1루수가 주자를 아웃시키고 싶은 일념으로 보내진 공을 오른손으로 맞으러 가려고 하는 동작이 기본이다.
 이것에 반해서 백발리는 1루수가 백사이드로 던져진 공을 단순히 캐치할 때의 동작이 아니고 어깨를 충분히 돌려서 조금이라도 공에 기세를 주려고 빈손 추 스타일로 공을 딱 2개로 자르려고 하는 그런 이미지이다.
 라켓을 들고 발리 연습을 시작하기 전에 먼저 정면을 향해 포어사이드로 오면 공을 잡는다. 백으로 오면 빈손 춉, 이런 이미지의 섀도우 테니스를 해 보자. 섀도우 테니스(shadow tennis)란 테니스 코트 이외에서 테니스를 위한 연습을 하는 것을 말한다. 물론 라켓은 들지 않을 때라도 풋워크를 충분히 사용한다.
 포어를 친 후 정면을 향한 홈포지션으로 되돌아 와서 조금씩 스텝한다. 그리고 다음은 백이다.
 점점 속력이 가해져 정말로 네트가에서 발리를 하고 있는 것 같은 기분으로 항상 트레이닝한다. 이것이 네트 경기자가 되기 위한 가장 빠른 지름길이다.

▶ 휘두르는 버릇은 이렇게 간단히 고칠 수 있다

 발리로 고민하고 있는 폴군. 그는 아일랜드계 미국인. 미국은 다민족 국가로 인디언 이외는 전부 다른 나라에서 이주해 온 사람들이다. 한국계 미국인, 이탈리아계 미국인이라고 부르거나 한다.
 이 폴군은 웨이트 트레이닝을 매일 빼 놓지 않고 하고 있는 듯이 상반신 근육질의 마스킬러이다. 해변에서는 여자에게 꽤 인기가 있고 바다를 좋아한다. 그래도 테니스 코트에서는 별로 인기가 없다.
 시합에서는 발리를 잘 칠 수 없어서 패하기 때문에 테니스 코트에

포어 발리는 치는 것보다 '잡는다'

☆ 빠른 공일수록 테이크 백은 작게

제2부 / 테니스의 기본기술   291

☆ 공을 잡는 요령으로

 공이 오면 우선 어깨를 돌려서 그립을 단단히 쥐고 몸 앞에서 라켓면을 세우고 공의 높이에 눈을 맞추어 가볍게 찌르듯이 친다. 폴로 스루를 거의 취하지 않는다.

백 발리는 빈 손 춉의 요령으로

☆빈 손 춉의 요령으로

제2부 / 테니스의 기본기술 293

☆그립은 백핸드 이스턴

공이 오면 재빨리 어깨를 돌려서 포어보다는 백스윙을 조금 취해 눈을 높이에 맞추고 잘 쓰는 팔 쪽의 다리를 내딛고 임팩트.

오는 것은 별로 좋아하지 않는 것 같다. 그의 발리는 팔힘에 맡기고 라켓을 휘두른다. 잘 맞았을 때는 굉장하지만 빠른 공의 발리 때라면 전혀 못 한다.

그래서 그를 위해 10Km나 될까하는 철판을 건네 준 것이다. 폴은 '뭐예요 이거?'라고 뭐가 뭔지 모르는 모양. '자네의 발리를 픽스하는 거라네. 네트가에서 이것을 정면으로 향하고 서 보게'라고 하여 그를 향해 공을 쳐내기 시작했다.

철판은 무겁기 때문에 휘두르는 것은 불가능하다. 철판에 공이 닿으면 난다. 빠른 공이라면, 더욱 빨리 날고 조금 철판에 각도를 주면 굉장한 앵글 샷이 된다. 그는 그후, 발리는 라켓을 휘두르는 것이 아니라고 하는 사실을 자각한 것 같다.

▶ 빠른 공은 아래에서 보면 좋다

빅토너먼트라고 하는 윔블던, 프렌치 오픈, 전미(全美) 오픈, 전호(全濠) 오픈. 4대 토너먼트라고도 하지만 텔레비전 중계를 보고 있으면 심판의 권한이 테니스에서는 절대적임을 알 수 있을 것이다.

씨름에서는 가끔 심판 오판이라고 해서 판정이 반복되는 경우가 있다. 야구에서는 선수가 판정에 불복하고 심판을 때리거나 하는 광경도 볼 수 있다. 그것은 테니스에서는 생각할 수 없는 일이다. 만일 프로 선수가 심판을 공식 시합에서 때리거나 하면 그 선수는 일생 서컷(circuit)에서 경기하는 것은 불가능할 것이다.

빅토너먼트의 선심(lines man)은 선수가 서브를 하려고 하면 그 라운드에 기어 엎드리듯이 해서 정확한 콜을 하려고 한다. 빠른 서브 등은 이렇게 하지 않으면 공이 잘 보이지 않는다. 만일 혼동하기 쉬운 저지(Judge)가 있었을 경우 의자에 앉은 채의 콜이라면 있을까 의심하게 될지도 모른다.

네트가에서 발리하려고 하는 공은 베이스 라인 부근에서 치는 공에 비해 배 정도의 속도이다. 라인즈맨과 같이 공을 아래에서 보기를 권한다. 빠른 공을 위에서 보면 더 빠르게 느껴지지만 아래에서 보면 잘 보인다. 공을 잘 보는 것은 좋은 발리를 하는 제1조건이다.

발리는 공과 시선을 접근시켜서 항상 몸 앞에서 치도록 유의하자.

▶ 퍼스트 발리와 세컨드 발리의 바꾸는 법

게임에서 서브에 이어 네트로 다가가서 네트가를 제압하여 게임을 유리하게 전개하려고 앞으로 좁혀가지만 상대의 리턴은 험한 곳으로 되돌아 온다. 그 리턴을 발리한다. 이 최근에 치는 발리가 퍼스트 발리라고 한다.

좋은 서브라면 상대의 리턴도 상당히 물러져서 퍼스트 발리로 매듭지을 수 있다. 그러나 대개 퍼스트 발리는 단번에 매듭지을 수 없는 곳에서 치게 된다. 예를 들면 네트로부터 상당히 거리가 있는 서비스 라인 부근이거나 네트보다 상당히 낮은 곳에서 쳐야 하거나 한다.

퍼스트 발리는 찬스 공이라면 단번에 매듭지어도 좋지만 대개 상대의 약점 또는 다음에서 매듭짓기 위한 포석이라고 생각하고 되받아친다. 그리고 상대가 단번에 매듭지을 수 없는 곳에 주의를 기울여 조절해서 치는 것이 중요하다.

퍼스트 발리는 네트를 잘 클리어하기 위해서 조금 공을 옮긴다고 하는 이미지이다. 그리고 세컨트 발리는 이미 상대가 네트에 다가가 있는 것이기 때문에 가능한 한 공을 높은 곳에서 잡아 가능하면 앵글 발리로 풋 어웨이(매듭지어)한다.

퍼스트 발리는 조절하기 위해서 옮기는 이미지. 세컨트 발리는 공에 라켓이 닿을 때 뜨거운 프라이팬을 손으로 만진 것 같은 이미지이다. 퍼스트 발리와 세컨트 발리는 칙칙한 것과 산뜻한 것과의 차이이다.

▶ 로 발리가 질색이면 게임에 이길 수 없다

네트에 붙으면 상대는 단번에 발리로 매듭지을 수 없도록 뜬 공은 절대 쳐 오지 않는다. 네트를 넘으면 곧 가라앉는 것 같은 공을 쳐 온다. 따라서 로 발리를 잘 칠 수 없으면 게임에는 더 이상 이길 수 없다.

최근의 테니스 코트는 공의 속도가 빨라지는 하드 코트가 늘어났다. 클레이(clay) 코트는 자꾸 자꾸 줄어들고 있다. 클레이 코트는 만들 때는 싸게 먹히지만 1년에 1번은 파서 일으키지 않으면 좋은 상태를 유지하는 것은 어렵다. 게다가 매일의 롤러질 간수도 무시할 수 없다. 옛날처럼 인건비가 싼 시절은 그래도 괜찮았지만 지금과 같이 비싸져서는 이제 큰 일이다. 여러 가지 생각하면 처음은 비싸게 매겨지는 하드 코트 쪽이 사실은 값이 싸게 먹힌다고 하는 것이다.

하드 코트가 늘어난 결과 텐스 스타일도 변화해 왔다. 그래서 서브 앤드 발리 선수를 격파하는 기술이 가라앉는 공이다. 가라앉는 공을 처리하는 것, 로 발리로 네트보다 상당히 낮은 위치에서 치는 것을 부득이하게 한다.

포어의 로 발리는 무릎을 충분히 구부리고 라켓 헤드를 세우도록 해서 주의 깊게 네트 위로 옮겨 올리는 것이다. 폴로 스루도 충분히

게임에 이기는 로 발리의 기술

포어는 무릎을 충분히 구부리고 라켓헤드를 세우도록 해서 주의 깊게 공을 네트 위로 들어 올린다.

백은 그립 엔드를 앞으로 내밀도록 하고 앞에서 공을 잡아 무릎에서 공을 네트 위로 들어 올린다.

힘찬 하이 발리를 쳐 낸다

포어는 특히 머리 위의 하이 발리는 라켓을 눕히듯이 해서 손목을 충분히 사용 하여 타점에서 멈추도록 친다.

백은 어깨를 충분히 돌리고 라켓을 늪혀서 마음껏 손목을 사용하여 타점에서 급브레이크를 걸듯이 친다.

취하고, 피니시에서는 라켓면이 위를 향하고 있다. 절대 허리를 구부리는 타법은 하지 말자. 백은 그립 엔드를 앞으로 내밀듯이 하고 앞에서 공을 잡도록 한다. 그리고 무릎에서 공을 네트 위로 들어올리는 것이 중요하다. 이 때 충분히 어깨를 돌려서 친다.

▶ 힘이 없어도 위력 있는 하이 발리를 칠 수 있다

더블스의 시합에서 발리 투 발리의 싸움이 되어 로브 발리를 당하고 비명을 지른 것은 빌. 미국에서는 윌리엄을 줄여서 이렇게 부르지만 로버트는 봅 등 여러 가지 있다.

플로리다의 18세 이하 더블스의 결승이라도 되면 주니어라도 어른 못지 않은 네트 싸움의 발리 발리의 응수가 된다. 그래서 로브 발리를 갑자기 당하고 하이 발리를 잘 칠 수 없어서 쳤다고 한다.

테니스에서 가장 힘이 들어가지 않는 샷이라고 하면 이 백의 하이 발리이다. 조금 더 높고 시간적 여유가 있으면 스매시로 과감히 치고 싶을 것이다.

포어의 하이 발리는 타점이 앞쪽이라면 그래도 코트에 세게 내리치도록 손목을 사용해서 친다.

문제는 머리 위의 하이 발리의 처리이다. 라켓을 눕히듯이 해서 손목을 충분히 사용하여 타점에서 멈추는 것처럼 친다.

또한 백은 어렵지만 어깨를 충분히 돌리고 팔꿈치를 위로 올리도록 해서 라켓을 눕혀 과감히 손목을 사용하여 타점에서 급브레이크를 걸듯이 친다. 타이밍이 잘 맞으면 위력 있는 백의 하이 발리는 틀림없다.

약간의 각도로 앵글 발리가 결정된다

☆백크로스

☆백 역크로스

☆포어 크로스

☆포어 역크로스

거울로 빛을 반사시킬 때와 같이 라켓면에 조금 각도를 준다. 라켓의 스위트 스폿의 조금 아래 부근이 흔들리지 않아서 좋다. 공은 앞에서 잡을 것.

▶ 굉장한 각도의 앵글 발리의 요령

발리(volley)에는 깊게 치는 딥(deep) 발리와 각도를 매기는 앵글(angle) 발리가 있다.

딥이란 베이스 라인 가까이에 치는 발리이고 앵글 발리는 서비스 라인보다 앞쪽에 치는 각도 있는 발리를 말한다.

네트에 붙어서 딥 발리만 치고 있으면 더 이상 포인트를 딸 수 없다. 아무리 강하게 하드 히트해도 전부 되받아 쳐 버린다. 모처럼 네트에 다가갔기 때문에 그랜드 스트로크와 같이 깊게 치고 있는 것만으로는 아까울 뿐이다. 네트에 다가가면 절대로 앵글 발리이다. 앵글 발리를 침으로서 상대는 넓은 범위를 경계해야 한다. 그래서 딥 발리도 가치가 나타난다고 하는 것이다.

앵글 발리는 라켓으로 무리하게 옮기는 것이 아니다. 어린 시절 누구나가 거울로 태양을 반사시켜 논 적이 있으리라고 생각하는데 라켓면을 거울로 생각하고 조금 해 보자. 라켓면에 각도를 조금 주기만 하면 공은 굉장한 각도가 매겨져서 난다. 라켓의 스위트 스폿의 조금 아래쪽이 라켓면이 흔들리지 않고 날카로운 발리가 먹혀 들어간다. 가능한 한 공은 앞에서 잡는다는 사실도 잊지 말자.

▶ 드롭 발리는 그레이프 프루트를 다루는 셈으로

축구의 왕 펠레를 낳은 브라질 그리고 남미는 지금도 축구 왕국이다. 현재는 유럽 쪽이 남미보다 강하다고 하지만 이것은 남미의 강한 선수가 유럽에서 활동하고 있다고 해도 과언이 아니다.

브라질에서는 지금도 시골에 가면 가난해서 아이들이 축구공을 살 수 없기 때문에 그레이프 프루트(grape fruits)로 축구 연습을 하고 있는 광경을 흔히 볼 수 있다고 한다.

'그레이프 프루트는 부드러워져서 곧 쓸모없게 되면?'이라고 묻자 '2시간 정도는 가볍게 할 수 있어요'라고 브라질에 축구 유학하고 있었던 대학 선생은 말했다. 우리들이 차면 곧 쓸모없게 되어 버릴 것 같지만 이것으로 브라질의 아이들은 축구공의 다루는 법을 익힌다고 한다.

이 그레이프 프루트를 이용해서 드롭 발리를 마스터하는 비결을 배울 수도 있다. 상대 코트에서 공 대신 그레이프 프루트가 날아 온다고 하자. 탕하고 치면 그레이프 프루트는 찌부러져 버린다. 라켓면으로 그레이프 프루트를 찌부러뜨리지 않도록 주의깊게 속도를 죽여서 라켓 위에 얹어 네트 맞은편에 떨어뜨려 준다. 그런 이미지가 드롭 발리이다. 날아 오는 공의 정면에서 아래로 라켓을 비키면서 라켓면으로 역회전을 걸어 상대 코트에 떨어뜨리는 것이다.

▶ 불리한 형세도 단번 역전의 로브 발리

네트 주변에서 치는 각도 있는 앵글 발리나 속도 있는 백의 하이 발리가 발리의 꽃이라고 하면 속도 없는 로브 발리는 젊음이 없는 수수한 발리라고 생각될지도 모른다. 그러나 이 로브 발리도 사용법에 따라서는 순간적으로 형세를 역전하는 만루 홈런과 같은 것이다.

시합에서는 흔히 있다. 네트 싸움이 발리 발리의 응수 상대가 결판냈다고 생각한 순간 가까스로 되받아친 공이 로브 발리가 되어 상대의 머리 위를 잘 클리어. 상대는 공을 필사적으로 쫓아가지만 이미 늦는다. 로브발리는 포어핸드의 경우 그립 엔드를 앞으로 내밀도록

드롭 발리는 먼저 그레이프 프루트를 생각한다

날아 오는 공의 정면에서 아래로 라켓면을 비키면서 역회전을 걸어 상대 코트에 떨어뜨린다. 주의 깊게 속도를 죽이는 것이 중요.

하고 라켓면을 오픈 페이스로 한다. 그리고 가볍게 쳐 올리면 로브 발리가 된다.

로브 발리에서 가장 중요한 것은 타이밍과 상대에게 들키지 않도록 올리는 것이다. 만일 상대가 눈치 채 버리면 스매시로 끝장이다. 그리고 가볍게 쳐 올리면 로브 발리가 된다.

로브 발리에서 가장 중요한 것은 타이밍과 상대에게 들키지 않도록 올리는 것이다. 만일 상대가 눈치 채 버리면 스매시로 끝장이다. 백의 로브 발리는 그립 엔드를 상당히 앞쪽으로 선행시키도록 하고 면을 향해 쳐 올린다. 다운 더 라인에 치는 것보다 크로스에 치는 쪽이 코트는 길어지기 때문에 아웃하는 경우가 적어지지만 중요한 것은 상대의 역을 찌르도록 하는 것이다.

▶ 하프 발리는 타이밍과 리듬으로 친다

더블스 게임에서 서브권을 가졌을 때에 항상 서브 앤드 발리를 하고 싶다고 생각한다면 로 발리와 하프 발리(half volley)의 기술은 완전히 마스터해야 한다.

서브를 치고 앞으로 다가가면 상대의 리턴은 발밑에 낮게 깔려 온다. 그리고 로 발리나 하프 발리로 처리해야 하는 것이다. 그리고 그것은 대부분이 백 사이드에 모이고 리턴이 능숙한 상대라면 확실히 낮고 어려운 곳에 모을 수 있다.

게임에 이기기 위해서는 백의 하프 발리의 마스터는 특히 중요하다. 하프 발리를 치기 위해서는 야구의 쇼트 바운드의 공을 주워 올리는 리듬으로 공을 쳐 주기 바란다. 가능하면 타 탕하고 소리를 질러서 소리에 맞추듯이 공을 친다.

의표를 찌르는 로브 발리를 비밀 무기로

☆오픈 페이스로 해서 쳐 올린다.

위로 향하고 쳐 올린다.

포어는 그립 엔드를 앞으로 내밀로 라켓면을 오픈 페이스로 해서 가볍게 쳐 올린다. 백은 그립 엔드를 상당히 앞에 선행시키고 면을 위로 향해서 쳐 올린다.

하프 발리는 무릎을 충분히 구부려서 테이크 백을 그다지 취하지 않고 라켓면은 수직, 라켓은 수평으로 유지하며 타점은 앞발의 앞이다. 그립은 초보자는 이스턴 그립이고 상급자는 서브와 같은 콘티넨탈 그립으로 라켓면으로 만든 벽을 앞으로 밀어 낸다고 하는 느낌으로 쳐 본다. 폴로 스루는 충분히 취해서 공을 조절한다. 백(back)의 하프 발리는 어깨를 충분히 돌리고 라켓면은 수직, 수평으로 라켓이 흔들리지 않도록 단단히 쥔다. 백에서는 어깨를 끝까지 벌어지지 않도록 특히 주의한다. 하프 발리는 타이밍이 특히 중요하다.

▶ 더블스의 열쇠, 포치 발리의 기술

포치(poach)는 더블스의 중요한 전술이다. 포치란 인터셉트(intercept)라고 하지만 파트너를 향해 쳐진 공을 옆으로 가로 채어 치는데 예기치 못한 사람의 공격으로 상대는 놀라서 포인트를 허락해 버린다고 하는 것이다.

포치 중에서 가장 기본적인 것은 자신의 파트너가 서브 때에 상대의 리턴 코스를 예측하고 도중에 커트해서 포인트로 연결시키는 것이다. 또한 상대가 서브 앤드 발리로 네트로 나올 때에 상대의 퍼스트 발리를 리시버의 파트너가 포치해서 포인트로 연결시키는 것이다. 이 두 가지가 주요한 포치이다.

포치는 상대 팀에 상당한 압력을 주어 리시브 미스를 유도하거나 하기 때문에 빈번히 시험해 본다. 포치의 기본은 상대에게 눈치채이지 않도록 나가는 것이고, 반드시 나간다고 결정하면 나가서 매듭짓는 것이다. 또한 페인트도 가끔 사용한다. 또한 포치하러 나간 후의 커버는 파트너가 하기 때문에 호흡을 맞추는 경기가 필요하다.

하프 발리는 '밀기'와 리듬으로 결정한다

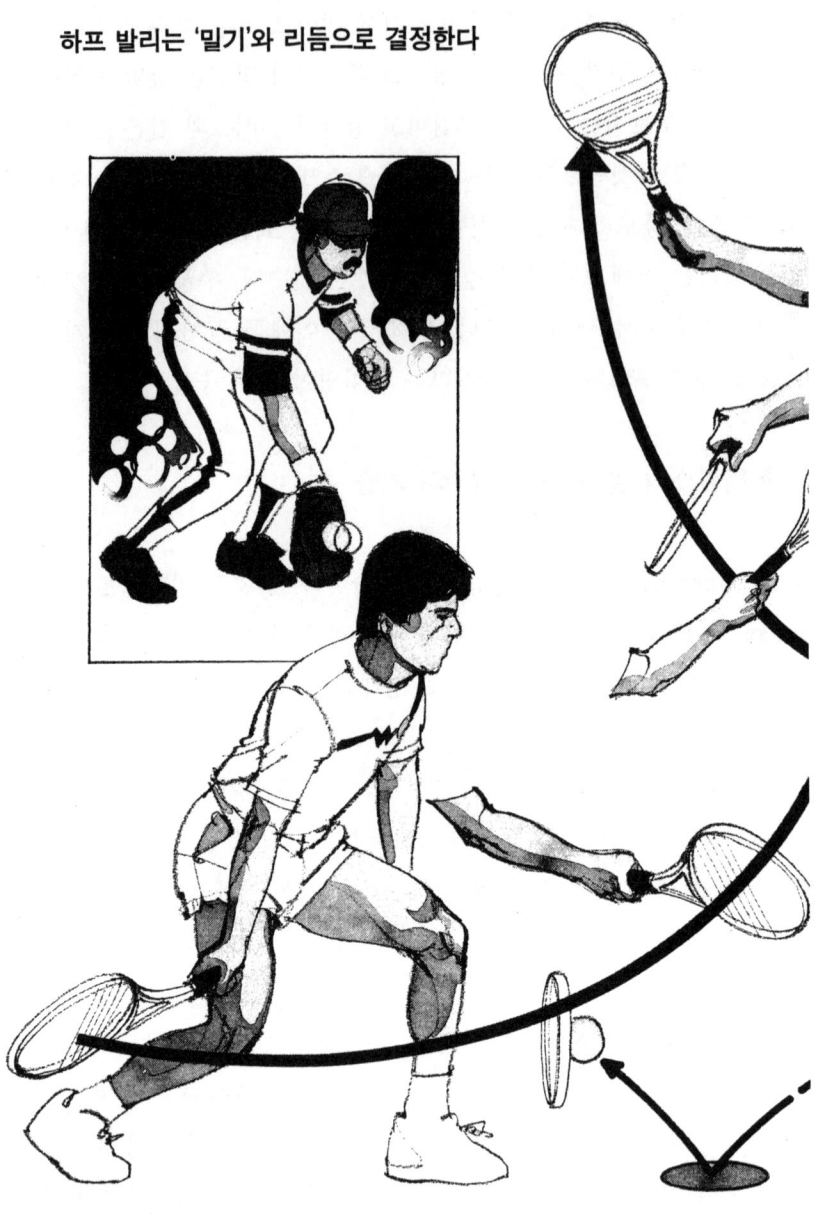

제2부 / 테니스의 기본기술 313

☆백은 어깨를 충분히 돌리고 라켓이 흔들리지 않도록 단단히 쥔다. 어깨를 마지막까지 벌어지지 않도록 특히 주의한다.

무릎을 충분히 구부리고 테이크 백은 별로 취하지 않고 타점은 앞발의 앞쪽. 라켓면으로 만든 벽을 앞으로 밀어 내는 느낌으로 친다. 폴로 스루를 충분히 취하고 공을 조절.

포치 발리 어떻게 움직여서 결정하는가

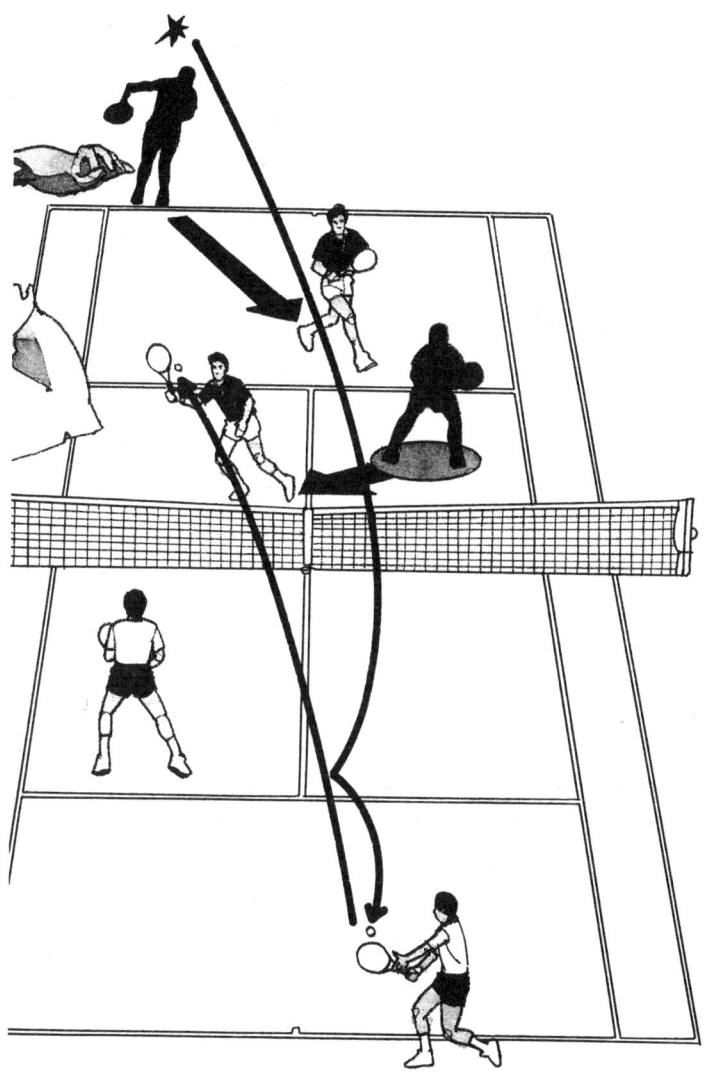

상대의 반구를 읽고 네트에 45도의 각도로 나가서 결판낸다. 네트와 평행히 달리지 말 것. 상대에게 예기당하지 않도록 하고 포치에 나간 후는 파트너가 커버한다.

포치는 상대의 되돌아 오는 공을 폼에서 읽고 네트에 45도의 각도로 나간다. 네트와 평행히 달리지 않도록 특히 주의한다.

발리의 기술, 네트 경기가 변하기 시작하는 마스터법

▶ 타점을 앞에서 잡기 위한 발리 발리법

요즘에는, 무슨 일이든 즐겁지 않으면 절대로 실력이 향상되지 않는다는 의견이 많다. 즐겁게 놀면서 하고 있는 사이에 자신도 모르게 잘 되고 욕심이 생긴다.

이 발리 발리의 연습도 그만 열중해서 하고 있는 사이에 잘 되어 간다고 하는 연습이다. 네트를 사이에 두고 서비스 라인 부근에서 발리 발리를 시작하여 서로 점점 네트로 접근해 간다. 네트에 접근함에 따라서 발리는 속도를 늦추는 데다가 쳐올려 간다. 네트의 위 부근에서 라켓과 라켓으로 공을 끼우는데 타점을 앞에서 잡고 있지 않으면 끼울 수 없다.

또한 위로 쳐 올리는 것도 중요하다. 발리의 조건을 만족시키고 있지 않으면 잡을 수 없다. 발리의 조건이란 몸 앞에서 치는 것, 라켓면을 조금 위로 향하는 것, 라켓 헤드를 세운다고 하는 것이다.

이것과 같은 요령으로 혼자서 할 수 있는 방법도 있다. 벽 상대로 발리 발리를 하면서 점점 벽에 다가가서 마지막에는 매미를 잡듯이 공을 밀어 넣는다.

▶ 자주 공을 내보내면 빠른 공에 강해진다

32세의 회사원 남자. 애인은 없는지 여성을 데리고 다니는 것을 아무도 본 적이 없고, 토요일은 반드시 아침부터 테니스를 치고, 여름 휴가도 설날 휴가도 테니스를 치고 틈이 있으면 시합에 나가고 있다. 아무래도 테니스가 그의 연인인 것 같다.

그런 그가 '발리를 잘 칠 수 없어요'라고 말해 왔다. 회사에서 동료와 게임을 하고 있는 정도는 괜찮지만 외부 시합에서는 이길 수 없고, '공의 속도가 너무 달라요'라고 하는 것이다. 그래서 프라이빗 레슨을 하게 된 것이다.

네트 주변에 서서 이쪽이 그랜드 스트로크로 치는 공을 발리로 되받아 친 것이다. 잠시 쳤지만 의외로 공은 되돌아 온다. 그래서 빠른 공을 치자 엉망이었다. 전혀 되돌아 오지 않게 된 것이다. 그의 발리는 테이크 백이 너무 커서 느린 공 때는 괜찮지만 빠른 공이 되면 손을 쓸 수 없다. 그래서 네트 주변에 보내는 공을 발리로 되돌려 치게 하고 공을 굉장한 회전으로 잇달아 보냈다. 테이크 백을 크게 취하면 발리할 수 없어서 하는 수 없이 그는 라켓을 앞으로 내민 채 공을 되받아 치게 된 것이다.

이것이 빠른 공의 타구법이다.

백 스윙이 큰 사람은 이 자꾸자꾸 공을 보내는 연습으로 교정해 간다.

▶ 라켓을 거꾸로 해서 그립으로 쳐 본다

네트 주변에서 치려고 하는 공은 속도가 있기 때문에 정말로 확실

발리가 갑자기 변하게 시작하는 재미있는 연습법①
둘이서 발리 발리를 해서 끼운다

미트를 사이에 두고 서비스 라인 부근에서 발리 발리. 공의 속도를 늦추면서 네트로 다가가서 네트의 위 부근에서 두 사람의 라켓으로 공을 끼운다.

발리가 갑자기 변하기 시작하는 재미있는 연습법②
굉장한 속도로 날아온 공을 받아 친다

테이크 백이 큰 사람은 어쨌든 자꾸 자꾸 공을 받아 친다. 속도가 빠르면 테이크 백을 하고 있을 틈이 없어 앞에서 잡을 수 있게 된다.

발리가 갑자기 변하기 시작하는 재미있는 연습법③
그립 엔드로 공에 맞힌다

라켓을 거꾸로 들고 그립 부분으로 공을 치는 연습을 한다. 이렇게 하면 라켓을 별로 움직이지 않고 공을 잘 보게 되어 빠른 공에 강해진다.

발리가 갑자기 변하기 시작하는 재미있는 연습법④
네트를 단 라켓으로 캐치한다

오래된 라켓의 프레임에 그물을 달고 잇달아 캐치한다. 라켓을 헤드 업시키기 위한 근력 트레이닝도 된다.

발리가 갑자기 변하기 시작하는 재미있는 연습법⑤
매직 테이프의 도구로 캐치한다

시판되고 있는 매직 테이프가 붙은 완구로 공을 캐치한다. 라켓을 휘두르지 않고 면을 만드는 좋은 연습이 된다.

발리가 갑자기 변하기 시작하는 재미있는 연습법⑥
벽을 등지고 테이크 백한다

벽 앞 50cm 지점에서 벽을 등지고 발리 연습을 한다. 테이크 백이 크면 라켓이 벽에 닿기 때문에 교정된다.

히 보지 않으면 잘 칠 수 없다. 라켓이 크면 보지 않아도 맞힐 수 있기 때문에 라켓을 반대로 해서 그립 부분으로 치는 연습을 시도한다.

공을 정말로 잘 보지 않으면 맞지 않고 또 라켓을 움직이면 잘 맞힐 수 없기 때문에 빠른 공을 치는 감각 그대로의 좋은 연습을 할 수 있다. 또한 시선과 타점을 맞추는 것이 얼마나 중요한지도 이해할 수 있다고 생각한다.

▶ 오래된 라켓으로 할 수 있는 헤드 업의 방법

오래된 라켓에 곤충잡이와 같은 그물을 쳐서 공을 그물로 잡는 연습을 하면 발리가 잘 된다. 공을 몇 개나 그물로 잡으면 점점 무거워지기 때문에 발리에 필요한 라켓 헤드 업에는 힘이 상당히 필요하다.

이런 연습은 아이에게 있어서는 즐겁기 때문에 좋은 연습이 될 것이다. 또한 라켓을 휘두르면 공을 잡을 확률이 나빠진다.

▶ 의외의 도구로 발리 감각을 익힌다

시판되고 있는 아이의 완구 중에서 매직 테이프가 붙은 야구 글러브와 같은 것이 있다. 공이 글러브에 맞으면 달라 붙는데 이것은 아이가 발리를 숙달하는데 좋은 연습이 된다. 발리는 라켓을 휘두르는 것이 아니기 때문에 캐치 볼은 이상적 연습이다.

▶ 테이크 백이 큰 사람은 벽을 이용하다

벽 앞 50cm 지점에 서서 벽을 등지고 발리 연습을 하면 테이크 백이 큰 사람용의 교정방법이 된다. 큰 테니크 백을 했을 경우 라켓이 배후의 벽에 닿아서 나쁜 소리가 나기 때문에 조건 반사적으로 교정된다.

순식간에 게임을 자신의 것으로 만드는 서브

▶세 가지의 서브 어떤 특징을 살릴까

서브에는 플랫(flat) 서브, 슬라이스(slice) 서브, 스핀(spin)서브의 3종류가 있다. 속도가 가장 빠른 것이 플랫 서브. 그래도 책상 위에서 계산하면 신장이 1m 80cm 정도가 안 되면 진짜 플랫 서브는 들어가지 않는다.

1m 70cm의 사람이 플랫 서브를 치고 들어가 있는 것은 얼마간의 회전이 공에 걸려서 네트를 클리어하고 있는 것이다.

플랫 서브는 뭐니뭐니 해도 서브의 기본이 된다. 위력을 발휘하기 위해서는 가능한 한 높은 타점의 몸 앞에서 친다.

그리고 아무리 빨리 쳐도 반복 타구로 간단히 지쳐 버리면 좋은 서브라고 말할 수 없다.

서브의 그립은 콘티넨탈 또는 백핸드 이스턴 그립이 좋을 것이다. 이 그립이라면 서브의 위력을 발휘하는 손목 동작(pronation)을 사용할 수 있지만 이것이 웨스턴 그립이라면 손목의 비틀기를 사용할 수 없기 때문에 언제까지라도 어느 정도의 속력밖에 낼 수 없다.

서브의 위력은 라켓을 빨리 휘두름으로서 얻을 수 있는 것이기 때문에 이와 같이 손목 동작을 사용할 수 없는 그립에서 빠른 서브는 불가능하다.
 그리고 서브는, 처음에는 천천히 라켓을 휘두르고 점점 속력이 강해져 타격의 순간이 가장 속력이 난다.

▶첫 서브, 둘째 서브의 적절한 사용

 위력 있는 첫 서브는 일반적으로 플랫 서브, 둘째 서브에는 톱스핀 서브와 슬라이스 서브를 사용한다.
 스핀 서브나 슬라이스 서브는 공에 회전을 줌으로서 네트를 쉽게 넘길 수 있으므로 그런 의미에서는 안정성이 뛰어나 절대로 실수를 할 수 없는 둘째 서브에 적합하다.
 플랫 서브에서도 2개 중 1개는 확실히 들어간다고 하는 자신있는 선수라면 제1, 제2서브 모두 플랫 서브를 쳐도 문제는 없다. 또한 속력보다 확실히 상대의 약점을 노리기 위해서 슬라이스 서브, 스핀 서브를 제1서브로 치는 경우도 있다. 취향을 바꾼다고 하는 의미에서는 제1서브에서 플랫에 섞어 치는 것도 중요한 전술이다.
 첫 서브는 약간 속력을 떨어뜨려서라도 넣는 편이 정신적으로도 상대보다 우위에 설 수 있다. 그렇게 빠르지 않더라도 첫 서브의 확률을 올리는 것은 중요한 문제다.
 또한 세컨드 서브에서 언더 서브를 치는 것은 좋지 않다. 그런 버릇을 들이면 시합 중에 곤란했을 때 언더 서브에 의존하게 되어 버린다.
 언더 서브는 타점이 낮기 때문에 속력을 높이는 것도 그 이상은 불가능하다.

▶ '놓는' 느낌이 안정된 토스(toss)를 낳는다

토스는 손바닥이 아니라 새끼 손가락을 제외한 엄지부터 3개 또는 4개의 손가락으로 가볍게 쥔다. 아래로 향하면 공이 떨어져 버릴 만큼 손가락 힘을 뺀다.

토스는 드로잉(throwing)이 아니고 톱(놓는다)이라고 하는 느낌이 중요하다. 선반 위에 공을 놓는다고 하는 것이다. 타점보다 20cm나 올리면 이제 충분하고 준비할 상태에서 한 번 아래로 오른손과 왼손을 가지런히 모아서 내리고 양쪽 동시에 올리는 리듬으로 한다. 등에서 라켓이 멈춰 버리는 것 같으면 모처럼의 라켓 속력이 멈춰 끊어지므로 안 된다.

▶ 토스의 올림 장소와 위장의 방법

토스의 올리는 장소는 각각의 서브에 따라서 다르다. 플랫 서브는 앞으로 토스를 올린다. 스핀 서브는 공을 아래에서 위로 치기 때문에 머리 위, 슬라이스 서브는 옆으로 토스를 올리는 편이 치기 쉽다.

그렇게 하고 있으면 시합해서 상대에게 서브 종류를 가르쳐 주는 셈이라고 말하는 경력자들도 있다. 그렇다, 프로 선수는 토스를 항상 같은 위치로 올리고 있다. 플랫 서브는 물론 슬라이스 서브도 스핀 서브도 마찬가지이다. 그렇게 함으로서 상대에게 간파당하지 않도록 하고 있는 것이다. 다음에 무엇이 맞는지 모른다. 리시버(receiver)에게 있어서는 상당한 장애이다.

그러나 서브를 잘 칠 수 없는 사람은 예외이다. 스핀 서브를 마스터하려고 하는 사람은 토스를 머리 위로 올리는 편이 좋을 것이다.

플랫 서브는 공의 한가운데를 세게 쳐라

☆ 토스는 몸 앞쪽에

☆ 콘티넨탈 그립

제2부 / 테니스의 기본기술 329

토스를 몸 앞쪽에 올려서 어깨를 충분히 돌린 상태에서 공의 중심을 세게 때리 듯이 친다.
타점은 전방의 높은 위치에서 잡고 폴로 스루는 라켓면이 옆을 향하도록 한다.

스핀 서브는 '쳐 올림'이 중요

☆토스는 머리 위로

토스를 머리 위로 올려 공을 얼굴에 비유했을 때에 코를 아래에서 쳐 올리는 듯한 느낌으로 친다. 맞았을 때 라켓은 옆으로 누워 있는 것 같은 상태로 폴로 스루는 크게 돌게 된다.

슬라이스 서브는 '9시에서 3시'가 키워드

☆토스는 몸 옆으로

토스는 몸 옆으로 올리고 그만큼 어깨를 충분히 돌린다.
공을 시계 문자판에 비유해서 9시부터 3시 방향으로 라켓면을
이동시켜 슬라이스를 건다.

슬라이스는 몸 옆으로 올리는 편이 회전도 걸기 쉽다. 그리고 잘 칠 수 있게 되어 점점 앞으로 해 나가야 한다. 프로는 항상 앞으로 토스를 올리지만 몸을 토스 아래로 잘 가지고 가거나 옆으로 들어가거나 해서 스핀 슬라이스를 적절히 쳐서 위장하고 있다.

앞쪽으로 토스를 올리면 체중이 실려서 위력도 나온다. 네트에 다가가는 것도 빨라진다. 가능하면 우리들은 서브 대 슈퍼맨과 같이 날아서 네트 주변에서 서브를 난 채 칠 수 있으면 속력이 있어 최고의 서브도 가능하다.

▶ 토스도 함께, 치는 것도 함께 하는 리듬으로

테니스를 하는 사람의 실력을 평가할 때는 주로 서브를 본다. 그랜드 스트로크에 비해 서브는 토스도 스스로 올리고 치는 것도 자신이고 혼자라도 연습할 수 있기 때문에 가장 버릇이 생기기 쉬운 샷이다. 모임에 가서 배우거나 코치에게 지도받고 있는 사람은 대개 리듬 있고 볼품좋은 폼이다.

토스도 함께, 치는 것도 함께 하는 리듬으로 시작하여, 라켓을 등 뒤에서 돌리면서 멈추지 않고 치는 것이 서브의 리듬이다. 이 리듬이 서브에는 가장 중요하다. 안정된 서브를 치고 싶으면 항상 이 리듬으로 친다. 어디에도 힘이 들어가 있는 것처럼 보이지 않는 서브의 폼은 화려하다.

▶ 속도가 매력인 플랫 서브의 타구법

플랫 서브는 야구에서 말하는 스트레이트 볼. 뭐니뭐니해도 빨라서 매력적이다. 플랫 서브는 탄환 서브, 캐논 서브라고도 불리듯이 시속 250Km나 내는 프로 선수도 드물지 않다.

플랫 서브는 공을 시계 문자판에 비유하면 바늘의 중심을 치는 셈으로 공을 친다. 빠른 공을 치고 싶으면 세게 때린다고 하는 기분이다. 친다와 세게 때린다의 차이는 친다는 불룩 혹이 생기는 것 같은 상태이고 채찍으로 마음껏 세게 때린다가 서브의 이미지이다.

준비 자세에서 토스를 올려 어깨를 충분히 돌린 상태에서 야구 투수가 공을 던지듯이 어깨를 앞으로 내밀고, 거기에 끌려가듯이 그립 엔드를 공을 향해 날카롭게 라켓을 휘두르면서 타점을 향하는 것이다. 이 때 손목 기능을 사용함으로서 보다 라켓을 빨리 휘두를 수 있고 채찍으로 세게 때리게 되는 것이다.

라켓면은 친 후 사이드 펜스 방향을 보면서 크게 돌아 반대 측에서 끝난다.

서브는 처음에는 천천히 타격 직전에 라켓 스윙이 가장 빨라지는 '처음에는 느리게'의 리듬을 잊지 말자. 그리고 서브에서는 빠른 공을 칠 때와 천천히 칠 때의 폼이 같은 사실에도 주의한다.

▶ 스핀 서브 회전도 자유 자재의 마스터법

공을 인간의 얼굴에 비유하면 스핀 서브는 코를 아래에서 쳐 올리듯이 정말로 코피가 나오려고 하는 그런 라켓면의 히트법이 스핀 서브이다.

플랫은 코를 찌부러뜨리듯이, 슬라이스는 코를 옆에서 탁하고 치듯이 한다. 또한 서브를 가르칠 때는 라켓을 짧게 슬로트 부분을 쥐게 해서 쉽게 칠 수 있는 것부터 시작한다.

스핀 서브는 공에 맞을 때 라켓면은 옆으로 향하게 되고 그립 엔드는 손목에서 상당히 떨어져 있다. 또한 짧게 쥐면 슬라이스 서브에서는 라켓면은 맞을 때 거의 수직으로 서고 타격 후는 그립 부분이 손에 닿는다.

슬라이스 서브와 스핀 서브의 중간이 플랫 서브이다. 스핀 서브는 토스를 머리 위로 올리고 무릎을 충분히 구부린 상태에서 발돋움하면서 공을 브러시 업하고 라켓은 서브 중에서는 가장 크고 멀리 퍼진 폴로 스루가 되지만 손은 남에게 역수를 잡힌 듯이 비틀린다. 폴로 스루는 플랫 서브와 마찬가지로 최종적으로는 반대 사이드에 끝난다. 보다 공에 회전을 걸고 싶다고 생각한다면 폴로 스루에서 라켓을 크게 돌려 요골 지점에 손등을 대도록 하고 연습하자. 그렇게 하면 스핀 서브를 마스터하기 쉽다고 생각한다. 또한 헤비 톱스핀을 걸고 싶으면 그립을 보다 얇게 하는 백핸드 이스턴으로 하는 것도 한 방법이다.

서브 위력이 완전히 바뀌기 시작하는 마스터법

▶ 막대기로 할 수 있는 스위트 스폿과 토스의 습득법

서브를 마스터하는데 막대기를 사용하는 곳도 있다. 구멍이 뚫린 방범 막대기와 같은 것으로 코치 아이디어의 특제 막대기이다.

이것은 서브 연습에 매우 편리하다. 스위트 스폿이 작기 때문에 공을 정말로 똑바로 보지 않으면 잘 맞지 않는다. 이렇게 가늘어도 연습을 반복하면 항상 공은 보통의 라켓으로 친 것과 마찬가지로 서비스 박스에 들어간다.

구멍이 뚫린 통이기 때문에 정확히 맞으면 좋은 소리가 난다. 이것으로 서브가 잘 들어가게 되면 라켓으로 치는 것 정도는 간단 간단하다고 하는 게 된다. 또한 이 통의 톱에 공을 얹어서 토스 연습을 한다. 손으로 쥐고 토스하려고 하면 던지거나 하기 때문에 이 통을 사용한 토스는 향상한다. 그런 토스의 느낌은 마스터하는데 빼 놓을 수 없다.

▶ 자신의 서브 네트를 사용하면 잘 알 수 있다

테니스 코트에 둘러 쳐져 있는 펜스(fence), 이런 고정적인 설비를 이용하는 것은 테니스 숙달에 빼 놓을 수 없다. 이번은 서브에서 사용해 보자.

라켓을 짧게 쥐고 등에 멘 상태 펜스를 향하여 1m 지점에 선다. 플랫 서브를 치면 공은 펜스에 맞고 똑바로 되돌아 온다.

다음에 슬라이스 서브이다. 흔히 슬라이스가 걸린 공은 펜스에 맞으면 옆으로 기듯이 해서 이동한다.

다음은 스핀 서브이다. 네트에 맞은 공은 위를 향해 위세 좋게 올라가기 시작한다.

플랫, 슬라이스, 스핀, 라켓을 들고 당신도 정확한 서브를 치고 있는지 어떤지 체크해 보자. 스핀은 위로 슬라이스는 옆으로이다. 또한 플랫은 그물제의 펜스라면 자신에게 되돌아 온다.

▶ 이상적인 코스에 넣기 위한 겨냥 연습법

네트의 센터 스톱 위에 스트링이 쳐있지 않는 오래된 라켓을 동여

맨다. 플랫 서브로 이 속을 잘 통과시키면 서브는 이상적인 서비스 라인 부근에 들어가도록 세트한다. 대개 네트의 어느 부근을 통과시키면 좋은지를 마스터하기 위한 표준이 된다. 이것은 보는 것만큼 간단하지는 않지만 효과적이다.

▶ 표적에 맞는 연습으로 폴트(fault)가 줄어든다

이것은 흔히 볼 수 있는 서브의 연습 방법이다. 표적은 처음은 50cm 사방의 크기로 가능한 한 소리가 나는 편이 좋다고 생각한다. 소리가 나면 격려가 된다. 서브를 연습하는데 표적을 좁혀서 연습하는 것은 조절을 하는데 있어서 중요하다. 그렇게 해 두면 시합에서 상대의 약점을 노릴 수도 있다.

또한 시합에서는 상당히 압력이 가해진다. 연습에서 대강 노리고 있었던 사람은 폴트가 많아진다. 항상 평소부터 표적을 노리고 긴장하여 서비스 연습할 것을 권한다.

▶ 타점이 낮은 사람 뒤에 있는 사람의 벽 이용법

서브 타점이 불안정한 사람을 교정하는데 펜스를 사용한다. 라켓을 등에 멘 상태에서 공을 펜스에 꽉 눌러 보면 타점이 낮은 사람은 그 낮은 타점이 앞이 아닌 사람도 이 펜스를 사용함으로서 반드시 앞에서 잡게 된다. 혼자서도 할 수 있기 때문에 좋은 결점 교정법이다. 초보자에게 서브를 가르칠 때나 시합 전의 서브 연습으로서도 효과가 있다.

▶ 좋은 서비스 폼을 마스터하고 싶은 사람에게

서브의 폼을 마스터하려고 생각하는 사람이 토스도 스스로 올려서 치게 되면 어렵기 때문에 걱정이 되어 서비스 폼을 만드는 데에 집중할 수 없다. 그래서 토스를 다른 사람, 예를 들면 코치에게 올려 받는 것이다. 토스로 서브의 리듬을 배워 익히고 폼을 굳힌다. 두 가지를 한 번에 마스터하기는 어렵지만 한 가지 뿐이라면 잘 된다고 하는 연습 방법으로 미국에서는 프라이빗 레슨 중에 잘 사용한다.

▶ 초보자라도 즐겁게 리듬을 파악할 수 있는 방법

키가 비슷한 사람끼리 서브 폼을 굳히는데 사용한다. 라켓을 등에 메고 준비에 토스를 올려서 두 사람의 라켓과 라켓으로 타이밍 좋게 토스를 끼운다. 둘이서 리듬을 만들면서 연습하는 즐거운 초보자용 연습 방법이다.

▶ 서브에 위력과 거리가 나지 않는 사람은 어떻게 할까

테니스를 시작한지 4년이 되는 성인이 있다. 1주일에 3회는 클럽에서 동료와 게임을 즐기고 있다.

그러나 항상 서브의 속도가 없고 서브권을 가졌을 때에 서비스 활용을 할 수 없다고 한다.

그래서 게임을 시작하기 전의, 코트나 서브권을 정하는 토스에 이겨도 서브가 아니라 서브 받는 편을 하기로 하고 있다. 서브권을 가지고 있는 쪽이 테니스에서는 절대로 유리한데 아까운 이야기이

서브가 갑자기 변하기 시작하는 재미있는 연습법①
막대기로 토스를 올린다. 막대기로 친다

통모양의 막대기를 준비해서 라켓 대신에 그 막대기로 서브를 친다. 토스 연습에 사용할 경우는 막대기 끝에 공을 얹어 똑바로 올려 가도록 한다.

서브가 갑자기 변하기 시작하는 재미있는 연습법②
네트에 맞혀서 회전을 본다

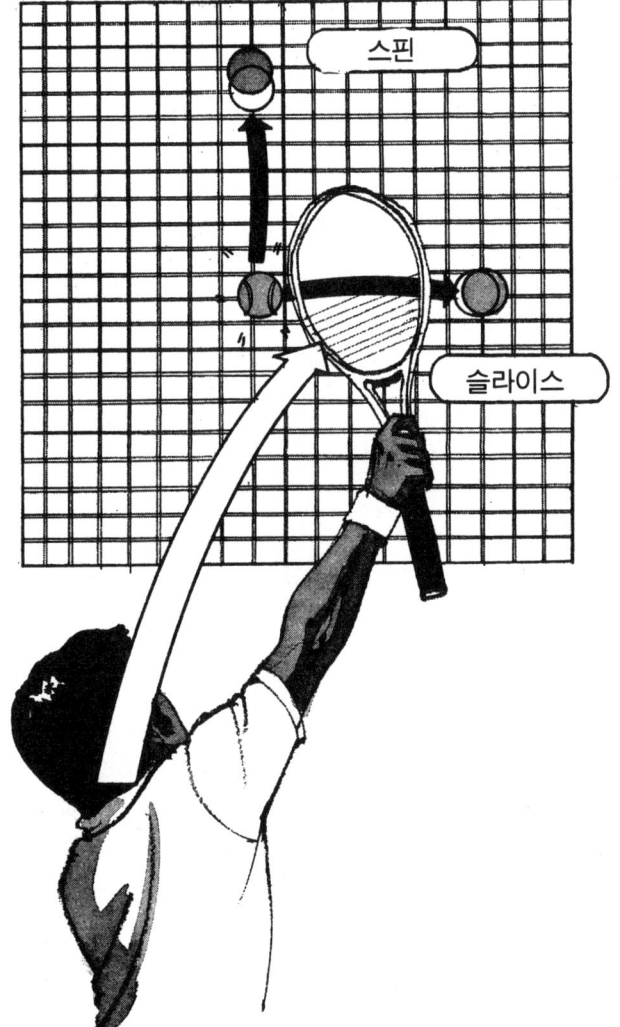

라켓을 짧게 쥐고 등에 메고 네트로부터 1m 떨어진 지점에서 서브를 친다. 플랫이라면 똑바로 되튀고 스핀은 위로 슬라이스는 옆으로 공이 움직인다.

서브가 갑자기 변하기 시작하는 재미있는 연습법③
오래된 라켓 프레임을 통과시킨다

네트의 센터 스트랩 위에 오래된 라켓 프레임을 동여매고
서브를 통과시킬 수 있도록 연습하면 노리는 위치의 표준이 된다.

서브가 갑자기 변하기 시작하는 재미있는 연습법④
50cm 사방의 표적을 노린다

서비스 라인 부근에 50cm 사방
정도의 표적을 놓고 그것을 겨냥해서
서브를 친다. 소리가 나는 표적이
더욱 좋다.

서브가 갑자기 변하기 시작하는 재미있는 연습법⑤
토스를 벽과 라켓으로 끼운다

서브의 타점을 앞에서 잡아 타점의 낮음을 자각할 수 있는 방법
라켓을 등에 메고 나서 토스를 올려 공을 벽에 꽉 누른다.

서브가 갑자기 변하기 시작하는 재미있는 연습법⑥
타인이 올린 토스를 친다

서브의 폼을 마스터하기 위해서 토스는 다른 사람에게 올려 받는다.
토스로 리듬을 익히고 폼을 굳힌다.

서브가 갑자기 변하기 시작하는 재미있는 연습법 ⑦
토스를 올려서 둘이서 끼운다

초보자용의 서브 연습법. 같은 정도의 신장의 두 사람이 라켓을 메어 두고 올린 토스를 서로의 라켓으로 끼운다. 리듬을 만들면서 연습하면 좋다.

서브가 갑자기 변하기 시작하는 재미있는 연습법⑧
맞은편 펜스까지 쳐 넣는다

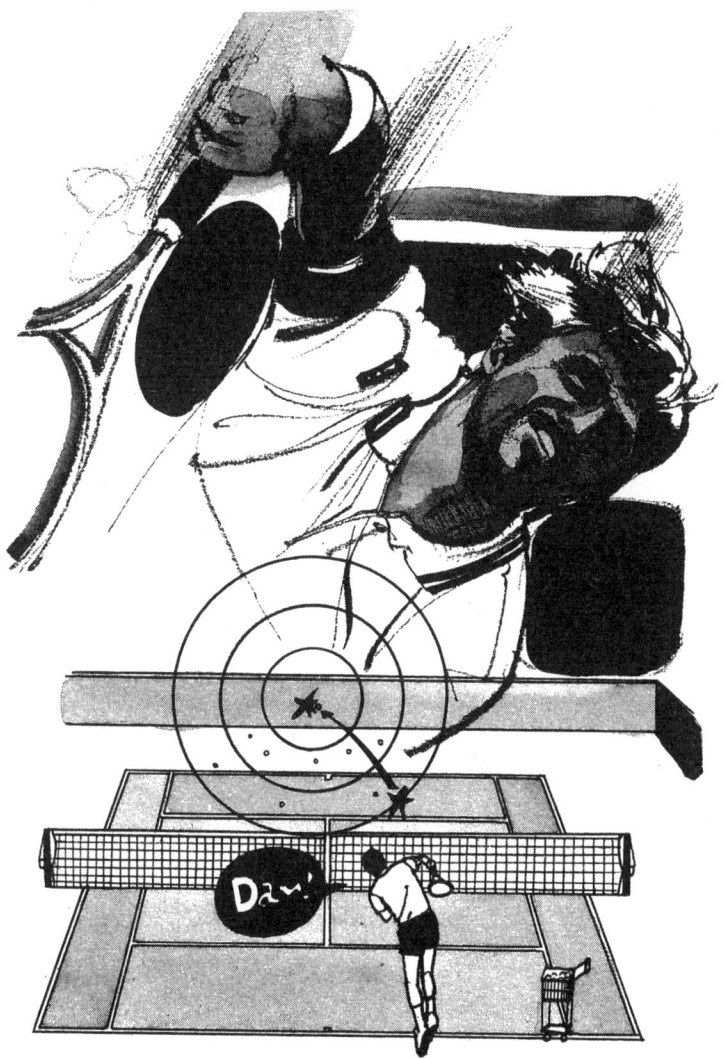

서브에 위력이 없는 사람은 코트 맞은편의 펜스에 정확히 맞도록
연습한다. 멀리 날릴 수 있게 되면 위력있는 서브를 칠 수 있게 된다.

다.

　그래서 그녀에게 그 서브를 쳐 보도록 했다. 정말로 위력이 없다. 몸 전체를 사용해서 치고 있기는 하지만 손과 라켓이 1개의 막대기가 된 것 같이 딱딱하고 몸 전체로 달려들 듯이 치고 있는 것이다.

　그 성인에게 '라켓과 손이 1개의 막대기가 아니고 손목, 팔꿈치를 부드럽게 해서 채찍을 휘두르듯이 하지 않으면 속력이 나지 않아요' 라고 주의를 주었다. 그리고 코트 맞은편의 펜스까지 공을 쳐 보라고 말했다. 그녀는 힘을 주어 펜스까지 날리려고 하지만 베이스 라인 근처가 고작이다. 백 펜스까지 서브가 닿게 되면 가르치겠다고 말하고 그 날은 끝마쳤다.

　몇일 후 그녀의 공이 펜스까지 닿았다는 소리를 들었기 때문에 다시 레슨을 시작하기로 했다. 서브를 하고 있는 폼은 부드러워지고 과연 펜스까지 닿고 있다.

　서브를 빨리 하고 싶으면 손목 팔꿈치를 부드럽게 해서 채찍을 휘두르듯이 치는 것이 중요하다. 날리려고 아무리 힘을 주어도 멀리 날릴 수 없다. 또한 서비스 상자에 넣는 서브라도 백펜스 정도 베이스 라인에서 쳐 똑바로 날리는 위력있는 공을 넣도록 하는 것이 서브에서는 중요하다.

제2장

치고 되받아 치기만 하는 테니스로부터 완전 탈출, 새로운 타법

공격의 리턴과 리턴 대시

▶ 리시브 어디에서 어떻게 준비할까?

리시브(receive)의 위치는 다음 공격을 생각하면 베이스 라인의 바로 위 부근이 이상적이다. 너무 베이스 라인으로부터 떨어져 있으면 잘 움직여도 다음의 공격이 늦어져 버린다. 베이스 라인보다 훨씬 물러나지 않으면 공을 받아칠 수 없는 빠른 서브 때는 먼저 되받아치는 것이 중요하다. 그래서 물러나 되받아치지만 리턴을 되받아칠 수 있었다면 가능한 한 베이스 라인 부근에서 준비한다. 그렇게 함으로서 각도 있는 서브의 리턴도 가능해진다. 이것은 베이스 라인 부근을 가장 좋은 위치로서 상황에 따라 서는 위치를 바꾸는 것이다.

준비할 때는 정면을 향해 서브가 앞으로 와도 뒤로 와도 대처할 수 있도록 해 둔다. 몸을 좌우로 움직여 두고 상대가 서브를 하기 직전에 가볍게 점프한다. 이것은 게임 중의 스플릿(split) 스텝과 마찬가지로 오른쪽으로도 왼쪽으로도 곧 움직일 수 있도록 해 둔다. 또한 최근에는 준비할 위치로부터 1보 앞으로 나가서 가볍게 점프하고 체중을 앞으로 이동해서 보다 공격적인 리턴을 시험해 보는 선수도 늘어났다.

리턴에서 중요한 것은 상대 서브의 일거수 일투족을 체크해서 가능한 한 빨리 상대 서브의 코스를 간파하는 것이 우선이다.

▶ 리턴의 코스는 여기까지 생각한다

리턴은 상대에게 예상당하지 않도록 치는 것이 기본이다. 물론 리턴에서도 단번에 리턴 에이스를 잡을 수 있으면 그것이 제일이지만 좀체로 그렇게는 되지 않는다. 그래도 싱글스에서는 코스도 가득 있다.

그러나 더블스는 코트를 둘이서 지키고 있기 때문에 실제로는 리턴을 치는 코스라고 하는 것은 한정된다. 그래서 상대에게 예상당해도 리시버(receiver)가 불리해지지 않는 코스는 어디인지를 생각한다. 여러 가지 생각할 수 있다.

로브를 올리는 것, 앵글로 치는 것, 사이드를 공략하는 것, 그러나 기본은 크로스로 낮게 발밑으로 가라앉는 듯한 리턴을 치는 것이다.

네트의 중심은 91.4cm로 낮게 되어 있다. 그곳을 노리고 치면 서브에 이어서 네트로 다가 온 서버의 발밑으로 공이 돌아 온다. 여기에 되받아 침으로서 첫 발리가 느슨하거나 하는 것을 공격으로 연결시키도록 하자.

또한 크로스로만 되받아 치면 반드시 서버의 네트맨은 포치로 나오게 되기 때문에 측면도 공략한다고 하는 위협을 기억해 둔다. 또한 틈을 봐서 로브를 올리고 앞으로 다가가는 것도 중요하다. 톱스핀 로브(lob)는 네트맨을 잘 넘기면 포인트는 틀림없다.

▶되받아 치기와 풋워크(footwork)

상대의 공이 느슨한 찬스 공이라면 리시브 때라도 즉시 네트로 다가가야 한다. 네트로 다가감으로서 공격의 폭은 넓어지고 상대에게도 상당한 압력을 가할 수 있다. 싱글스와 더블스에서는 되받아 치기의 코스도 네트로의 접근 방법도 약간 다르지만 리턴앤드 대시는 다음 상대의 공은 어디로 치면 어느 코스로 되쳐질 것인지 항상 생각하고 돌진해야 한다.

리시브를 가능한 한 높은 타점에서 치면 보다 공격적이 되고 네트로 다가가는 것도 빨라진다. 친 후 곧 앞으로라고 하는 것보다 치면서 앞으로 다가간다.

돌진하고 앞으로 다가가면 상대의 받아친 공을 보기 위해서 스플릿 스텝하는데 스플릿 스텝은 양발이 체중을 똑같이 싣고 무릎을 구부려서 발끝에서부터 가볍게 탁하고 점프해서 멈춘다. 조금 앞으로 기울어지게 되지만 그렇게 함으로서 상대의 공이 오른쪽으로 와도 왼쪽으로 와도 재빨리 대처할 수 있다.

리시브와 돌진을 가끔 함으로서 서버에게 엉성한 서브라면 공격당해 버린다고 하는 긴장을 항상 품게 해서 서브에서 무리를 하게 된다.

▶ 빠른 서브, 높은 바운드는 슬라이스로 되받아 친다

빠른 서브를 톱스핀으로 마음껏 되받아치는 것은 상당히 어려운 기술이다. 그래도 아직 포어핸드는 괜찮지만 백핸드 그것도 높은 바운드의 공은 고등 기술이라고 말할 수 있다. 이와 같은 빠른 공이나 바운드가 높은 공의 처리에 슬라이스를 흔히 사용한다. 빠른 서브는 서버의 발밑으로 낮게 가라앉혀 두면 어쨌든 공격당하지 않기 때문에 먼저 치고 찬스를 기다림으로서 그런 때에 슬라이스를 사용한다. 포어핸드의 슬라이스는 발리로 공을 치는 상상을 하자. 라켓면을 세우고 공을 블럭하듯이 해서 앞으로 조절하면서 되받아 친다.

빠른 서브라면 지금의 타법 그대로라도 좋다. 그러나 조금 느린 서브라면 조금 더 테이크 백을 취해서 라켓을 오픈으로 조금 높게 테이크 백하고 간편한 지점에서는 발리와 같이 조금 라켓 헤드를 세워 공에 지지 않도록 앞으로 밀어 조절한다.

백핸드는 어깨를 충분히 돌려서 라켓 헤드를 오픈으로 준비하고 그립 엔드부터 공을 향한다. 타점은 상당히 앞으로, 타격 지지 후, 라켓은 조금 낮아지고 그리고 오픈 페이스를 피니시한다.

▶기회가 있으면 톱스핀을 사용한다

예전에는, 리시브는 거의 방어적인 샷이라고 생각되어 서버의 발밑에 낮게 가라앉히듯이 쳐서 다음 기회를 기다린다고 하는 것이 하나의 패턴이었다. 그런데 최근의 수준급의 테니스를 봐도 알 수 있듯이 되받아 치기라도 기회가 있으면 톱스핀으로 과감히 되받아 치고 있다. 리턴도 방어에서 공격으로 바뀌고 있다. 상대가 서브 앤드와 발리로 서버(server)의 발밑으로 또는 측면으로 리턴해서 상대의 발리를 격파하려고 하는 것이다.

톱스핀의 포어핸드는 오픈 스탠스로 타점을 상당히 앞에 잡고 공에 올라타듯이 친다. 높은 타점에서 치므로 마지막에는 라켓면은 조금 밀착된 듯이 끝난다. 백핸드의 톱스핀은 어깨 너머로 공을 볼 수 있도록 어깨를 잘 돌린다. 톱스핀을 치기 위해서, 라켓 헤드는 타점보다 낮은 위치에서 타점을 향한다. 허리를 고정하고 그립 엔드부터 간편한 지점으로 향한다.

타구 후는 라켓을 치는 방향으로 던지듯이 하고 어깨도 허리도 그다지 돌리지 않도록 하는 점에 주의한다. 이 때 오픈 스탠스는 가능한 한 피한다.

리시브 어디에서 준비하고 어떻게 되받아 칠까

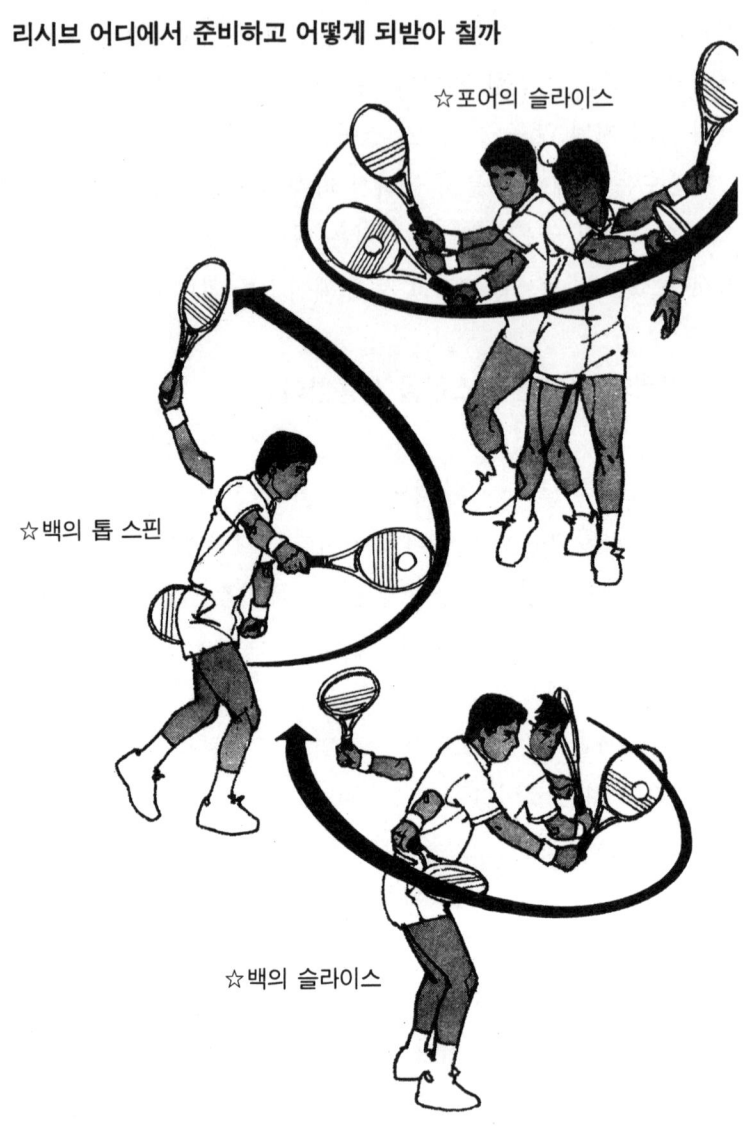

제2부 / 테니스의 기본기술 355

☆베이스 라인 전후에서 준비한다.

☆포어의 톱스핀

리시브의 위치는 베이스 라인 부근을 기본으로 상대의 서브에 맞춰서 전후한다. 정면을 향해 상대의 서브 직전에 가볍게 점프해서 좌우 어느 쪽으로도 움직일 수 있도록 한다.

리턴 앤드 대시는 이렇게 움직인다
(싱글스와 더블스의 비교)

☆스플릿 스텝

☆싱글스의 접근 방법

제2부 / 테니스의 기본기술   357

☆더블스의 접근법

리턴 앤드 대시할 때는 치면서 앞으로 다가가는 느낌. 앞으로 다가가면 스플릿 스텝을 밟아서 다음의 되친 공이 좌우 어느 쪽으로 와도 대응할 수 있도록 한다.

▶ 상대의 허를 찌르는 로브의 리턴

리시브는 상대에게 코스를 예상당하지 않도록 치는 것이 중요하고 그 중에서도 로브(lob)의 되받아 치기는 상대에게 읽혀 버리면 스매시로 이제 완전히 포인트를 잃게 되므로 주의해야 한다.

상대가 서브와 발리로 빈번히 네트로 다가온다든가 가끔씩은 의표를 찌르는 경우에 로브를 사용한다.

로브에는 플랫 로브, 슬라이스 로브, 톱스핀 로브가 있지만 대부분이 방어적이고 공격적인 것은 톱스핀 로브이다.

톱스핀 로브는 맞히는 타이밍이 어렵지만 잘 먹혀 들면 리턴에서도 치지 않고 포인트를 얻을 수 있다.

포어의 톱스핀 로브는 라켓면을 공의 아래 부분에 비스듬히 맞히도록 하고 공을 급격하게 다시 친다. 톱스핀 회전을 거는데 오픈 스탠스로 치면 보다 걸기 쉽다. 슬라이스 로브는 라켓면을 공에 맞히기 전에 밀어 넣도록 하면 간단히 슬라이스 로브가 된다.

백의 톱스핀 로브는 스탠스를 클로즈드 스탠스로 하고 어깨를 충분히 돌려서 그립 엔드부터 타점을 향하고 손목을 충분히 사용해서 공을 라켓면으로 다시 친다. 피니시에서 라켓면이 오픈 피니시가 된다.

▶ 싱글스, 더블스, 리턴의 차이

싱글스 게임과 더블스 게임에서는 리턴 코스가 상당히 달라진다. 싱글스에서는 아무래도 혼자서 넓은 코트를 지키기 때문에 사이드에서 사이드로 겨냥을 하게 된다. 사이드로 리턴함으로서 리턴이 결정구가 되거나 되돌아 와도 다음에 틈이 생기기 쉬워진다. 또한 네트의 낮은 센터 발밑으로 되받아 치는 것도 가능하기 때문에 싱글스의 리턴은 간단하다. 그리고 서버에게 한 번으로 결판낼 수 없는 리턴을 해 두면 리시버에게도 찬스가 있다고 하는 것이다.

거기에 비해 더블스에서는 네트맨이 항상 서 있고 둘이서 코트를 지키고 있기 때문에 기본은 크로스로 친다고 하는 것이 된다. 그것도 발밑으로 가라앉는 리턴을 되받아 쳐야 한다. 서버가 네트로 다가와도 로 발리, 하프 발리를 치지 않을 수 없고 크로스 리턴은 네트의 가장 낮은 부분을 지나가기 때문에 더블스는 크로스라고 하는 것이 된다. 또한 파트너의 움직임에 따라서 더블스는 로브 패스도 생각할 수 있지만 원칙은 서버의 발밑으로 먼저 리턴이다.

반드시 적을 몰아 붙이는 어프로치 샷

▶치면서 앞으로 다가가는 어프로치의 요령

어프로치 샷은 네트로 나가기 위해서 치는 샷으로 상대의 되돌아오는 공이 짧고 베이스 라인 안쪽에서 같은 때에 사용한다. 네트로 나가서 결판내기 위한 준비 단계이기 때문에 다음에 상대의 되친 공이 어디로 올지를 항상 생각하고 지키기 쉬운 곳으로 쳐야 한다. 어프로치 샷에는 일반적으로 조절이 하기 쉽고 바운드가 낮아지는 슬라이스를 사용하지만 찬스 공은 톱스핀으로 과감히 하드 히트(hard hit)해도 좋을 것이다.

그래도 톱스핀으로 치면 바운드도 슬라이스보다는 높아져서 상대도 높은 타점에서 패스를 쳐 오게 되므로 주의해야 한다.

어프로치는 보통 다운 더 라인을 노리고 치면 다음의 되친 공의 가능 범위를 쉽게 지킬 수 있다. 그러나 만일 크로스로 치면 되친 공의 가능 범위의 한가운데로 지키러 가는데 조금 시간이 걸리게 되기 때문에 패스당하기 쉽다고 한다. 그래도 상황에 따라, 상대의 약점 정도에 따라 다르다.

어프로치 샷은 가능한 한 높은 타점에서 잡아 치면서 앞으로 다가 간다. 앞으로 나가면 스플릿 스텝으로서 항상 다음 되받아 치는 공에 대처한다.

▶ 앞으로 나가면 반드시 스플릿 스텝을 밟는다

어프로치 샷을 치고 즉시 앞으로 나가면 상대의 되받아 치는 공에 대비해서 스플릿 스텝을 밟아 포어로 와도 백으로 와도 칠 수 있도록 해 둔다. 발끝부터 착지해서 양발에 균등하게 체중을 싣고 탁하고 가볍게 멈춘다.

상대가 공을 되받아 칠 가능 지역에 들어가서 상대의 대수롭지 않은 동작으로 어느 코스로 되쳐 올지를 간파하는 것은 마치 야구의 도루왕이 사소한 피처의 버릇을 간파하고 도루하는 것과 완전히 똑같은 것이다. 만일 이 스플릿 스텝을 하지 않고 오른발에 체중이 실려 있으면 왼쪽으로 온 공은 거의 되치기가 불가능하고 왼쪽에 체중이 실려 있었을 경우는 오른쪽으로 온 공을 되받아칠 수 없을 것이다.

상대가 로브를 올리려고 했을 경우는 즉시 물러나지만 패스인지 로브인지 판단할 수 없을 경우는 일보 물러가서 만일 로브가 올려져도 곧 대처할 수 있도록 해 둔다.

스플릿 스텝은 적의 공격이 오른쪽인지 왼쪽인지 모를 때에 밟는,

테니스에는 빼 놓을 수 없을 스텝이다.

▶바나나 슛이야말로 이상적인 어프로치 샷

어프로치는 슬라이스로라고 생각하고 테이크 백에서 라켓면을 오픈으로 하고 슬라이스를 치고 앞으로 나가지만 친 공은 회전이 지나치게 걸려서 부웅 올라가 버린다. 들어가기는 들어가지만 느리고 바운드가 높아져서 그곳을 맞아 버린다고 한다.

그것은 슬라이스를 걸려고 지나치게 의식해서 공을 라켓으로 너무 얇게 치고 있기 때문이다. 포어의 어프로치는 테이크 백을 높게 오픈으로 취하고 타점에서는 공의 안쪽을 거의 플랫으로 맞혀 앞으로 꽉 누르듯이 인사이드 아웃으로 치는 것이다. 그렇게 함으로서 공에는 조금 사이드 스핀이 걸려서 코트에 낙하 후 사이드 라인으로부터 떨어져서 달아나듯이 낮게 바운드한다.

어프로치 샷을 치면 공이 떠 버려서 반대로 공격당하는 경우가 있다. 그것은 공에 슬라이스를 걸려고 위에서 아래로 치는 추과 같이 치기 때문에 공은 회전이 많이 걸리고 있는 만큼 떠 버려서 크게 바운드하는 것이다.

어프로치 샷은 축구의 바나나 슛과 같이 커브해서 코트로부터 떨어져 가듯이 치면 상대를 달리게 하는데 효과적이다.

▶백핸드에는 카리오카(carioca) 스텝으로

테니스 레슨에는 상대에게 알기 쉽게 하기 위해서 여러 가지 표현이 사용되고 있다. 미국에서는 백핸드 어프로치를 가르칠 때에 카리

네트를 잡는 어프로치 샷(포어)

☆스플릿 스텝

제2부 / 테니스의 기본기술   363

테이크 백을 높이 오픈으로
취하고 타점에서는 공의 안쪽을
거의 플랫으로 맞혀서 앞으로
밀어 넣듯이 인 사이드 아웃으로
친다. 친 후 스플릿 스텝을
밟는다.

네트를 잡는 어프로치 샷(백)

제2부 / 테니스의 기본기술   365

☆카리오카 스텝
☆스플릿 스텝

어깨를 충분히 돌려서 슬라이스로 친다. 공을 어깨 너머로 보고 상반신부터 쓰러지듯이 공을 향한다. 라켓은 공의 안쪽을 쳐서 인사이드 아웃으로 한껏 휘두른다.

오카(cartioca)를 사용한다. 카리오카란 남미의 춤으로 백핸드 어프로치를 칠 때에 바로 이 춤의 풋워크를 사용한다. 백핸드 어프로치는 어깨를 충분히 돌리고 슬라이스로 치는데 테이크 백을 높게 오픈으로 취한다. 공을 어깨 너머로 보고 상반신부터 쓰러지듯이 공을 향한다. 타점은 몸보다 앞이고 라켓면은 공 안쪽을 히트하고 인사이드 아웃으로 라켓을 휘둘러 뺀다. 상반신부터 쓰러지면 균형을 잃기 때문에 왼발이 오른발 뒤 받치듯이 한 번 이동한다. 그리고 다 친 후 오른발 앞으로 나간다. 2번 수고와 같은 풋워크이지만 이것을 카리오카 스텝이라고 한다.

백 앤드 어프로치의 피니시에서는 라켓의 톱 헤드 부분에 눈이 가 있고 라켓 페이스는 오픈인 채 라켓의 눈은 공을 보고 있다고 하는 타구법이다.

▶ 간파당하지 않는 위장의 방법

상대의 대수롭지 않은 동작을 보고 다음에 무엇을 해 올까라고 판단하는 재료로 흔히 사용한다.

게임 중에 네트로 다가갔을 때에 상대가 다음에 치는 공은 무엇일까 체크해야 한다. 로브인지 패스인지를 보다 빨리 판단해서 대처하는 그것이 실력자이다.

이 실력자를 이기기 위해서는 어프로치 샷도 이제부터 어프로치 샷을 친다고 하는 폼으로 치고 있으면 효과는 별로 기대할 수 없다.

드롭 샷은 네트 주변에 똑 떨어뜨리는 샷. 어프로치 샷은 깊게 치는 샷으로 대조적이지만 폼은 타격 직전까지 거의 같다. 테이크 백은 오픈 페이스로 타격 직전까지 같고 어프로치는 두껍게 공에 맞히고 드롭 샷은 공에 얇게 맞힌다. 이것을 이용해서 가능한 한 상대에게 눈치채이지 않도록 모방해서 어프로치 샷을 치면 효과적이다.

상대의 의표를 찌르는 드롭 샷

▶공의 껍질을 벗기듯이 속도를 줄인다

랠리(rally)의 응수 중에서 상대의 의표를 찌르는데 드롭 샷을 사용한다. 드롭 샷은 상대가 베이스 라인 선수로 네트 경기를 질색하고 있는 경우나 상대의 리듬을 무너뜨리기 위해서 흔히 사용한다. 그러나 이 샷은 빈번히 사용할 것은 안 된다. 치는 것을 상대에게 들켜 버리면 역습당해 버린다.

드롭 샷은 공을 친다고 하는 것보다 날아 온 공의 속도를 완전히 빼앗고 반대로 역회전을 걸어서 네트 주변에 떨어뜨린다고 하는 기술이다. 공의 껍질을 벗기듯이 치는 것이다. 라켓을 테이크 백에서 높이 오픈 페이스로 당긴다. 라켓면이 공에 닿은 것을 조금 앞쪽으로 잡아당기도록 해서 라켓면을 아래로 미끄러뜨리는 것이다. 그 때 역회전이 걸린다.

어프로치 샷은 공에 맞힌 그대로의 면으로 앞으로 밀어 넣는다고 하는 느낌이다. 역회전이 걸린 공은 상대 코트에서 멈추든가 회전이 잘 걸려 있으면 바운드 후 되돌아 온다.

시합 중에 드롭 샷을 사용하는 것은 맞바람 때, 느린 코트 때, 상대에게 피로가 보였을 때 앞뒤로 달리면 특히 지치기 쉽다.

또한 드롭 샷을 쳤을 때는 반드시 앞으로 다가가는 것도 잊지 말자. 그리고 드롭 샷은 베이스 라인에서 치는 것이 아니고 어프로치와

드롭 샷 어떻게 속도를 죽일까?

☆공의 껍질을 벗기는 듯한 느낌으로
  속도를 완전히 뺏는다.

제2부 / 테니스의 기본기술 369

테이크 백은 높이 오픈 페이스로 잡아 당긴다. 라켓에 공이 닿은 것을 조금 자기 앞쪽으로 잡아 당기듯이 하고 나서 라켓면을 아래로 미끄러뜨려서 역회전을 건다.

마찬가지로 조금 짧은 공이 상대로부터 되돌아 왔을 때에 사용한다.

▶ 언제, 어디로 치면 가장 효과적일까?

싱글스의 시합에서는 드롭 샷을 흔히 사용한다.

상대가 베이스 라인 선수로 네트로 다가오는 느낌을 가질 수 없었다면 네트 경기가 서투르다고 생각해도 틀림없다. 드롭 샷을 쳐서 앞으로 끌어 내 네트 경기를 시킨다.

직전의 시합에서 3세트의 풀세트를 싸우고 온 상대에게도 드롭 샷은 유효하다. 로브와 드롭 샷을 섞으면 대개의 선수는 항복해 버린다. 보통의 사람은 좌우로 달리는 것은 익숙해져 있지만 앞뒤로 달리게 되면 이야기는 달라진다. 좌우라면 백구도 칠 수 있는 사람이라도 앞뒤라면 30구도 못 친다. 어려운 기술인 것이다.

따라서 장년의 시합은 드롭 샷과 로브의 응수이다. 자신이 가장 싫어하는 코스를 상대하고 있다. 이것이 게임에 이기는 비결이다.

드롭 샷을 치는데 이제부터 친다고 하는 폼은 상대에게 먼저 달리게 해서 의미가 없다. 어프로치 샷과 드롭 샷은 같은 슬라이스계의 공이기 때문에 공에 라켓이 닿기 직전까지 같은 폼으로 할 수 있다. 어프로치는 베이스 라인 가까이에 칠 것, 드롭 샷은 네트 주변에 떨어뜨릴 것 등 완전히 반대이다. 그것을 가능한 한 모방해서 침으로서 효과가 달라진다. 드롭 샷도 어프로치 샷도 베이스 라인에서 치는 것이 아니라고 하는 점도 마찬가지이다.

드롭 샷도 친 후 앞으로 다가간다. 그렇게 함으로서 상대가 친 공을 처리할 수 있다. 드롭 샷의 공은 낮게 멈추게 되므로 네트가 마음에 걸려 하드 히트하는 것은 어렵고 상대도 역시 드롭 샷의 가능성이 높다.

▶ 드롭 샷의 간단한 마스터법

드롭 샷은 라켓면으로 공의 속도를 흡수하고 역회전을 걸어서 상대 코트에 얕게 넣는다. 그러나 만일 속력의 흡수에 실패하면 상대 코트에 크게 들어가게 되어 완전한 상대의 찬스 공이 되어 상대의 포인트를 올리게 된다.

반대로 슬로 공은 역회전을 충분히 걸어서 날릴 뿐으로 공의 속력을 흡수할 필요는 없다. 그런 의미에서는 슬로 공 쪽이 드롭 샷은 걸기 쉽다. 그래도 시합에서 이기기 위해서는 느린 공의 처리만 할 수 있어도 안 되기 때문에 빠른 공을 드롭 샷으로 되받아 치는 방법을 완전히 익히자.

드롭 샷을 마스터하기 위해서는 드롭 발리를 먼저 마스터하는 편이 훨씬 간단히 마스터할 수 있다. 제대로 드롭 발리를 할 수 있게 되면 원 바운드의 공을 드롭 샷과 같이 치고 되돌아 오는 공을 왼손으로 잡는 연습을 반복한다. 그 자리에서 왼손으로 잡을 수 있을 만큼 언더 스핀이 걸려 있으면 이제 괜찮을 것이다.

열세(劣勢)를 단숨에 뒤집는 로브

▶ 방어용, 공격용 어떻게 적절히 사용할까?

로브는 상대가 완전한 공격 태세에 들어간 상황을 격파해서 형세를 역전하는데 빼 놓을 수 없는 샷이다. 로브는 방어용과 공격용의 2종 류로 나눠진다.

　방어용은 상대의 공격을 받고 공을 받아치는 것이 고작이라고 하는 경우에 올리는 로브로 슬라이스 로브를 사용한다. 이 경우 불리한 태세를 재정립하기 위한 시간 벌이의 깊고 높은 로브를 올린다. 잘 되면 네트 포지션을 회복하는 것도 가능한다.

　또한 플랫 로브나 슬라이스 로브라도 상대의 머리 위를 넘는 것 같은 공격적인 로브도 올릴 수 있다. 톱스핀 로브는 완전히 공격의 로브로 일반적으로 여유가 있을 때에 친다. 톱스핀 로브로 상대 네트맨의 머리 위를 잘 넘길 수 있으면 바운드 후 공이 달아나듯이 튀기 때문에 이제 아무리 쫓아가도 받아 치는 것은 불가능하다. 또한 상대에게 만일 스매싱당하는 경우가 있어도 회전이 굉장하기 때문에 상대를 교란시켜서 미스 히트하기 쉽다.

　로브는 많은 클럽 선수가 소극적인 샷을 생각하고 있는 것 같지만 공격용과 방어용을 적절히 잘 사용함으로서 일타 역전의 대 홈런과 같은 쇼크를 상대 선수에게 줄 것이다.

▶싱글스, 더블스 효과적 타구법

　더블스에서는 흔히 리시브에서 로브를 사용한다. 먼저 제일 많이 사용되는 것이 네트맨의 머리 위를 넘기듯이 올리는 것으로, 이것은 네트맨이 빈번히 포치로 나오는 상대이거나 상대 네트맨이 위의 공이 질색이거나 했을 경우에 작전적으로 많이 사용하는 것이다.

　또한 서브 앤드 발리로 서버가 네트로 다가오는 경우도 높은 슬라이스 로브를 올리거나 세컨드 서브에서 네트로 다가오는 상대라면 공격적 로브를 올린다. 또한 서브가 빠르거나 어려운 코스로 들어간 서브의 처리에도 로브를 사용한다. 이것은 높이 올려서 그 자리를 모면하는 것이다. 로브도 깊고 높으면 치기 어려워서 효과적이다.

로브에서 중요한 것은 타이밍이다. 상대가 칠 준비가 충분한 경우는 어떤 좋은 로브라도 당해 버린다. 로브는 상대가 앞으로 나가려고 한 그때 또는 허점을 노린다.

또는 백사이드로 올리면 자신있는 사람은 없다.

싱글스에서는 먼저 격렬하게 네트로 다가오는 사람에게는 백사이드로 깊은 로브를 올린다. 랠리라도 리듬이 상대 페이스가 되고 있는 경우에도 로브를 사용하면 유효하다. 페이스를 타고 있을 때에 깊고 느린 로브는 싫기 마련이다.

▶공격의 로브라면 톱스핀 어째서일까?

로브라도 공격할 수 있다고 하는 것이 톱스핀 로브이다. 공에 격렬하게 순회전이 걸려 있기 때문에 네트맨 위를 넘으면 급격히 낙하해서 베이스 라인 가득히 들어가는 샷이 된다. 네트맨을 넘어 버리면 이제 아무리 쫓아가도 앞지르는 것은 어렵다. 공은 살아 있는 것처럼 바운드한다. 그것이 톱스핀 로브이다.

그랜드 스트로크의 톱스핀에 비해 회전량도 많고 공이 그리는 호(弧)도 포물선에 가까워진다.

톱스핀 로브는 라켓을 아래에서 위로 급각도로 휘둘러 올려서 스핀 회전을 얻는 것이지만 공이 수레바퀴, 라켓이 수레바퀴라고 하는 이미지로 다시 친다. 빨리 라켓을 휘둘러 올리면 회전도 많아진다. 라켓 헤드를 공보다 낮게 떨어뜨려서 클로즈드 페이스의 상태에서

3종류의 로브 흐름을 바꾸는 타법

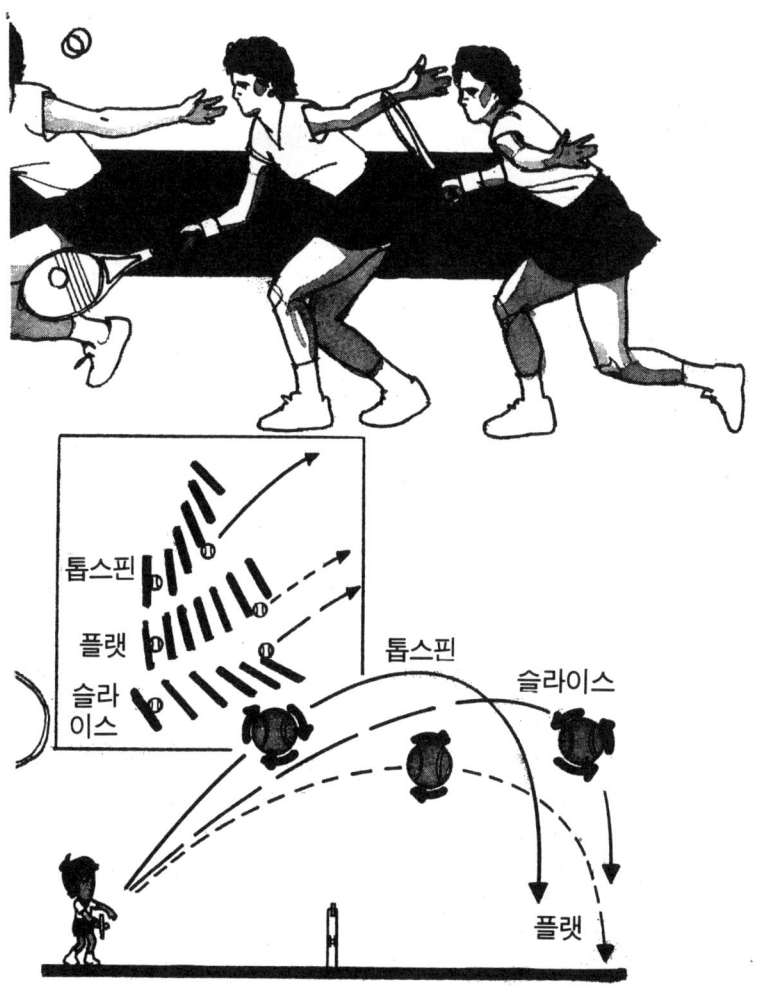

로브는 상대에게 절대로 간파당하지 않도록 머리 위를 넘겨 준다.
3종류의 로브를 공격용과 방어용으로 적절히 사용한다. 특히 스핀
로브는 공격적 로브이다.

공격용 톱스핀 로브는 이렇게 친다

☆백은 클로즈드 스탠스

포어는 라켓면을 공의 아래 부분에 비스듬히 맞히듯이 비벼 올린다.
백은 어깨를 돌려서 그립 엔드부터 타점을 향해 손목을 사용해서
비벼 올린다.

☆포어는 오픈 스탠스

어려울 때에 큰 효과인 슬라이스 로브

슬라이스 로브는 방어용에 흔히 사용한다. 이 경우 시간 벌기로 깊고 높은 로브를 올린다. 라켓면을 오픈 기미로 공에 맞혀서 앞으로 밀어 넣도록 한다.

공 아래를 치는 셈으로 절대 손목을 주물럭거리듯이 치지 않는다. 피니시에서 라켓 페이스는 오픈 페이스, 칠 때에는 무릎도 충분히 사용한다. 스탠스는, 포어는 오픈 스탠스로 치면 급격히 다시 치게 되므로 날기 쉽고 백핸드는 클로즈드 스탠스를 권한다. 톱 스핀 로브는 벽 앞에 서서 스윙 연습을 하면 라켓 워크를 마스터하는데 효과적이다.

▶ 공격당한 긴급시에는 슬라이스 로브를 사용하라

슬라이스 로브는 상대의 공격을 자꾸자꾸 당해서 궁지에 몰렸을 때에 올리는 디펜스 로브(defense lob)이다. 테이크 백도 거의 취하지 않아도 칠 수 있기 때문에 긴급한 경우에 도움이 된다.

슬라이스를 걸려고 하지 말고 면을 오픈으로 잘 만들어서 공을 앞으로 밀어 올리도록 한다. 조절을 잘 하고 싶으면 폴로 스루를 확실히 취한다. 슬라이스 로브도 타이밍 좋게 올리면 노터치 에이스의 로브가 되는 경우도 있다. 자세를 재정립하고 싶으면 가능한 한 면을 위로 향하고 높이 올려서 시간을 번다.

절대로 포인트로 하는 스매시

▶ 먼저 공의 낙하점으로 들어갈 것

차와 차가 충돌하는 것을 '스매시했다'고 한다. 스매시(smash)는 격렬하게 부딪친다고 하는 의미이지만 테니스의 스매시는 머리 위에서 격렬하게 때리기 때문에 '오버 핸드 스매시'라고 한다.

스매시를 잘 치기 위해서는 먼저 공의 낙하점으로 들어가는 것이다. 야구의 외야수가 공의 낙하 위치를 재빨리 판단하고 포지션으로 들어가는 이 요령으로 공 밑으로 들어간다. 라켓은, 화살을 쏘기 위해서 활시위를 당기는 이미지로 잡아 당기면서 등에 멘다. 타점은 가능한 한 높이 잡고 서브와 거의 같은 폼으로 공을 치는데 스매시는 세게 치는 것보다 프레스먼트(겨냥)를 확실히 하는 편이 효과적이다.

스매시의 풋워크에는 크로스 스텝(발을 교대로 물러 간다), 셔플백(사이드 스텝을 하는 셈으로 뒤로 물러난다)이 있다.

최근 특히 프로 선수 중에서 주목을 모으고 있는 것이 잽(Jab) 스텝이다. 오른손잡이의 경우 먼저 왼발을 한 번 앞으로 내딛는다. 코트를 찌르듯이 내딛기 때문에 잽이라고 한다. 또한, 그 앞으로 내딛은 발을 뒤로 점프하도록 하고 나서는 크로스 스텝으로 물러난다. 한번 앞으로 내딛지만 이 편이 보다 빠르게 낙하점에 넣는다고 하기 때문에 프로 선수가 잘 사용하고 있다.

스매시의 그립은 프로네이션이 잘 드는 콘티넨탈 그립이 가장 좋다.

▶스매시 서투름의 의외스런 함정

스매시를 시합 중에 마음껏 빼내려고 치지만 위력이 없기 때문에 역습당해 버리는 경우가 있다. 스매시를 하드 히트하기 위해서는 라켓이 문제가 아니라 손목의 올바른 사용이 중요하다. 손목을 내전시켜서 공을 세게 때리듯이 치는 것이다.

손목을 내전시키다니 어떤 의미인가요?

빈손 펀치 때 손목의 비틀기이다. 그리고 스매시는 벽을 사용해서 연습하면 된다. 공을 지면에 먼저 부딪치고 나서 벽에 맞고 위로 올라간 공을 스매시한다. 그리고 다시 스매시를 지면에 부딪치는 것을 반복한다. 스매시는 많이 치면 곧 된다.

▶ 각도를 매기는 거울 앞의 체크법

스윙 연습은 정확한 폼으로 치면 충분히 효과가 있다. 그러나 같이 잘못된 스윙 연습이라면 나중이 큰 일이다.

벽을 사용한 연습이라든가 누군가에게 공을 올려 받은 연습의 경우 잘못된 폼이라면 공이 정확히 날지 않기 때문에 친 공을 보면 알 수 있다.

또한 거울을 사용한 스윙 연습은 효과적이다. 스매시를 아무리 쳐도 잘 먹히지 않는 것은 각도를 매기지 않기 때문으로 각도를 매기기 위해서는 공을 한 점에서 치는 것이 아니라 3점을 적절히 나눠서 치는 것이다. 한 점은 공의 안쪽을 친다. 그렇게 하면 역 크로스로 난다. 1점은 볼의 정면을 그렇게 하면 똑바로 난다. 마지막 1점은 공의 조금 앞에서 공의 바깥쪽을 친다. 이것으로 스매시가 틀림없이 먹힌다.

▶ 잡을 수 없는 스매시는 위장으로

수준이 높은 시합에 나가면 스매시를 쳐도 모두 잡혀 버린다. 그것이 공이 빠른 하드 코트라면 각도를 매긴 스매시라도 치면 대부분 되돌아 오지 않는다.

거기에 비해 공이 느린 클레이 코트라면 지키는 쪽도 스매시는 받아칠 수 있는 것이라고 생각하고 쫓아 가기 때문에 교란하다. 상급자는 스매시를 치는 사람의 버릇이나 폼을 보고 어느 쪽으로 올지 미리 판단하고 움직이고 있기 때문에 코스를 알고 있는 것 같이 되돌아 온다. 그리고 몇 번이나 치고 있는 사이에 무리를 해서 유리해야 할 네트맨의 실수가 된다.

이와 같은 결과가 되지 않기 위해서도 위장은 중요하다.

상대에게 폼을 읽히지 않도록 하기 위해서는 각도 있는 스매시인 앵글 스매시의 타구법을 자신의 것으로 만들자. 위장하기 위해서는 치기 전에 다른 동작을 취한다. 어깨를 극단적으로 돌려서 오른쪽으로 친다고 하는 행동을 하고 왼쪽으로 치고, 왼쪽으로 친다고 하고 오른쪽으로 치는 것이다. 상대를 속인다.

연습 나름으로는 상대를 백퍼센트 속일 수도 있다. 치는 코스를 읽을 수 없게 되면 상대는 되든 안 되든 각오하고 달려갈 수밖에 없다. 이거라면 지금 상대가 서 있는 위치도 노릴 수 있게 된다.

▶점핑 스매시는 함부로 사용하지 않는다

프로 선수의 시합에서는, 상대가 훌륭한 로브를 쳐 오고 시간도 없기 때문에 선수는 뛰어서 치고 있다.

한껏 높은 곳에서 치는 스매시는 화려하다. 넋을 잃어 버리는 것도 무리가 아닌 일이다. 그렇게 점프 안 하면 닿지 않는 로브는 점프해서 치지만 하지 않아도 닿는 공은 발을 단단히 코트에 붙이고 치는 편이 스매시는 안정하다. 가능하면 점프하지 않고 치는 편이 좋다.

점프할 경우는 오른발로 지면을 차고 점프. 다 친 후 왼발로 착지한다. 스매시에 파워를 주기 위해서 점프하는 것은 아니다.

스매시를 확실히 결정하는 기본 동작

제2부 / 테니스의 기본기술 385

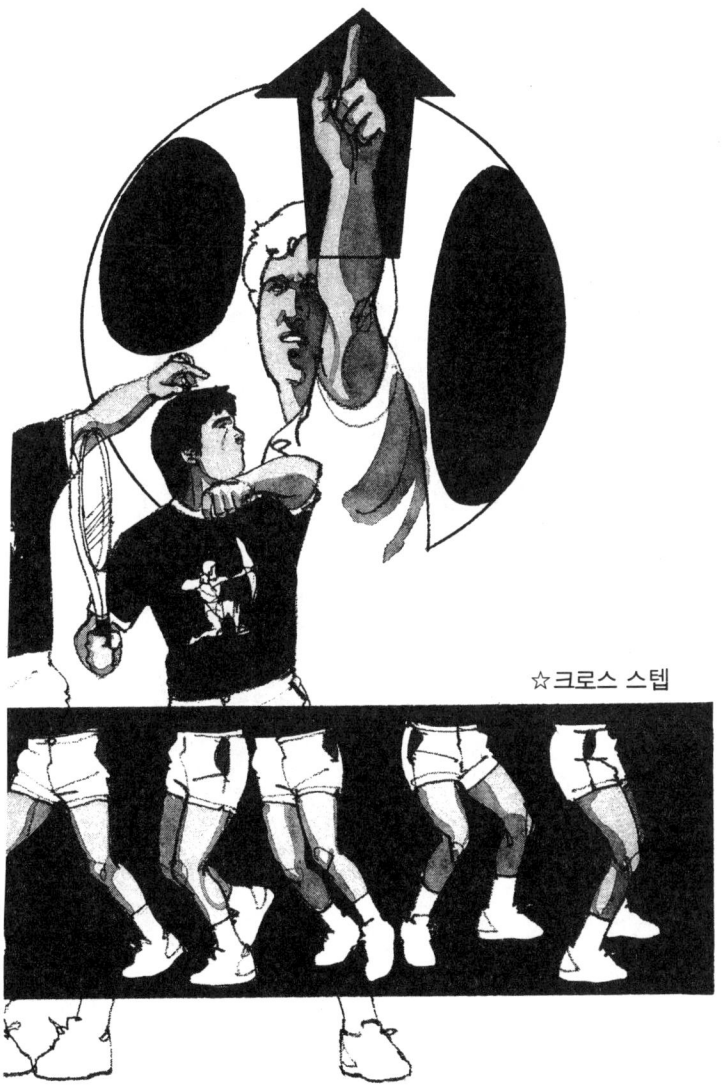

☆크로스 스텝

세게 치는 것보다도 겨냥을 확실히 정하는 것이 중요. 로브가 올라가면 공의 낙하점으로 재빨리 들어가서 서브와 거의 같은 폼으로 친다. 타점은 가능한 한 높게 잡는다.

점핑 스매시는 발이 생명

☆화살을 쏘기 위해서 활시위를 당기는 이미지로

점프하지 않으면 안 될 경우는 오른발로 지면을 차고 점프하고 다 친 후 왼발로 착지할 것.

제3장

터프한 게임에 지지 않는 실전 속효 클리닉

연습은 좋지만 시합에 약해서 고민하는 사람에게

▶ 강한 사람일수록 정신의 트레이닝을 하고 있다

시합이 되면 아무래도 평소처럼 경기를 할 수 없다. 연습 때는 저렇게 상태가 좋았는데 '어째서…'는 항상 패자의 말이다. 시합에서는 마음·기술·몸의 조화가 잡힌 경기를 할 수 없는 선수는 져 버린다.

시합에서 모든 실력을 발휘하기 위해서는 기술이나 체력의 트레이닝은 물론 마음의 트레이닝은 빼 놓을 수 없다. 정신면의 트레이닝을 함으로서 몸을 편안히 할 수 있고 실력을 발휘할 수 있다.

시합에서는 아무도 연습과 같이 잘 되지 않는다고 하는 사람은 질 수는 없다든가 최상의 경기를 해야 한다고 자신에게 압력을 가하고 있는 경우가 많다.

테니스도 항상 좋은 경기를 하고 있는 자신을 상상하고 시합에 임해서 즐기는 것이 중요하다.

▶ 시합 중에 서브가 들어가지 않게 되면 어떻게 할까

시합에서 서브가 갑자기 들어가지 않게 되어 게임 중 어디가 나쁠까하고 폼을 신경쓰고 있는 사이에 완전히 허사가 되어 버렸다고 하는 경우가 있다.

자신이 친 서브가 네트하게 되면 폼을 바꾸지 않고 올린 토스 공의 타점을 항상 치는 지점보다 조금 아래를 친다.

시합 중의 서브 미스를 약간의 조정만으로 좋다

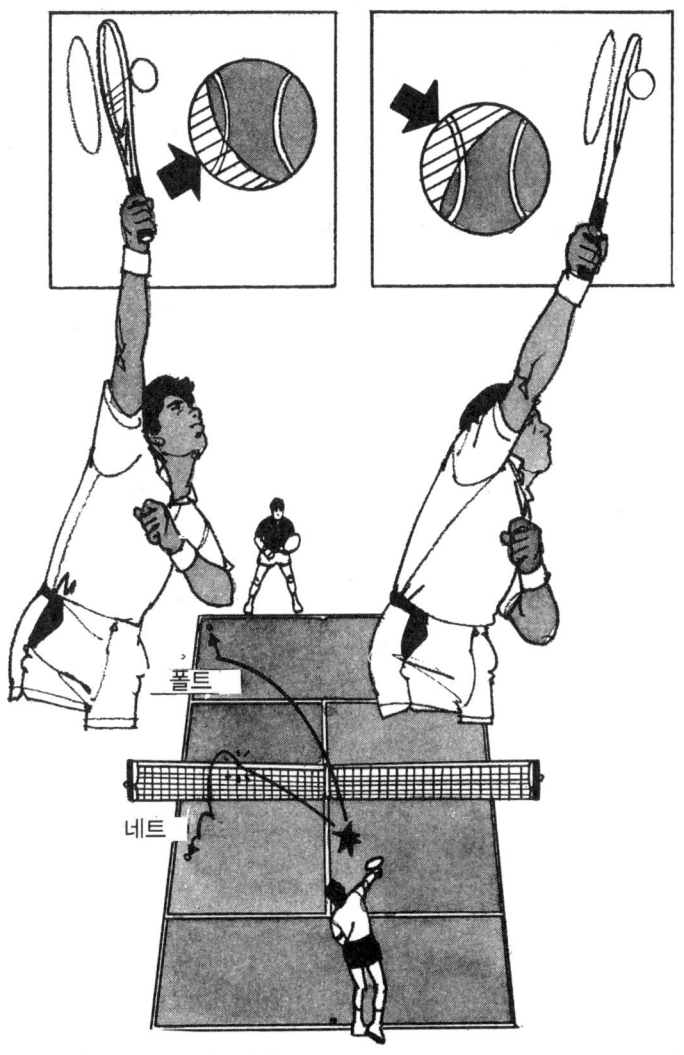

시합중 서브가 네트하게 되면 폼은 바꾸지 않고 토스를 올린 공의 여느때보다 조금 아래를 친다. 반대로 아웃하기 시작하면 조금 위를 친다.

공의 서비스 코트 내에서의 낙하점을 보고 약간 조정한다. 또한 표적을 노리고 항상 연습함으로서 자신의 머리와 몸의 빗나감, 서브의 머리와 동작의 빗나감을 알아 두는 것도 중요하다.

라이플총이라도 총의 버릇이라고 하는 것이 있어서 예를 들면 표적을 노리고 쏘면 쏜 탄이 전부 왼쪽 아래로 빗나가 버린다고 하는 것이 총의 버릇이다. 그것은 총에서는 조준을 1클릭 2클릭 이동해서 조정하지만, 테니스의 서브라면 자신의 눈과 몸 동작의 오차를 알아 두는 것이다.

예를 들어 자신의 버릇은 항상 표적보다 오른쪽으로 간다고 알아 두면 시합에서는 사전에 대처할 수 있다.

▶ 패배 패턴이 되면 이것으로 재정립한다

씨름꾼이 모래판 위에서 상대에게 가슴밑을 받혀 버리는 것 같은 상태, 가슴이 올라가 아래에서 밀리는 기미로 되어 있는 상태를 거북이의 등이 올라간 상태라고 말한다.

거북이는 등이 올라가면 둔해지지만 이렇게 되면 치는 공 모두가 베이스 라인을 쪼개게 되어 빠른 공을 점점 칠 수 없게 되어 버린다.

그러면 방어가 되어 버려서 몸이 뒤로 젖혀져 있는 만큼 타점도 여느때보다 느린 기미로 되고 라켓면도 조금 오픈 기미로 공을 잡기 때문에 크게 아웃하게 된다.

게임에서 이런 패턴이 되어 버리면 패배 패턴이기 때문에 빨리 원상태로 되돌리도록 노력해야 한다. 방어전이 되면 이 상태에 빠지기 쉬우므로 그 때는 허리를 낮추고 앞으로 구부림에 노력하도록 한다. 아무래도 원상태가 되지 않을 경우는 공을 네트 코트에 맞히는 셈으로 치도록 해서 아웃이 되지 않도록 조정해 나간다.

▶더블스에서는 어쨌든 센터를 노려라

더블스는 싱글스와 달리 파트너끼리의 화합이 특히 중요하다.

싱글스에서는 세계 정상에 있는 두 선수가 이름도 없는 페어에게 농락당해 버린다. 이것이 더블스의 재미이다.

더블스에서는 상대의 화합을 무너뜨리는 것도 중요한 전술의 하나이다. 더블스에서는 상대의 화합을 무너 뜨리는데 센터는 알려지지 않은 좋은 곳이다. 시합 중에 사이드로 치면 이미 상대 중 누가 치는지 정해져 있다.

또한 사이드를 너무 노리고 사이드 라인을 가로질렀을 경우는 전부 아웃이 되어 능숙한 슈퍼 선수가 사이드 라인을 지키고 있는 것 같다.

거기에 비해 센터는 네트가 사이드 보다도 10cm 이상 낮게 되어 있다.

그러나 두 사람 모두 손이 닿기 때문에 수비가 철벽이다. 손을 내밀면 닿는다. 그러나 두 사람 모두 손을 내밀면 미스로 이어진다. 또한 두 사람 모두 손을 내밀지 않았을 경우 서로 마주 본다. 이것도 실수이다. 그리고 센터로 치면 약간 미스 히트해도 사이드로 아웃하는 경우도 있다.

이상의 이유로 더블스의 표적은 센터이다. 센터로 치고 있는 사이에 상대의 화합이 무너지거나 사이드에 빈틈이 생기거나 한다.

그곳을 노린다.

자신들이 쫓겼을 때도 어쨌든 센터로 낮게 되돌려 놓는 것이다. 상대도 센터에서라면 앵글 샷도 불가능하다. 거짓말이라고 생각하면 프로 더블스를 텔레비전으로 잘 보자. 어쨌든 더블스는 센터 겨냥이다.

▶더블스는 2대 1의 셈으로 싸운다

더블스의 시합은 2대 2의 4명이 경기하지만 4명이 공을 반드시 쳐야 한다고 하는 룰은 없다.

레크리에이션에서 4명이 평등하게 치고 즐겁게 놀아야 한다고 하는 것이라면 이야기는 달라진다.

시합에서 상대팀 선수가 완전히 같은 수준으로 짜여 있는 경우는 거의 없기 때문에 그 전에 하고 있는 시합을 본다든가 연습 중에 약한 쪽은 어느 쪽인지를 체크해 둔다.

또한 거의 같은 수준의 페어(pair)라면 자신들이 네트로 다가가고 있는 경우 네트에 가까운 쪽의 선수를 공격한다.

이와 같이 둘이서 약한 한 사람을 집중적으로 공격하는 것이다. 약한 한 사람을 공격하고 있으면 강한 파트너가 커버하려고 틈으로 들어 온다. 그래서 그 선수가 움직일 때 빈 곳을 공격한다.

혼합 더블스에서는 이와 같이 실력이 낮은 쪽을 공격하는 것이 게임에 이기는 비결이다. 더블스 게임에서는 2대 1로 공격하는 이 전술을 잊지 말자.

▶공격의 핫 시트 방어의 핫 시트

더욱 공격하기 쉽게 하는 공격의 핫 시트

공격의 핫 시트는 서브 때에 그 파트너가 서는 주변. 여기에 있으면 좋은 서브가 들어오면 곧 공격으로 이동할 수 있다.

수비를 공격으로 바꾸는 방어의 핫 시트

방어의 핫 시트는 서비스 라인의 센터 라인 쪽의 지점으로 리시브 때에 그 파트너가 위치하는 주변

핫 시트란 시합중 가장 뜨거워지는, 가장 공이 모이기 쉬운 곳을 말한다.

서비스 라인의 센터 라인 쪽의 지점으로 리시브 때에 리시버의 파트너가 위치하는 곳을 수비의 핫 시트라고 한다. 이곳은 상대의 공격에 노출되기 쉬운 장소이지만 방어에서 공격으로 바꿀 수 있는 포인트의 장소이기도 하다.

만일 로브가 올려지고 두 사람 모두 베이스 라인으로 물러나 있었다면 다음 반격의 찬스를 찾는 것은 어렵고 더욱이 한 사람이 네트에서 한 사람이 베이스 라인에서는 네트 주변의 선수가 완전히 공격의 표적이 되어 버린다. 또 두 사람 사이도 겨냥당한다.

핫 시트는 지상전에 있어서의 전선 기지라고 하는 것이다. 불리한 상황에서 완벽하게 물러나는 것이 아니고 여기에서는 네트 주변보다 조금 뒤쪽이기 때문에 상대의 공격을 피할 수 있는 가능성도 있다. 그리고 찬스가 있으면 반격한다.

또한 공격의 핫 시트는 방어의 핫 시트보다 네트에 가깝고 서버의 파트너가 서는 위치가 된다. 서브가 좋았거나 하면 공격으로 곧 이동할 수 있도록 이렇게 앞에 서 있는 것이다. 미는 기미일 때는 이 공격의 핫 시트, 수비일 때는 방어의 핫 시트라고 한다. 공이 상대 코트 깊숙이에 있을 때는 공격의 핫 시트로 나와서 압력을 가한다.

또한 이쪽의 코트 깊숙이에 공이 있고 파트너가 치려고 할 때에는 수비의 핫 시트이다. 만일 상대의 네트맨이 포치할 지도 모르기 때문에 되받아칠 준비를 항상 해 둔다.

▶ 기러기 행진에서 보다 공격적인 병행진으로

기러기 행진과 병행진 어느 쪽을 선택할까.

더블스의 시합에서 기러기 행진(위)은 한 사람이 네트 한 사람이 베이스 라인을 지키는 형태이지만 현재의 프로 선수 사이에서는 병행진(아래)이 주류를 이루고 있다.

기러기 행진은 한 사람이 네트, 한 사람이 베이스 라인을 지키는 것이다.

베이스 라인을 지키고 있는 선수가 공을 잇고 또는 찬스 공을 만들고 네트 주변을 지키고 있는 파트너가 찬스 공을 공격해서 포인트를 따는 것으로 분업 테니스이다. 극단적으로 말하자면 코트를 앞과 뒤로 나눈 테니스가 된다.

거기에 반해 병행진은 두 사람 모두 네트로 다가간다. 또는 베이스 라인으로 물러난다고 상황에 따라서 두 사람이 끈으로 묶인 것 같이 움직이는 진형으로 코트를 좌우로 반씩 나눈 수비가 된다. 영어도 '패럴렐(parallel) 포메이션'이라고도 하지만 병행진은 두 사람 모두 경기인 발리 스매시가 자신 없으면 어려운 진형일 것이다. 하지만 더블스에서는 네트에 붙는 편이 압도적으로 유리하다.

네트에 붙으면 발리나 스매시로 직접 포인트로 연결시킬 수도 있고 네트 주변에서라면 각도 있는 앵글 샷도 치는 것이 가능하다. 네트로 다가감으로서 공격해야 할 상대코트는 넓어지고 지켜야 할 자신의 코트는 좁아진다고 하는 느낌이 드는 것이다. 그래서 현재의 프로 선수 사이에서는 이 병행진이 사용되고 여자 선수의 시합에서도 이 행진이 인기있어지고 있는 것이다.

▶서브 나름으로 움직이는 법은 전혀 달라진다

더블스에서는 네트를 장악한 쪽이 게임을 유리하게 전개하기 때문에 항상 게임에 이기지만 서브를 가지고 있을 때는 서브에 이어서 네트로 다가가는 서브 앤드 발리를 사용하기 바란다.

미국에서는 서브권을 가지면 강하다. 미국의 코트는 대부분 하드 코트(구족이 빠른 코트)이다. 미국인은 서브권을 가졌을 때는 마음껏 경기하고 있다. 자신이 게임의 권리를 받았다고 하는 얼굴이다. 그리고 서비스 킵하는 것이다.

그러나 리시브가 되면 서버에게는 이길 수 없다고 생각하는 것인지 경기도 엉성하거나 무리하거나 한다. 따라서 서브가 별로 좋지 않더라도 꽤 서비스 킵을 할 수 있다. 재미있는 일이다. 더블스에서는 이와 같이 서브에 이어서 앞으로 나가지만 서브가 들어간 위치에 따라 이렇게 앞으로 나가는 법이 달라진다.

더블스에서는 센터로 서브했을 경우 서버도 네트맨도 네트의 중심에 다가서는 것 같은 포지션으로 들어간다. 서브가 사이드의 경우 반대로 두 사람 모두 코트로부터 퍼지듯이 포지션으로 들어간다. 서버는 사이드 라인 쪽으로 달린다.

기술은 아래라도 상급자에게 이기는 테크닉

▶ 상대의 페이스를 어지럽혀서 자신의 페이스로

18세 이하의 주니어 시합이라도 되면 어른 못지 않은 굉장한 공을 친다. 그래도 45세 이상의 장년부에서 활약하고 있는 이호철 씨는 항상 그 주니어들을 간단히 해치워 버린다. 그의 작전이라고 하면 상대의 페이스를 흐트리는 것이다. 젊은 사람은 이 작전에 매우 약하다고 그는 항상 말하고 있다.

시합에서는 처음에는 주니어에게 지지 않으려고 굉장한 랠리를 하지만 아무래도 이호철 씨는 불리하다. 이 시합의 상대 주니어는 포인트가 결정될 때마다 오른손을 들어 '좋아'라고 자신있는 포즈를 취하고 있다. 이것을 본 그는 마음에 걸렸는지 그 '좋다' 좀 그만둬 달라고 한 마디 상대에게 외쳤다. 그 주니어는 지금까지 좋은 기분으로 경기를 하고 있었던 것이 이 한 마디로 페이스를 잃고 미스를 연발하기 시작했다.

어떤 시합에서는 굉장한 랠리 동안에 탁하고 우연히 느린 공을 친 것이다. 젊은 사람은 충분히 칠 만큼은 페이스를 타고 있다. 그러나 이 느린 두둥실 공은 상대의 리듬을 무너뜨리는데 효과적이다. 또한 드롭 샷을 쳐서 상대를 앞으로 끌어 내 네트에 상대가 붙으면 높은 로브이다.

이와 같이 상대의 리듬을 무너뜨리는 것은 게임에 이기기 위해서는 중요한 요소이다. 상대에게 좋은 기분으로 테니스를 시키고 있어서는 이기기 어렵고 자신의 리듬으로 가지고 들어와 경기하는 것이 게임에 이기는 비결이라고 한다.

▶이길 셈으로 임할수록 정말로 이긴다

시합에서 몸을 풀어주기 위해서는 항상 상상을 좋은 쪽으로 향하는 것이 중요하다. 연습은 얼마큼 했으니까 오늘은 이만큼, 몸의 컨디션이 좋으니까, 바람이 부는 날에 진 적이 없다. 역경에 나는 강하다 라든가 수비를 하고 있어 진 적이 없다라든가 좋은 이미지를 떠올려서 우선 몸을 풀어준다.

테니스의 일류 프로와 2류 프로의 차이는 큰 위기에 처했을 때 어떤 일류 선수는 예전 그 상대를 간단히 해치운 과거의 장면을 떠올려서 그 상대를 해치운다.

어떤 2류 선수는 전에도 이런 패턴에서 진 적이 있는 나쁜 기억을 떠올린다. 그리고 소극적이 되어 전과 마찬가지로 져 버리는 것이다.

게임에 임할 때에 좋은 기분으로 임했으니까 좋은 게임을 할 수 있어 이겼는데 게임에 이겼으니까 좋은 기분이 된 것은 아니다. 시합은 항상 이기는 기분으로 임하는 것이 중요하다. 그리고 그 나쁜 기억을 떠올리지 않기 위해서도 연습 시합이라도 항상 최선으로 경기하고 간단히 이길 수 있는 상대에게는 항상 지독한 스코어로 해치울 필요가 있다. 특히 장래 강해질 것 같은 상대와 경기할 때는 항상 지독하게 해치움으로서 상대는 시합에서는 그 사람에게는 절대로 이길 수 없다고 하는 기분이 되기 마련이다.

▶ 집중력이야말로 120%의 실력을 이끌어낸다

거의 같은 실력의 A군과 B군이 시합을 하고 있다. 그곳에 A군의 친구 C군과 B군의 친구 D군이 시합 관전하러 찾아 왔다.

시합이 끝나고 이긴 A군에게 C군이 다가와서 '오늘 시합 훌륭했네, 쭉 보고 있었지.'라고 하자 A군은 'C군이 보러 와 있었다니 전혀 깨닫지 못했군. 만일 깨달았다면 긴장했을지도 모르는데……'라고 하였다. 또 D군은 진 B군에게 '정말로 유감이군. 아주 약간의 차였는데.'라고 하자 B군은 '자네가 보러 와 있는지 알았기 때문에 꼭 이기고 싶은 마음에 분발했지만……'라고 말하는 것이다.

이 대화에서 A군은 누가 보러 와 있는지 모를 만큼 경기에 집중하고 있었고 그 결과 이겼다. 반대로 B군은 누가 보러 와 있는지 곧 알 수 있을 정도로 경기에 집중하지 않아서 졌다. 게임 중에는 라켓, 공 스트링스밖에 보지 않는다고 할 만큼 경기에 집중하는 것이다.

움직임과 집중력이 일체가 되었을 때에 믿을 수 없을 만큼의 정확성과 훌륭한 샷이 생긴다. 시합의 중요한 장면에서는 공 밖에 보지 않는다고 할 정도로 집중하는 것이 게임을 유리하게 이끄는 것이다.

제3부
테니스의 세계 스타들

▶세계 스타에게 배우자

테니스 시합에서 가장 국제적인 전영(윔블던), 전불 선수권에서는 남자 싱글스에 출전한 128명 중 개최국의 선수는 20명도 채 안 되는 상황으로 바야흐로 세계의 테니스계는 레이버나 로즈윌을 정점으로 하는 오스트리아세와 애쉬, 리치 이하 젊은 선수가 속출하는 미국의 영파워에 지배당해 왔다고 해도 과언은 아니다.

각국의 젊은 선수가 대단한 속도로 강해져서 세계의 강호가 되어 왔다.

예를 들면 미국의 스미스. 그는 예전의 아델레이드에 있어서의 데이비스컵 챌린지 라운드에서는 애쉬의 그림자에 가려져서 그저 서비스가 빠른 더블스 선수라고 하는 인상밖에 받지 않았지만 얼마전 레이버나 로즈윌을 깨뜨린 경기는 아직 여러분의 기억에 새로울 것이라고 생각한다.

펩시그랑프리 시리즈에서 최고점을 얻은 리치도 같은 23세의 젊은 이였지만 기본을 익히고 있는 그들이 한창 발전하는 가장 중요한 때에 1년내내 프로를 상대로 시합을 하고 있는 현상에서는 강해지는 것은 당연한 일이었는지도 모른다.

많은 유명 선수가 장년에 걸쳐 힘을 유지하고 있다.

미국에서 가장 인기 있었던 곤잘레스가 42세였을 때이다. 그는 윔블던의 최장 기록이 된 파사렐과의 112게임 시합 중 강렬한 서비스는 최후까지 시들지 않고 0—40을 포함하는 7회의 매치 포인트를 벗어나서 이기는 기력과 체력을 가지고 있었다.

로즈월은 1956년에 21세로 전미 선수권에서 우승한 이래 14년만에 북적대는 영파워를 누르고 다시 전미의 타이틀을 획득하는 등 그들의 경기를 보고 있으면 나이와는 관계없이 테니스의 완성을 지향해서 무한히 진보 노력하고 있다고조차 생각된다.
　일류 선수에게 볼 수 있는 하나의 공통점은 16, 17세에 세계의 영광스러운 무대에 등장하고 있다는 점이다.
　게다가 찬반 양론이 있었지만 가장 보수적인 영국이 선두를 달려서 전통있는 윔블던을 오픈화하는 등 세계의 테니스계는 눈부시게 변화하고 그 결과 점점 더 엄격한 승부의 세계가 되어 왔다.
　이 3부는 이와 같은 세계의 정세를 뒤돌아 보면서 세계의 4대 토너먼트(전영, 전미, 전불, 전호)와 데이비스컵 챌린지 매치가 이루어지는 영광스러운 무대에서 펼쳐지는 최고의 기술 설비 운영 및 분위기와 세계 각국의 대표적인 선수를 국내의 테니스팬에게 소개하고 싶다고 생각하고 만든 것이다.

제1장

세계의 4대 타이틀과 데이비스컵

윔블던——(영국)

▶세계 선수권대회

안개의 런던이라고 해도 6월에 들어서면 넓디 넓은 공원은 신록이 아름답게 빛나고 하이드 파크에도 햇볕을 쬐는 사람들이 모여든다. 유명한 피카델리 서커스에서 지하철로 약 40분 지하에서 나와 고가를 달리고 있는 동안에 이윽고 창문 밖은 교외의 경치로 변한다.

지향하는 테니스의 영광스러운 무대는 윔블던 파크역의 한 정거장 전 사우스 필드에서 하차하는 것이다.

평소는 쥐죽은 듯이 조용해서 버스가 몇 대나 피스톤 운전하고 유명한 오스틴 택시가 연연히 계속되는 풍경 등 상상도 할 수 없다.

지하철 역에 붙여진 윔블던의 가이드 포스터.

제3부 / 테니스의 세계 스타들   409

윔블던으로의 교통은 지하철이 가장 편리.

시합이 시작되기 4시간 전 아직 사람 그림자도 드문 사우스필드 역전.

연연히 줄 지은 승합택시도 윔블던 명물의 하나.

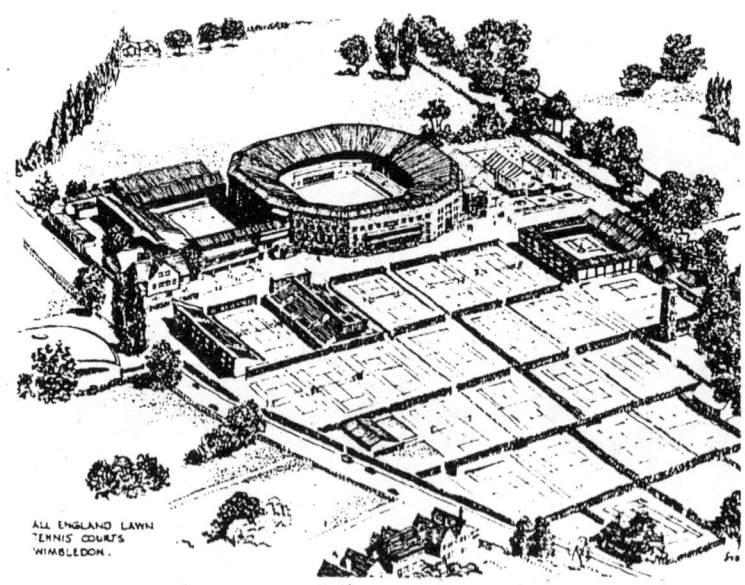

회장전경(포스트 카드에서)

단단히 닫혀진 게이트 속은 신비의 베일에 쌓여 있는 것 같다.

그렇지만 사람들은 하나하나 센다. 추억을 더듬는다. 거성 틸든 영국의 자랑 페리, 프랑스의 4총사 코세, 라코스, 테부르농, 보로트라, ……. 가깝게는 클레머, 세지먼, 호드 또한 윌스, 코놀리, 부에도 등 여왕의 이름을—.

많은 명선수가 여기에서 명성을 떨치고, 역사에 남는 좋은 시합을 펼쳤다.

한 번 라켓을 쥔 사람이라면 윔블던에서 경기하고 싶다고 생각한다. 아니 적어도 대회를 보고 싶다고 생각한다. 그것은 억지 이론이 아니다. 마음의 외침이다.

1877년 이후 100년 이상의 전통을 가진 전영 정구 선수권 대회는 말하자면 테니스의 세계 선수권. 세계의 선수가 이 대회를 지향해서 솜씨를 연마하고 기술을 겨루고 참가하는 날을 꿈꾸고 있는 것이다.

이 대회에는 최고의 명예, 기품, 승부, 생활, 기쁨과 슬픔 등 모든 것이 소용돌이치고 있다. 한 번 참가한 사람은 반드시 다시 한번 긴장한다. 관전하고 싶은 사람은 전세계에서 밀려든다.

일컬어서 '테니스의 메카' 그 명칭에 어울리는 권위와 전통 분위기가 여기에 있다. 400명을 넘는 세계의 일류 선수가 6월 하순부터 7월 상순에 걸쳐서 2주간 손질이 빈틈없는 잔디 위에서 열전을 전개한다.

▶설비와 운영

대회에는 16면의 코트를 사용한다.

지붕달린 스탠드에 둘러싸인 센터, 코트 거기에 인접해서 사방에

관중이 빽빽이 에워싼 그랜드 코트. 먼 숲이나 지붕의 풍경도 아름답다.

진행 중인 시합의 코트 대전표와 이미 끝난 스코어를 알리는 큰 점수판
▼

스탠드가 있는 넘버1코트 이 2면은 지정석의 입장권이 있다. 양사이드와 한쪽에 스탠드가 있는 넘버2,3코트 그 외는 모두 입석의 통로로 구분된 그랜드 코트다.

처음 1주간은 유명 선수가 여기 저기에서 경기하기 때문에 어느

센터 코트와 넘버원 코트의 경과를 시시각각 전하는 전광 게시판

개문전 도로에 줄지어 기다리는 팬은 젊은 사람들이 압도적으로 많다.

것을 볼까 망설이게 되어 버린다.

　넘버2와 넘버3 코트의 북쪽에 선수 식당과 마주, 시합의 코트 대전과 결과를 나타내는 큰 볼드가 있어서 그것을 보면서 어느 시합을 볼까 결정한다.

　또한 센터와 넘버1코트에 들어갈 수 없는 사람을 위해서 게임의 상태를 포인트째 알 수 있는 전광 게시판이 설치되어 있다. 센터 코트의 정원은 약 1만 2천 코트 사이드와 2층석 사이에 입석이 조금 있어서 순서를 기다리는 사람이 줄을 만들고 있다.

　스탠드의 각 입구에는 테니스를 잘 알고 있는 병태나 경관이 있어 체인지 코트 때에 재빨리 관객을 입퇴장시키고 있다. 게임 중에 관객의 움직임으로 경기를 중단하는 일은 거의 없다.

　선수에게 최고의 경기와 매너를 요구하는 만큼 관객과 설비, 운영하는 사람도 세심한 주의를 기울이고 있는 것이다.

　연일 2만명에서 3만명 총30만명 이상의 입장객이 있기 때문에 그 식사의 준비도 큰 일이다.

　게이트는 12시에 열리지만 일찍부터 줄지어 있는 많은 사람들은 자리를 얻으면 먼저 식사. 또한 밤9시경까지 시합이 있기 때문에 배도 고프고 목도 마르다. 이 식욕을 채우는 설비는 호화롭지 않지만 알콜부터 식사까지 기본의 것은 갖춰져 있다. 회장 여기 저기에 만들어진 식당이나 야외 부페 등에서 나이든 부부나 여성이 벤취나 잔디 위에 걸터 앉아서 먹고 있다.

　대형의 이동 우편차가 동쪽 게이트 옆에 설치되고 전보국도 스타디움 아래에 전신기를 갖추고 해외로의 통신에 안전을 기하고 있다.

　매일 코트에 가서 사는 프로그램도 즐거움의 하나다. 첫날부터 매일 표지의 사진과 색이 바뀌고 전날까지의 점수가 인쇄되어 있으며

제3부 / 테니스의 세계 스타들 415

스타디움 옆의 야외 부페는 항상 만원   음식을 파는 가게는 라이센스바와 주스 스탠드로 나눠져 있다.

부인이나 아이에게 인기있는 봉봉숍   매일 내용이 변하는 프로그램은 윔블던이 아니면 불가능한 것

그날의 코트별 오더와 회장의 안내도나 게임 기사가 실려 있다.

선수는 매일 아침 신문에서 자신의 시합 기간을 알고 코트로 들어간다.

메인 코트에는 코트 커버가 있어서 비가 내리면 곧 코트 전면을 덮는다. 만 하루 비로 인해 시합을 할 수 없더라도 다음날에는 거의 계획을 소화해서 일정이 연기되는 일은 거의 없다. 선수도 잠자코 강행되는 운영에 따르고 있다.

엠파이어는 모두 경험 풍부한 노인이 많다.

▶심판과 볼보이

외국에서는 연배자의 심판이 많지만 윔블던에서도 예외는 아니다. 가슴에 고양이의 영국 심판협회라는 문자를 곁들인 바펜을 단 약 170명의 심판은 대부분이 50세 이상이라고 생각되고 또한 부인도 많다. 산고모자에 양산, 콧수염의 라인즈맨 등 정말 윔블던이다.

시합 진행에 중요한 역할을 하는 볼보이들은 윔블던 컬러의 녹색과 보라색의 반씩 색이 조합된 폴로 셔츠를 입고 랠리 중은 손을 뒤로 끼고 포인트가 결정되면 공을 가지고 있는 소년은 재빨리 손을 들어 공을 선수에게 보인다.

제3부 / 테니스의 세계 스타들   417

진지하게 저지(Judge)하는
라인즈맨

화려하고 감동적인 표창식.
앤여왕과 킹부인

볼보이까지가 커머셜에 이용되고 있는
것이 지금의 모습

정열해서 여왕을 맞이하는 소년들. 표창식 전후의 긴장하는 순간.

네트에 있는 두 명의 볼보이도 서비스 사이드가 바뀔 때마다 가장 네트할 가능성이 있는 장소를 생각해서 재빨리 공을 주울 수 있도록 포지션을 바꾸어 대기한다. 센터 코트에서 볼보이를 하는 것을 더할 나위 없는 자랑이라고 생각하고 있는 소년들은 마치 시합을 하고 있는 듯이 진지하다.

표창식의 전후 정열해서 통로를 만드는 볼보이들에게 앤왕녀나 왕가의 사람이 격려의 말을 걸 수 있다. 이 때 그들의 피로는 단숨에 사라지고 어린 얼굴이 붉어진다.

▶ 얄미울 정도로 완벽한 연출

결승전이 끝나자마자 아직 관객이 게임의 흥분에서 깨어나지 않은 사이에 재빨리 파란 카페트의 통로가 코트 위에 깔리고 영국 국기가 걸린 테이블에 금색으로 빛나는 트로피가 놓인다. 잔디의 푸르름에 적백의 컬러가 비쳐 금색이 눈부시다.

프레 윔블던의 무대 퀸즈 클럽

전관중의 큰 박수 사이에 로얄 패밀리가 나타난다.

영광스러운 우승자에게 축하 인사를 하는 동안 만원의 스탠드는 마치 시간이 정지한 듯이 움직이지 않는다. 다른 영광스러운 무대에서도 표창식이 되면 여러 가지 연출이 있어 생각지 않는 해프닝이 있다. 그러나 윔블던의 그것은 연출로서 연출이 아닌 훌륭한 피날레가 된다.

손질이 잘 된 잔디는 카페트와 같이 아름답다.

▶ 론 코트(lawn court)

윔블던은 전영 선수권 이외 데이비스 컵전, 와이트먼컵, 전영 주니어, 왕실해공군 선수권 등 정해진 대회밖에 사용하지 않는다.

전영 선수권에 출전하고 있는 선수들의 연습도 런던 그래스 코트 선수권으로 유명한 퀸즈 클럽에서 배당받은 시간에 연습한다. 이와 같이 해서 전영을 위해 1924년부터 활동하고 있는 Mr. 트와이넘을 치프로 12명의 키퍼가 평소부터 열심히 손질을 하고 있다. 포레스트 힐스(미국)나 오스트리아의 잔디에 불만을 하는 선수들도 이 잔디에는 크레임을 걸지 않는다. 정성껏 정비된 잔디는 정말로 카페트와 같다.

그 중에서도 센터 코트는 2주일에 약 50시합 가깝게 이루어지지만 처음은 녹색 일색의 코트도 시간이 지남에 따라서 서버, 리시버, 네트 경기의 장소가 황색이 되어 결승 무렵이 되면 라인의 가운데 전체가 신선한 녹색을 잃고 있지만 벗겨지거나 흙이 나와 있는 곳은 없다. 마지막날 시합 직후 백라인의 곳에 서서 표창식의 사진을 찍고 나서 살짝 잔디를 눌러 상태를 살펴보았지만 변칙 따위는 생각하지 못할 만큼 깨끗한 표면으로 더구나 흙은 단단히 다져져 있어 과연하고 감탄했다.

▶ 예선의 엄격함

어쨌든 최고의 권위가 자랑 거리인 대회이다.

윔블던에 나가고 싶다고 생각해도 간단하게는 출전할 수 없다. 위원회로부터 무조건으로 출전을 인정받는 세계의 일류 이외는 전부 예선에 참가해야만 한다. 여기에서 모든 준비를 마치고 기다리고 있는 그 지방 선수와 외국 선수의 시합이 펼쳐진다. 예선에서는 물론 윔블던을 사용하지 않는다.

테니스에 관심이 있는 사람은 그 결과를 신경쓰고 신문도 크게 지면을 할애한다. 예선은 80명의 참가로 3회 이겨 낸 10명이 화려한 무대에 오르는 것이다. 여자도 64명 중 8명이라고 하는 엄격함이다.

대표를 보내도 실적이 없으면 모두 이 관문을 통과해야만 한다. 그리고 이 예선에는 놀라울 만큼 능숙한 사람이 있어 그들을 이겨

제3부 / 테니스의 세계 스타들 421

전용차로 배웅
되는 선수를 언뜻
보려고 인간 담을
만드는 관객

전세계의
선수가 모이는
선수식당

내는 것은 시합의 1회전에서 이기는 것보다도 곤란한 경우가 많다.

▶선수의 대우

윔블던의 출전자는 다른 곳에서는 볼 수 없는 대우를 받는다. 그것은 최고의 대회에서 경기하는 선수에 대한 경의 때문이지 단순히 금전만의 문제는 아니다.

선수식당 아래에 있는 관객용 부페

유명 선수의 브로마이드나 잡지를 사는 사람으로 성황을 이루는 북 숍

싱글스 출전자는 우선 체재비가 지급된다. 선수는 각자의 합숙소에서 코트까지의 왕복은 롤스로이스나 프린세스 등 영국이 자랑하는 명차로 마중 배웅이 있고 이것이 또한 아무리 만원일 때라도 게이트를 빠져 나가서 혼잡한 인파 속을 스타디움의 현관까지 바싹 갖다 대서 많은 관객이 한 번 선수를 보려고 차 주변을 둘러 싼다.

선수 전용의 식당이 넘버1코트의 남쪽 2층에 있어서 매일 지급되는 식권으로 점심 식사와 저녁 무렵의 스낵을 마음대로 먹을 수 있다. 무슨 일이나 가족 단위의 외국에서의 일이므로 당연하게 이 전용 식당을 비롯해 센터코트에 설치된 선수의 관람석으로 가족이나 친구도 함께 들어갈 수 있도록 버스도 준다.

이렇게 쓰면 대단한 일도 아니라고 생각하지만 이것이 실제로 윔블던에 가면 그야말로 천양지차이다. 힘든 예선을 이기고 선수로서 출전한 사람은 그 만큼 이 대우의 기쁨은 크고 반대로 예선에서 패한 사람은 너무나도 엄격한 이 차이에 좀더 버텼으면 좋았을걸 하고 억울해한다.

이상은 아마추어 선수의 경우이지만 플레이어(등록 선수)와 프로는 1회전에서 져도 상금이 나온다. 또한 라켓 메이커나 테니스웨어의 회사와 계약하고 있는 사람은 새로운 디자인으로 충분한 수량의 용구를 받을 수 있다.

오픈화되고 나서 해마다 상금액이 올라가서 여러 가지 화제가 많다.

▶선수와 관객

최고의 영광스러운 무대에서는 게임이 한층 더 고도화된다. 본

이루 헤아릴 수 없는 명승부 좋은 시합이 이루어진 센터 코트.

만원의 관객석에서 일어나는 박수는 최고의 게임을 더욱 북돋는다.

적도 없는 샷이 연발된다. 회를 거듭해서 상대가 강해질수록 고도의 테크닉을 발휘하고 승부에 강해진다. 실력 위에 평소 숨기고 있던 신통력이라도 나오는 듯이!

이 격이 높은 배우의 파인 플레이에 일어나는 박수의 태풍은 테니스의 묘미이며 스탠드에 메아리치는 그 울림은 또 다음의 호기를 부르는 것이다.

좋은 시합에서는 대부분의 포인트가 에이스가 된다. 따라서 밖에서 듣고 있어도 연속하는 박수의 상황으로 안의 시합이 얼마나 훌륭한지를 판단할 수 있다. 센터 코트로의 입장권이 없을 때는 정말로 가만히 있을 수 없는 심정이다. 관객의 심리는 어디나 마찬가지로 강자보다 약자에 대한 응원이 많고 하물며 그것이 만회라도 했을 때는 잠시 동안 박수는 울릴 수밖에 없다. 좋은 시합이 끝났을 때는 대부분 모두 일어나서 상찬의 박수를 보낸다.

▶ **입장권**

제3부 / 테니스의 세계 스타들   425

적은 입장권을 사기 위해 전날 시합 중부터 눌러 앉아있는 팬.

윔블던의 지정석권 특히 센터 코트의 표는 좀체로 입수할 수 없는 것으로 유명하다. 예매는 연초에 다 팔려 버린다. 준결승이나 결승전의 날이라도 되면 시합의 대부분이 이 코트이기 때문에 프레미엄이라도 붙여서 입수하지 않으면 시합을 볼 수 없다.

그러나 아무리 윔블던이라도 일이나 가정 형편으로 그 사람들이 불필요해진 표를 스탠드 출구에 있는 상자에 넣도록 되어 있다. 이 표로 지금까지 입장할 수 없었던 사람들이 구제되고 또한 스탠드가 항상 만원으로 시합이 열린다고 하는 것이다. 후반주는 매일 조금씩 지정석권을 팔기 시작하지만 이것을 사기 위해서 전날 점심때부터 모포나 의자를 지참하고 눌러 앉아있는 사람이 많다. 대개 젊은 사람이지만 그 중에는 60세 정도의 할머니도 있어 그 열정에 놀라 버린다. 어쨌든 윔블던이 아니면 불가능한 귀중한 입장권에 얽힌 이야기이다.

> ▶ **관객의 패션**
>
> 윔블던은 같은 6월의 제1수요일에 이루어지는 에이프솜의 더비와 나란히 관객의 패션도 유명하다.
> 어떤 미인이 있을까 기대하고 가면 의외로 실망한다. 왜냐하면 윔블던은 나이든 부인이 매우 많다. 외국인은 나이를 먹고 나서 붉은 색이나 크림색의 화려한 옷을 입는다. 뒤에서 보고 앞으로 가면……

포레스트 힐스――(미국)

▶그 역사부터

1881년 뉴포트에서 개최된 이 대회는 1915년에 뉴욕 교외의 웨스트사이드 클럽(포레스트 힐스)으로 옮겨서 1921년부터 23년까지 필라델피아에서 개최된 적도 있었지만 1924년부터는 포레스트 힐스에 고정했다. 단, 최근까지 싱글스뿐으로 더블스는 대회전에 보스톤에서 거행되고 있었다. 또한 1914년까지는 챔피언에 도전하는 챌린지 시스템이 채용되고 있었고 1917년에 한해서 외국인이 참가해 인정되지 않았던 적도 있었다.

남자 싱글스의 타이틀이 처음 외국인의 손으로 건너간 것은 1902, 03년의 도허티(R.F Doherty) 형제(영국). 이 싱글스로 빛나는 것은 틸든의 6연승 7회 우승이지만 1926년부터 28년까지 라코스테, 코세의 프랑스세가 3연승하고 있는 것도 훌륭하다.

전후는 오스트리아세의 진출이 눈에 두드러져서 1951년의 세지먼을 시작으로 로즈월, 앤더슨 등 무려 14회나 타이틀을 획득. 그 중에서도 1956년부터 1967년까지 미국은 한 번도 우승할 수 없는 상태였다. 1968년 오랫만에 타이틀을 탈환한 것이 애쉬. 그러나 오픈 대회가 되어 다시 69년, 70년은 오스트리아세에 성을 내어 준 꼴이다.

여자는 연승이 많다. 전후도 코놀리, 깁슨 등 미국은 강자를 갖추었지만 최근은 마가레트 코트부인(4회 우승)에게 눌리는 기미.

여자 더블스에서는 브로양의 9연승 12회의 우승이 빛나고 있다.

▶매우 미국적

월드 챔피언쉽스의 윔블던에 비교해서 포레스트 힐스는 밝고 개방적이다. 그것은 영국과 미국이라고 하는 나라의 차이가 그대로 반영되고 있는 것이다. 선수가 송영차로 관객 속을 달리는 윔블던. 여자 사상 2명째의 그랜드 슬램, 테니스계의 여왕 코트 부인조차 악명 높은 뉴욕의 지하철로 다니는 '포레스트 힐스'라고 하는 현실적인 차이도 거기에 볼 수 있다.

그러나 1881년 뉴포트에서 제1회가 이루어진 후 1915년에 이 포레스트 힐스로 무대를 옮긴 전미(全美) 선수권도 빛나는 전통을 가지고 있고 70년은 4대 타이틀 중 최고의 상금액, 호화스러운 참가 멤버, 다수의 스폰서를 이용한 대회이기도 하며 정구사상 최고의 관객을 모아 대성공을 거두고 있다.

지도에서 보면 뉴욕의 맨하탄 중심에서 조금 떨어진 퀸즈에 있는 이 웨스트사이드 테니스클럽도 지하철의 급행을 이용하면 의외로 시간은 걸리지 않는다.

최근은 냉방차도 달려서 잘 되었지만 어쩐지 위험스러운 세계 제일의 대도시의 이 교통 수단은 별로 느낌이 좋지않다. 그러나 우리들 여행자에게 있어서 저렴하게 운반해 주는 것은 고마운 일이다.

포레스트 힐스역에서 내려 지상으로 나가면 거리의 풍경은 변한다.

특히 열차의 가드(guard)를 빠져 나온 순간 공기까지도 변한것 같다. 그곳에는 주택 공원지구의 평화스러운 녹색의 세계가 눈 앞에 펼쳐진다.

▶번화한 회장

주택 지구에 들어와서 바로 한 구획에 있는 작은 문이 화려한 회장의 입구이지만 물론 이곳은 선수 임원 클럽원 전용으로 일반 관객은 스타디움 옆까지 걸어가야만 한다. 안정성 있는 클럽 하우스는 1층은 사무소, 담화실, 식당, 여자 탈의실이 있고 2층은 남자탈의실, 라커, 게임룸이 있다. 벽에는 역대의 전미 챔피언의 사진이 걸려 있다. 발코니로 나가면 코트 대전을 쓴 보드가 있고 쌍안경을 가진 임원이 시합 진행을 바라보고 있다. 지하에는 이 클럽의 프로 우드콕의 테니스 숍이 있으면 라켓부터 웨어나 잡화까지 갖추고 있다.

센터 코트는 클럽 하우스에서 가장 멀리에 말굽형의 스탠드로 둘러싸여 있다. 스탠드가 없는 곳은 캔버스의 지붕으로 만든 대회 본부가 있어 운영의 모든 것은 여기에서 이루어지고 있다.

스탠드의 최상단으로 올라가 보면 계곡 바닥에 있는 테니스 코트는

제3부 / 테니스의 세계 스타들 429

뉴욕 교외의 주택지에 있는 웨스트 사이드 테니스 클럽.

클럽 하우스의 입구

3면분의 라인이 각각의 어레이(array)를 거듭해서 긋고 있으며 잔디의 손상 상태나 광선의 상태를 보고 각각 적당한 장소를 사용하도록 되어 있다. 이 스탠드는 1만 4천명을 수용할 수 있는 큰 것이지만 그 외는 목제의 낮은 관객석을 만든 그랜드스탠드 코트와 입석으로 둘러싸인 라운드 코트다.

클럽 하우스 앞의 테라스는 테이블이 늘어선 식당의 연장으로 바로 앞에 있는 넘버2, 3코트의 게임을 보면서 식사를 할 수 있도록 되어 있는 것도 역시 미국적이다. 시합은 매일 12시부터 시작된다. 대회도 후반이 되면 선수가 빨리 와서 연습을 한다.

그랜드슬램을 눈 앞에 둔 코트부인은 2시간 전에 와서 아무도 없는 코트에서 서비스 연습을 하거나 남자 선수를 상대로 정성스러운 샷을 보이고 있었다.

담화실

W 우드콕의 프로 숍은 여러 가지 상품을 갖추고 있고 거트도 곧 쳐 준다.

스타디움의 서쪽에 서서 본 웨스트 사이드 테니스 클럽의 전경.

제3부 / 테니스의 세계 스타들 431

팬으로 꽉 찬 코트 사이드

시합을 보면서 식사도 할 수 있다. 클럽 하우스 앞의 테니스는 매우 미국적이다.

스타디움 아래의
게이트와 프로그램 판매

현재 유행인 메탈 라켓을
선전하는 메이커의 부스.

스탠드 아래에는 이와 같은
스택이 5~6점 늘어서 있다.

제3부 / 테니스의 세계 스타들 433

코트 정비에 필요한 기계는 모두
갖춰져 있다.

대회 기간 중 매거진이나 책을
진열하는 북 코너

    프로그램은 다수의 사진으로 유명 선수를 소개한 훌륭한 것이지만 매일의 기록을 사야만 하는 것은 좀 불친절하다.

    스탠드 아래는 매점, 식당 외에도 친숙한 WORLP TENNIS 등의 북숍 라켓이나 현대 평판의 인공 잔디 등 메이커의 선전부스 등 상당히 화려하고 시합 짬짬이 손님으로 가득하다. 코트 정비 창고를 들여다 보면 엔진이 달린 제초기나 대형 롤러 게다가 클럽의 대형 트럭까지 있어서 스케일의 크기에 놀란다.

▶코트 시설

    20년 이상의 론 코트가 있지만 시합에 사용하는 것은 15면 정도. 그 외에 클레이(clay), 앙투카(en tout cas), 인공 매트를 깐 코트가 다수 있다. 대회 중 클럽원은 이런 잔디 이외의 코트에서 아침 일찍부터 경기하고 있다. 시합이 시작되는 12시가 되면 네트를 늦추어 코트를 사용하지 않는다. 모두 시합을 보라고 하는 의미이다.

잔디는 윔블던과 달리 좋지 않다. 밑 흙도 부드럽고 잔디 자체도 싹이 부드러운 느낌. 서비스 때 킥이 강한 선수가 경기하면 순식간에 코트가 황폐해진다. 심할 때 등 골프의 터프를 뽑았을 때와 같이 잔디가 날라간다. 볼보이가 제자리로 되돌리고 발로 다지지만 결과는 같다.

미국에서는 이와 같은 코트는 재미없다, 코트면을 일정하게 하자고 하는 소리가 선수들 속에서 일고 있다. 레이버도 바운드의 이상적인 고무 매트를 연구하고 있다고 한다. 미국에서 가장 활발한 스포츠인 풋볼(foot-ball)의 그랜드는 테니스 코트의 몇 배나 되지만 그것조차 인공 잔디를 전면에 깔고 있는 대학이나 그랜드가 대부분이다.

▶ 타이브레이커

4대 타이틀 중에서는 처음 미국에서 타이 브레이커 시스템이 실시되었다. 이것은 6올이 되면 'Best of 9 Point'라는 게임이 되어 어느 쪽인가가 먼저 5포인트 얻은 쪽이 7—6으로 이 세트의 승자가 된다. 근래의 서비스 컵에 의존하는 마라톤 게임은 무턱대고 시합시간이 늘어나서 시합이 싫증나는 것과 텔레비전 등과 방송에 맞지 않는 실정에서 종래는 프로매치에서 이루어지고 있었던 것을 전미가 받아들인 것이다.

결과는 선수에게도 관객에게도 호평인 것 같고 특히 4포인트 올이 되면 드디어 최후의 1포인트 선수어는 필사 관객도 손에 땀을 쥐는 상황으로 지금까지 5—5가 되고 나서 기분적으로 싫증나는 기미였던

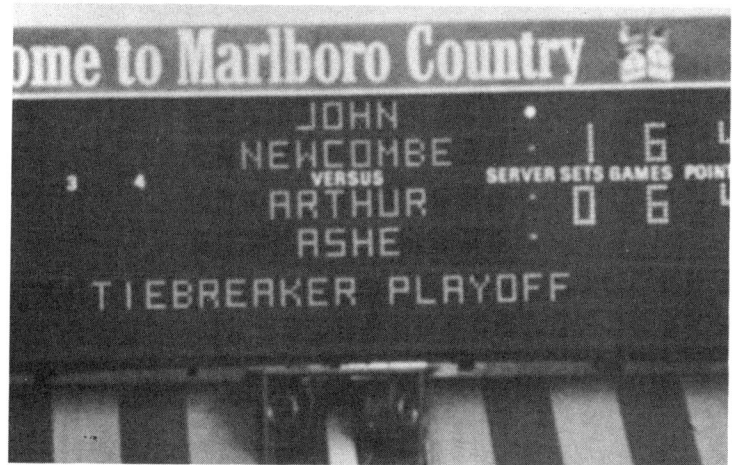

'Sudden Death' 타이브레이커를 나타내는 점수판. 다음에 포인트를 따는 쪽이 이 세트의 승리자가 된다.

세트가 바싹 긴장하거나 보는 즐거움이 하나 들어난다. 타이 브레이커 시스템에는 9포인트와 12포인트의 2종류 있지만 레이버 등은 12포인트제를 주장하고 있다.

▶심판과 볼보이

미국도 심판 협회의 멤버가 전미 각지에서 교대로 모여서 2주간의 시합을 심판한다. 예를 들면 캘리포니아의 니먼씨는 전미의 후반 4일간을 담당하고 그 중 3일 컬러 시카고에서 프로 테니스의 심판을 이틀밤 그리고 그 고향 로스앤젤레스로 돌아와서 다음주부터 시작되는 로스 오픈으로 1주일이라고 하는 식이다.

이런 식이기 때문에 시간적 여유가 있는 연장자라든가 부인 심판이 많아지는 것은 당연하다.

여자 게임에서 주심도 여성인 경우가 많다.

볼보이도 윔블던과 마찬가지로 잘 훈련되어 있다. 그 지역의 독특한 국가적 특색으로 흑인 소년도 많이 있고 아무런 차별도 없이 센터 코트에서도 맡고 있는 것을 보면 테니스계에서는 흑인 문제 따위는 아무것도 아닌 듯이 보이지만 진실은 어떤지 모른다.

▶ 아르바이트

아마추어는 일부의 학생만으로 되어 버린 미국에서는 선수가 시합 틈틈히 활동하고 있다. 지겐후스가 햇빛 차단 크림의 선전을 하거나 킹 부인이 테니스 매거진 숍에 앉아 있거나 어머나라고 생각하는 일이 흔히 있다. 대부분의 선수는 얼마간의 기업과 연결되어 있다고 하는 것이 현실이다. 이것과 반대로 클리프, 리치가 미국 정구협회의 부스에서 아이들을 상대로 기술에 대한 질문을 받고 정중히 가르쳐 주고 있었던 것은 보기만 해도 기분이 좋았고 의의 있는 일이라고 생각했다.

롤랑갸로──(프랑스)

▶ 그 역사부터

프랑스의 테니스는 데키지스에 의해 만들어졌다고 하지만 그는 무려 8회 남자 싱글스의 타이틀을 가지고 있다. 그 데키지스 시대부터 제1차대전 프랑스의 테니스를 지배한 것이 라코스테, 보로트라, 코세, 부르농의 4총사였다. 1922년부터 32년까지 동안에 코세가 5회, 보로트라 2회, 라코스테 3회 타이틀을 나눠 갖고 세계의 강호를 접근시키지 않았다. 그것이 전후는 전혀 맹위를 떨치지 못한다. 1948년의 파커 이래 실로 거의 프랑스 선수의 우승이 없는 것은 어떻게 된 일일까? 미국, 오스트리아, 이탈리아 뿐만 아니라 70년에는 마침내 코데스에게 우승을 빼앗겨 체코의 첫우승이라고 하는 현상을 불러 일으켰다.

남자 더블스도 데키지스의 14년승이라고 하는 대기록이 빛나지만 제1차 대전 후는 사총사가 활약한 싱글스는 한 번도 우승이 없는 부르농도 5회 우승, 보로트라는 6회나 타이틀을 획득하였었다. 전후는 에머슨(호주)의 6연승이 빛나고 70년은 틸리아크, 나스타세조라고 하는 루마니아조가 처음 타이틀을 획득했다.

여자에서는 전후 프랑스의 듀르가 활약. 싱글스에서 한 번 더블스에서는 1967년부터 4연승해서 자긍심 높은 프랑스를 위해 건투하고 있다.

▶ 숲속의 코트

파리는 꽃의 도시, 숲의 도시, 그리고 예술의 도시라고 일컬어지고 있지만 실제의 인상은 빵의 도시, 자동차의 도시 지하철의 도시라고 하는 느낌이다. 유명한 긴 프랑스 빵을 숨기지도 않고 안고 있는 사람은 어디에서나 볼 수 있다. 도로라고 하는 도로는 샹제리제의 대로부터 간신히 스쳐 지나갈 것 같은 뒷 골목까지 차, 차의 홍수다.

전쟁 중은 자유를 위한 전쟁에 파리 해방의 전쟁에 크게 이용되었다고 하는 파리 속에 둘러 쳐진 지하철망. 시내의 교통에서는 평할 여지 없이 편리한 교통 기관이지만 여간해서는 기억할 수 없는 많은 계통과 그 갈아타는 통로의 복잡함, 틀림없이 이용할 수 있게 된 것은 파리를 출발한 날의 목적이었다.

지하철도, 버스도, 오토유에서 내린다. 그곳은 브로뉴의 숲 입구다. 그 숲에 인접한 깊은 나무숲 속에서 1891년부터의 역사를 가진

제3부 / 테니스의 세계 스타들　439

오토유에서
브로뉴의 숲을
바라본다.
전방에 쭉 뻗은
도로의 좌측
나무숲속에
코트가 있다.

평소는 조용한 브로뉴의 숲에 가까운 클럽도 연1회 제전에 다수의 관객이
모여 화려한 분위기에 감싸인다.

근대 테니스 발상국의 선수권 전불(全佛)이 이루어지고 있다.

오래된 역사를 나타내듯이 나무들이 울창하고 지상에는 잔디와 화초가 흥취를 더하여 매우 프랑스다운 분위기가 있다.

▶ 앙투카 코트

유럽 코트의 주류는 앙투카. 그 대표가 이 롤랑갸로다. 센터 코트를 중심으로 전부 9면. 클레이(clay)와 같이 표면이 단단히 다져져 있다. 바람이 불면 표면의 고운 톱가루가 날리기 때문에 항상 물을 뿌리고 있다. 바람이 강한 날 등 코트 사이드에 있으면 셔츠도 바지도 붉어질 정도로 이 가루와 같은 모래를 뒤집어써 버린다.

모래가 날리는 것을 막기 위해서 끊임없이 물을 뿌리는 센터 코트

▶ **흙 위의 게임**

전불의 시합은 코트에 영향을 받아서 다른 대회와 같이 뭐든지 네트로라고 하는 일은 없다. 물론 최종적으로는 네트를 점령하는 편이 유리하지만 그 전에 다른 곳에서는 볼 수 없는 랠리의 응수를 보는 경우가 흔히 있다.

파리장을 열광시키는 레이버와 로즈월

레이버와 로즈월은 2년 연속 우승전에서 얼굴을 마주하고 1승 1패로 끝났지만 그 시합 내용은 한 마디로 말해서 재미있는 테니스였다. 레이버가 자유 자재로 스핀을 건 공을 쳐서 로즈월을 달리게 하면 로즈월은 다시 저 화려하다고 말할 수 있는 폼으로 아주 정확히 코너로 반구해서 어느 쪽인가가 별 것 아닌 틈을 보인 그 때에 재빨리 네트로 달려가서 날카롭고 좋은 공을 친다. 말하자면 테니스의 묘미를 만끽시킨 게임 전개였다. 파리의 사람은 항상 이와 같은 시합을 보고 있을까라고 생각하니 부러웠다.

프랑스와 구세주 테르와 파트너인 존스

▶ 프랑스 만세

자긍심 높은 프랑스는 테니스의 카운트도 물론 프랑스어. 익숙치 않으면 선수는 게임 동안 스스로 카운트를 헤아려서 기억하고 있어야 한다. 테니스 발상국에서의 시합이기 때문에 각국의 선수는 알든 모르든 불평하지 않고 잠자코 시합을 하고 있는 것 같다.

이 예전은 테니스 왕국을 자랑한 프랑스도 지금은 형편없는 상태로 겨우 여자 듀르와 70년의 전미 남자 더블스에 우승한 발테스 두사람이 세계의 일류에 들어 있는데 불과하다. 듀르는 단복 혼합에 우승의 경험을 갖고 있어 프랑스에 있어서는 유일한 위로를 주는 선수이기 때문에 뭐니뭐니해도 인기가 높다. 가령 더블스에서라도 이겼다면 관객은 매우 기뻐서 박수의 폭풍이 된다.

▶팬 기질

이 나라 특유의 이 스탠드가 가장 컬러플하다. 스탠드는 적황청의 스웨터나 상의로 형형색색이다. 프랑스어의 콜 탓일까 선수는 미스 저지가 있으면 흔히 클레임을 건다. 그것을 보고 관객이 다시 시끄럽다. 서투른 라인즈맨에게는 선수 이상으로 항의하고 주심이 이것을 달래는 형편. 스탠드가 혼잡해지면 스코어 보드 위에까지 올라가서 선수에게 성원하는 사람도 있다.

점수판도 보이지 않을 만큼 빽빽이 들어찬 스탠드

쿠용과 화이트시티――(오스트레일리아)

▶ 그 역사부터

남자 싱글스에서 눈에 띄는 것은 뭐니뭐니해도 1963년부터 5연승을 포함한 6회 우승의 에머슨. 이것은 전호(全濠)의 기록으로 프로 전향을 늦췄을 뿐이다. 이 외 전쟁 전에 크로포드의 3연승을 포함한 4회 우승이 있지만 에머슨의 기록이 빛나고 있다. 1969년부터 오픈 대회가 되었기 때문에 레이버도 아마의 2회 우승부터 3번 우승에까지 이르렀다.

남자 더블스에서는 퀴스트, 브롬위치조가 전쟁을 사이에 두고 무려 8연승이라고 하는 대기록을 달성하고 있다. 1938년부터 50년까지 무려 13년간 매우 오랫동안이다. 퀴스트는 그 전파트너만 바꾸어 2회 우승하고 있어 무려 10회 우승. 그 외 레이버, 마크조도 3연승 뉴컴, 로치조도 명콤비라고 말할 수 있다.

여자 싱글스에서는 뭐니뭐니해도 마가레트, 스미스가 싱글스에서 우승한 7연승이 눈에 두드러진다. 그녀는 결혼 후 코트부인으로서 69, 70, 71년 연승해서 무려 10회 우승했다. 나오기 힘든 명선수 중 한 사람이라고 해도 좋다. 그녀는 더블스에서도 6회, 혼합 더블스에서도 3회 우승하고 있다.

계속해서는 롱부인이 싱글스 2회, 더블스 7회, 혼합 더블스 4회의 우승도 눈에 두드러진다.

▶ 테니스 왕국

제3부 / 테니스의 세계 스타들 445

세계 랭킹(위에 오른 뉴컴)

'월드 테니스'는 매년 1월호에 동지 작성의 세계 랭킹을 발표하고 있다.

그것을 보면 올해는 1위부터 4위까지 오스트레일아세가 독점이다. '플라잉더치맨'의 오커가 4위에 끼여 들어서 로즈월이 5위가 된 적이 있었다. 어쨌든 그들의 솜씨는 거의 종이 한장 차이이고 재작년 그랜드슬럼을 획득했을 때의 레이버와 같은 절대적 감도는 좀체로 생각할 수 없다. 연간 20~30의 큰 토너먼트에 출전하고 있는 그들은 몇 번인가 같은 상대와 승부를 하고 있지만 일방적 승리로 끝나는 경우는 그렇게 많지 않다.

로즈월, 레이버, 뉴컴, 오커 등 위대한 선수에 이어서 현재 활약하

체격의 핸디캡을 극복하고 20년간 세계 톱클래스의 지위를 지킨 로즈월

4관왕을 두 번 획득한 레이버

뉴컴과 함께 왕좌를 노린 로치

가장 새로운 테니스를 했던 오커

고 있는 오스트레일리아의 선수는 모두 테니스 왕국의 이름을 부끄럽게 하지 않는 이들로 만일 많은 선수로 국가 대항을 한다면 데이비스컵전과는 반대로 오스트레일리아의 천하는 아직 계속될 것으로 생각된다.

세 방향을 높은 스탠드로 두른 쿠용의 센터 코트

▶쿠용

오스트레일리아의 선수가 먼저 이름을 드는 무대는 멜버른의 쿠용이나 시드니의 화이트시티에서 이루어지는 토너먼트일 것이다.

테니스가 활발한 오스트리아는 주요한 각 도시, 즉 동해안의 북쪽부터 브리즈베인, 시드니, 멜버른, 아데레이드 그리고 서쪽의 유일한 도회 페이스 등에서 대회가 이루어지지만 그 중에서도 이 멜버른과 시드니는 역사도 오래되고 쿠용에서 이루어지고 있는 빅토리아 선수

관객은 모두 테니스 선수

녹색의 초원을 두른 듯한 일반 코트　　통유리의 클럽 하우스는 쿠용에 어울리게 밝다.

이 남반구의 영광스러운 무대에 전세계의 선수가 와서 열전을 전개한다.

권은 1880년부터 시작되고 있다. 매시즌 세계의 영광스러운 무대의 첫 게임을 장식하는 전호는 이 쿠용과 화이트 시티에서 이루어지는 경우가 많다.

노후의 낙으로 심판을 하고 있는
것 같이 느꼈다.

시합 코트는 개방적으로
딱딱함을 느끼게 하지 않는 분위기

　대도시로서는 역시 영국적인 느낌이 나는 멜버른의 마을에서 차로 10분 정도 달린 주택 지구에 있는 이 클럽은 안정된 매우 오스트레일리아를 느끼게 하는 경치로 하우스에서 코트를 바라다보면 목장의 느낌조차 드는 것 같다.

　1만 명을 수용할 수 있는 스탠드가 달린 센터 코트와 간단한 나무의 스탠드나 제방을 이용한 관객석을 가진 롱코트 거의 사용하는 사람이 없는 흙 코트가 약 50면 늘어서 있다. 어쨌든 평소부터 경기하는 사람이 많은지 코트는 빈 말이라도 좋다고는 말할 수 없다. 심한 경우는 잔디가 없어져서 흙이 드러나 있는 곳도 볼 수 있다. 물론 불규칙한 곳도 많지만 선수는 의외로 신경쓰지 않고 피차 일반이라고 하는 얼굴로 경기하고 있다.

대수롭지 않은 바를 개업할 수 있을 것 같은 힘을 자랑하는 양주선반.

클럽은 경기와 담소의 즐거운 사교장

한 손에 컵을 들고 시합을 바라보는 클럽의 멤버들

선수와 관중이 한데 어우러져서 편안한 느낌.

    클럽 하우스는 통유리와 같은 식당과 긴 카운터의 바(Bar) 룸이 특히 인상에 남는 건물로 코트 쪽에서 보면 상당히 멋지게 보인다. 입구에 '백색 또는 크림색의 셔츠, 스웨터, 바지, 양말을 착용할 것'이라고 명기하고 있는 것도 전통을 중요시 여기는 쿠용답다. 계단을 내려가서 아래의 프로숍에 가면 필요한 것은 모두 갖추고 있는 벽에는 서로 원활하게 경기할 수 있도록 코트 사용의 사인을 기입하는 표가 붙어 있다.

　대회가 되면 각국에서 선수가 모여 화려한 분위기가 되지만 시드선수와 일반 선수의 탈의실이 다르거나 해서 역시 유명 선수는 좋은 대우를 받고 있는 듯하다.

　스탠드의 아래에 빅토리아주의 심판 협회 사무소가 있어서 한 벌의 유니폼을 입은 엠파이어들이 대기하고 있다. 오스트레일리아든 각주마다 테니스 협회나 심판 협회가 각각 활발한 움직임을 보이고 있지만 상당히 심판의 인원수가 부족한 듯이 대회의 프로그램에 엠파이어 희망자 모집 광고를 내고 있는 경우 등 상당히 재미있다.

　클럽 하우스에 있는 바(Bar)는 대수롭지 않는 가게를 할 수 있을 만큼 종류가 풍부하고 가격도 싸다.

　쿠용은 테니스로 맺어진 사람들의 온화한 모임 장소라고 하는 즐거운 분위기를 느끼게 하는 클럽이다.

▶ 화이트시티

　광대한 면적의 나라로서 실제로 인구가 집중해 있는 것은 동해안에 한정되지만 그 인구는 대도시 이외는 사람이 너무나도 적어서 놀라 버린다.

　번화가라고 일컬어지고 있는 킹스크로스에서 걸어도 바로 옆에 백아의 클럽 하우스가 도로에 면해 서 있다. 그곳이 화이트 시 테니스 클럽이다. 클럽 하우스에서 눈 아래 간단히 철망으로 단락지어진 녹색 일색의 코트와 그 끝에 스탠드를 가진 센터 코트가 보이고 기복이 있는 마을의 풍경을 원망할 수 있다.

　이곳도 잔디 상태는 완전하다고는 말 할 수 없지만 센터 코트는

클럽 하우스의 코트 스탠드를 바라다본다.

그럭저럭. 대회의 처음 도안은 센터 코트의 양끝에 2면의 코트를 취해서 사용하지만 준결승부터 한가운데에 1면만 라인을 긋고 시합을 하고 있다.

사진에서는 일몰이 8시경이 되는 오스트레일리아이지만 밤의 즐거움이 적기 때문인지 테니스 시합도 나이터가 많다. 전호(全濠)라도 준결승의 2시합 중 하나는 낮 2시경에 하고 나머지 하나는 나이터에서 한다. 느긋한 오스트레일리아로서는 드물게, 약삭빠르게 주간부와 야간부는 관객도 교대제도를 채택하고 밤의 요금이 비싼 경우도 있다.

나이터라고 해도 훌륭한 조명 설비가 있는 것이 아니라 처음은 어디에 전등이 있을까하고 찾았지만 몰랐다. 간신히 나이터가 시작되는 날 주간의 시합이 끝나고 나서 와이어를 코트 위에 치고 거기에

사방에 스탠드를 가진 센터 코트

간단한 조명으로 나이트 게임이 이루어진다.

스탠드 옆에 놓인 의자에서 로즈월도 관객도 함께

인기 있는 E 그라곤과 모델을 늘어놓고 스폰서는 선전에 열심

시합이 없을 때를 이용해서 일류 프로가 하는 다수의 아이가 모인다.

차세대 선수를 키우기 위해서 로즈월도 레이버도 열심

  우산을 단 전구를 달고 있는 것을 보고 지나친 간단함에 좀 질리기도 했지만 설비는 어떻든 시합을 할 수 있으면 그것으로 되기 때문에 이만큼 합리적인 일은 없다.

  오스트레일리아에 대해서 전체적으로 말할 수 있는 사실은 미국이나 유럽 각지와 같이 근대적 설비가 적고 또한 경제적으로도 풍족하다고는 말할 수 없기 때문에 모두 검소하다. 테니스 세계에 있어서도 예외는 아니라 그런 까닭에 순수하게 스포츠로서의 본래의 모습을 거기에서 찾아 낼 수 있다.

제3부 / 테니스의 세계 스타들 455

오스트리아에서는 어디에 가도 훌륭한 레슨 코치가 있다.

시드니에는 유명한 테니스 스쿨도 많다. 오스트레일리아의 실적을 자랑하는 V. 에드워즈가 교장을 했던 테니스 스쿨은 17면의 코트와 연습에 필요한 기구 트레이닝 설비나 자료를 갖추고 코치 자격을 가진 여러 선생을 채용해서 지금까지 이루 헤아릴 수 없는 졸업생을 배출하고 있다. 유아 클래스부터 컬리지의 멤버까지 여기에서 배우고 세계의 영광스러운 무대에 나간 선수가 많은 것이 무엇보다 자랑이다. 1036년의 창립이라고 하니까 벌써 30년 이상이나 계속하고 있는 명문이다.

화이트시티에서도 큰 토너먼트 때는 일류 선수가 아이들을 모아서 코치회를 연다. 시합이 오후부터 시작되기 때문에 아침동안을 이와 같이 활용하면 일석이조라고 하는 것이다. 아이보다 부모 쪽이 열심으로 그 중에는 자신도 코트에 들어와서 아이와 함께 설명을 듣고 있는 부모도 있을 정도이다.

최근은 그 지방 출신의 로즈월이라도 시드니에 돌아오는 경우는 적기 때문에 이때라는 듯이 사인을 받거나 사진을 함께 찍거나 즐거운 한 때이기도 하다.

데이비스컵 매치

▶챌린지 라운드

1900년에 미영 대항으로 시작된 데이비스컵전도 70년에는 세계

1900년 이후 테니스의 역사를 새긴 데이비스컵

1970년의 챌린지라운드 미국 대 서독의 더블스

53개국이 참작해서 미국, 유럽, 아시아의 각 지역으로 나눠 겨루어지고 결국 서독이 인터존 결승에서 스페인을 4—1로 격파하고 첫 챌린지 라운드에 진출했다.

결과는 애쉬 이하 근대에 없는 강력한 멤버를 갖추고 있는 미국을 당하지 못하고 1점도 못따고 패퇴했다.

데이비스컵전에 대해서 종래의 챌린지 시스템을 폐지하고 전년 우승국도 1회전부터 참가시키라든가 프로의 참가를 인정하라고 하는 대변혁을 요구하는 소리가 여기저기에서 들은 적도 있다. 물론 여기에 반대해서 종래대로가 좋다고 하는 소리도 많고 또한 기증자인

데이비스에서는 만일 오픈화하면 컵을 돌려 받는다고 하는 의견까지 나왔었다.

▶ 아데레이드

오스트레일리아와 미국의 가장 큰 차이는 아데레이드가 론코트였는데 반해서 클리브랜드에서는 지금 미국에서 가장 인기있는 컬러드 아스팔트였던 점이다. 반대로 공통점은 양쪽 모두 그 나라의 대표적 무대가 아니라 아데레이드는 4회, 클리브랜드는 3회 이루어졌을 뿐이다.

아데레이드는 오스트레일리아 대륙의 동남단에 있는 가장 조용한 도시로 테니스 클럽이라도 아까울 정도로 이용자가 적다. 별로 사용하지 않기 때문에 오히려 손질을 하지 않는 것일까 싹이 너무 자라

1968년 미국 대 오스트리아의 챌린지 라운드 전경

통일된 오스트리아의 심판단

있을 정도이다. 센터 코트는 3면 취할 수 있는 넓이가 있고 실제로는 한가운데에 코트를 사용해서 시합을 했다. 북쪽은 지붕으로 덮힌 스탠드이지만 나머지 세 방향은 한여름의 태양을 충분히 쬐어 하루만에 얼굴이 새빨개진다. 그러나 공기가 건조하기 때문에 끈적거리는 불쾌감은 없다.

어쨌든 태양 광선이 강해 사진의 노출도 미터가 가리키는 눈금을 신용할 수 없을 정도이다. 심판이나 볼보이는 코트의 출입도 일렬로 줄지어 보조를 맞춰서 정연하는 등 주최자로서 만전의 신경을 쓰고 있다. 라디오는 아침부터 '데이비스컵'을 연발해서 홍보하지만 잘 듣고 있으면 6세 이하의 어린이는 입장할 수 없다고 말하고 있다. 시합이 시작되어 스탠드를 보면 과연 유아의 모습이 보이지 않는다. 테니스 시합이라고 하는 것에 대한 사고방식이 확실함을 느꼈다.

한 벌의 원피스와 모자를 쓴 고등학교의 여학생들이 프로그램을

테니스의 제전에 어울리는 스탠드 전경

회장에 젊음과 꽃을 곁들이는 여성들

제3부 / 테니스의 세계 스타들　461

승리의 감상을
이야기하는
애쉬와 그레브너.
묻는 쪽은
왕년의 데이비
스컵 선수
T 슈로더.

팔거나 관객을 좌석으로 유도하고 있었지만 시합의 무드를 밝고 화려하게 만들어 좋았다.

　시합은 미국이 애쉬, 그레브너의 싱글스와 스미스 루츠의 콤비에 대해 오스트레일리아가 볼리 라플스의 싱글스, 라플스 알렉산더의 더블스가 대전 41로 미국이 5년만에 데이비스컵을 탈환했었다.

▶ 클리브랜드

2년만에 본 챌린지 라운드에서 통감한 사실은 미국이 너무 강한데다가 코트가 어떻게 경기를 좌우하느냐라고 하는 점이었다. 미국에서도 유수의 부잣집이 많다고 일컬어지고 있는 클리브랜드 하이츠에 있는 록스볼로 고등학교 옆에 만들어진 5000명 수용의 스탠드가 달린 코트와 2면의 연습 코트는 지금 미국 여기 저기에서 흔히 보는 라인 내외가 녹색과 적색으로 나눠 칠해진 아스팔트 코트였다.

공의 기세가 전혀 죽지 않는 이 코트는 힘이 없는 사람은 만족한 되받아 치기를 할 수 없다. 미국의 애쉬, 리치, 스미스, 루츠의 최강

트레일러 하우스에서 찾아 오는 열심한 팬도 있다

데이비스컵의 결승전이라고 하기보다 ▶ 국제 친선의 부드러움이 있는 개회식.

▲ 테니스보다 풋볼이 인기있는 미국에서는 저녁무렵이 되면 자전거로 많은 소년들이 모여든다.

완전히 독무대의 경기를 보이는 애쉬

멤버에 대해 서독은 노교 분게르트와 신예 쿤케의 두 사람이 단복에 임했다. 어째서 부팅을 기용하지 않았는지 모르지만 왕년의 명선수 헨켈 감독은 독일의 집념을 이 두 사람에게 맡겼다.

　코트의 속도 등 전혀 개의치 않는 경기를 전개하는 애쉬에 대해 분게르트는 타이밍이 맞지 않고 맹서브를 리시브하려고 하다가 라켓

예상 이상의 경기로 관객을 만족시킨 리치

'Smith & Luts' 문자 그대로 미국의 최강 콤비

이 부러지는 등 순식간에 파이트 없는 시합운영으로 보고 있어도 조금도 재미없다. 처음부터 승패가 결정되어 있는 것 같은 시합으로 관객도 열광하지 않는다. 이것에 반해 제2시합의 리치와 쿤케의 싱글스는 양쪽 모두 잘 맞는다. 이 시합의 승패 결과 나름으로 컵의 행방도 거의 결정되는 것으로서 관객도 좋은 시합을 기대했지만 리치의 훌륭한 경기로 역시 일방적으로 끝나 버렸다. 그러나 쿤케도 전력을 다했기 때문에 관객은 게임 그 자체에 만족하고 또 미국의 승리에 기뻐했다.

이 결과 다음날의 더블스에서 예상대로 스미스, 루츠의 페어가

데이비스컵전 최다 게임이 된 애쉬(맞은편) 대 쿤케의 싱글스 시합

애쉬에게 있어서는 최후의 데이비스컵전. 승리를 기뻐하는 애쉬

홈메이드의 신발을 파는 소녀들.
과연 로컬 데이비스컵의 광경

22회째의 우승을 축하하는 미국팀.
왼쪽부터 리치, 스미스, 트아빌
감독 애쉬, 루츠.

낙승하고 미국은 가볍게 3연승을 장식했다.

세계 53개국이 오랜 시간에 걸쳐서 도전국을 결정하는 과정에서 생각하면 세계의 영광스러운 무대로서는 너무나도 부족한 것으로 일반 대회까지가 오픈화해서 게임의 내용이 향상되고 있는 만큼 국제 친선의 무대라고 하는 느낌이 강하다. 최고의 기술로 치열한 시합을 데이비스컵 챌린지 매치에서 찾는 것을 무리라고 하는 것이 현실이었다. 게다가 애쉬가 프로에로 전향하고 스미스가 사라진다고 하면 더욱 쓸쓸해진다. 과거의 데이비스컵에 대한 이와 같은 동경은 차츰 엷어져 가는 것 같다.

세계의 왕좌를 결정하는 장 최고의 내용이라고 하는 감각을 버리고 테니스의 국제적 제전을 보려고 하는 클리브랜드 사람들의 마음도 어쩌면 정곡을 찌른 것이라고 말할 수 있을지도 모른다.

시간은 흐르고 있다.

▶ 블랙 파워

테니스계에서 여러 가지 눈에 띄는 행위를 하는 선수 그 한 사람은 애쉬였다.

테니스 셔츠에 공들이는 그는 한여름의 시즌에 터틀넥의 셔츠를 입고 시원한 얼굴을 하고 있고 크림이나 물색의 컬러 셔츠를 입고 시합에 출전하거나 한다. 데이비스컵전의 전날 다수의 관객이 지켜 보는 공개 연습에서 등에 크게 블랙파워를 나타내는 프린트를 한 둥글게 판 셔츠를 입고 등장해서 렌즈의 방열을 받았다. 다른 스포츠라면 뭔가 한 마디 나올지도 모르는 분위기였지만 아무 일도 없었던 것은 미국의 테니스계에 있어서 애쉬의 파워가 강력했기 때문일까?

제2장

톱플레이어의 테니스

세계의 톱 플레이어

남자에서는 레이버, 여자의 경우는 코트 부인이었다. 세계 제일은 불평할 여지없이 이 두 사람을 손가락 꼽는다고 한다. 그러나 레이버는 70년의 4대 타이틀 중 어느 하나에도 우승하지 못했다. 그저 벌어들인 상금은 21만 달러. 또한 코트 부인은 확실히 4관왕이었다. 그러나 결코 무패가 아니라 71년 2월 초에는 그라곤(호주)에게 패하고 있다.

누구를 세계의 넘버1로 할까? 어려운 문제이다. 그러나 이 두 사람이 최고수준의 상위에 위치하는 사실은 틀림없다. 화려, 호쾌, 역량감 스피드—그 모두를 포함하고 있지만 세계의 열 손가락에 꼽을 수 있는 선수라고 말할 수 있다. 물론 택틱스(기술)의 면에서도 훌륭하지 않다면 자격상실일 것이리라.

여기에 든 10명의 선수에 대해서는 톱이라고 하는 점에서 이의가 나올지도 모른다. 확실히 여자 선수 웨이드보다 존스 부인 쪽이 타당할지도 모른다. 그러나 이것은 어디까지나 하나의 견해로서 실력순이라고 말할 수는 없다.

캔 로즈월(오스트레일리아)

레이버보다도 선배로 호드와 함께 오스트레일리아의 황금 시대를 구축했다. 1m 69라고 하는 작은 체구이면서 세계 제일의 정확한 경기로 항상 세계의 상위를 견지해 왔다.

서브는 최정상 선수 중에서는 약한 편이다. 또한 타구도 속도가

제3부 / 테니스의 세계 스타들 471

▲ 14년만에 전미 타이틀과 2만달러의 상금을 획득한 로즈월

▲ 백핸드만큼 눈에 두드러지지 않지만 무리없는 스윙으로 실을 당기듯이 공을 상대 코트에 처넣는다.

정확하고 화려한 백핸드는 전세계의 테니스팬을 매혹시킨다.

● 캔 로즈월 ● 로즈월의 퍼스트 서비스
로즈월의 서비스는 플레이스먼트가 매우 정확하다. 폼도 처음 자세부터 피니시까지 흐르는 듯하고 무리가 없다. 무릎의 탄력을 충분히 사용하고 있다.
　①② 상대의 포지션을 확인하고 자신의 다리 위치를 정하고 마음을 가라앉힌다.
　③④⑤ 공을 약간 전방으로 올림과 동시에 라켓의 백스윙을 개시.
　⑥⑦ 공이 올라 갔을 때에 몸은 휘고 라켓의 위치도 정해져 흐르는 듯한 폼.
　⑧ 무릎의 탄력을 이용해서 중심을 앞으로 옮기면서 발끝으로 서서
　⑨⑩ 상대의 백을 노린 서브를 끝내고 전진하려고 한다.

제3부 / 테니스의 세계 스타들 473

확실한 터치의 하프발리를 하는 로즈월

하프발리는 그의 가장 주특기인 샷으로 그 확신한 터치와 플레이스먼트는 다른 선수의 추종을 불허한다. 무릎을 충분히 구부려서 중심을 내리고 있을 것. 공이 닿는 순간의 라켓면이 착한 점.

① 백으로 오는 것을 확인하고 오른발로 균형을 잡으면서 몸을 벌리려고 한다.
② 무릎을 충분히 구부리고 허리를 낮추어 만전의 준비
③④ 오른발을 펴서 타이밍을 맞춰 라켓에 공을 얹는 느낌으로 면을 사용해서 자유 자재의 방향으로.
⑤⑥ 다 쳐도 타구를 확인하면서 몸은 자연히 앞으로 나간다.

제3부 / 테니스의 세계 스타들 475

순간에 정확한 겨냥을 해서 에이스를 따는 로즈월
결판났다고 생각한 후라도 아직 다음 공에 대한 준비를 하고 있다.
① 네트 경기의 응수가 되어 지금 포어로 공을 치려고 한다. 상대에게는 아직 어느 쪽으로 공이 올지 모른다.
②③ 상대의 움직임을 파악하면서 왼발을 보내 역크로스로.
④ 공은 완전히 상대의 역을 찌르고 에이스가 된다.
⑤ 결정타가 되었을 텐데 다시 다음 공에 대비한 폼을 만든다.

있는 것은 아니다. 그러나 바둑이나 장기로 말하자면 잘못된 수를 거의 치지 않고 이론대로 경기한다. 소위 테니스의 교과서와 같은 경기를 보인다. 파워의 테니스가 아니라 플레이스먼트에 의해 기회를 찾는 테크니션. 상대의 힘을 이용해서 자신이 생각한 것 같은 테니스를 하는 점에 특징이 있다. 따라서 상대의 서비스를 잘 리시브만 하면 자신의 페이스로 가져 간다고 하는 자신을 가지고 있다.

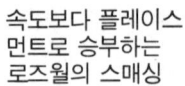

속도보다 플레이스먼트로 승부하는 로즈월의 스매싱

공의 낙하점으로 몸을 옮기고 약간 몸의 왼쪽 옆에서 공을 잡힌 오른쪽으로 스매시한다. 역크로스로 스매시하는 이상적인 타법이다.

①②③ 공의 낙하점을 확인하면서 몸을 그 아래로 좁은 풋워크로 옮겨 간다.
④⑤ 몸의 위치를 잡고 무릎을 교묘하게 사용하면서 백 스윙에 들어간다.
⑥⑦ 몸 왼쪽 옆에서 공을 잡아 역크로스. 상대의 움직임을 보고 플레이스먼트로 승부하는 로즈월다운 스매시
⑧⑨ 힘차지는 않지만 상대를 흔들어서 다음 타구에 준비한다.

로드 레이버(오스트레일리아)

 1년에 영국, 미국, 프랑스, 호주의 4대 타이틀을 획득하게 2번 소위 그랜드 슬럼의 영예에 2번 빛나고 있다. 왼손잡이. 서브 좋고 그라운드 스트로크 좋고 네트 경기 좋고 3박자를 갖추고 있는 명선수.
 결점없는 선수로 특히 드라이브 볼의 위력은 훌륭하다. 뛰어난 직감도 경탄할 만하고 서비스 컨트롤은 초일류. 공의 종류도 왼손잡이 특유의 슬라이스로 파고드는 것과 왼쪽으로 튀는 스핀 볼이 있

윔블던 4번 우승의 레이버는 불평할 여지 없이 현대 챔피언.

다. 또한 세컨드 서브에서도 가끔 에이스를 딸 정도.

왼손잡이 선수는 자칫하면 백핸드에 결함이 있기 마련이지만 허리보다 높은 공은 슬라이스성의 플랫 낮은 것은 드라이브로 능숙하게 처리한다. 이 경우도 라켓면을 세로로 사용해서 몸을 정하고 아래부터 문질러 올린다. 그리고 공을 생각한 지점으로 조절한다.

러브를 치는 것도 톱스핀의 회전이 걸린 빠른 로브이지만 이것도 패싱을 치는 듯한 자세에서 쳐 온다.

'서브의 스피드는 좀더 빠른 사람이 있을지도 모르지만 조절은 세계 제일. 세컨드 서브에서 에이스를 따는 것은 글래스 코트에서는 그다지 드물지 않지만 클레이 코트에서도 에이스를 자꾸자꾸 딴다. 로빙도 그 자신이 생각해 낸 것은 아닐까 하고 생각한다. 로즈월도 레이벌만큼 공의 종류는 많지 않다.'

'뛰어난 직감력은 굉장하다. 절대로 오픈으로 치면 패스할 수 없다. 상당히 공을 겨냥하고 역으로 치지 않으면 안 된다. 자신 쪽에서 공을 올리거나 빼려고 해도 절대로 먹히지 않는다.'라는 얘기도 있다.

1962년 최초의 그랜드 슬럼을 달성하고 프로로 전향 69년 12만 3000달러를 획득했지만 1970년은 마침내 세계 기록인 20만 달러를 돌파했다.

제3부 / 테니스의 세계 스타들 479

완벽한 폼을 보이는 레이버

레이버의 무리없는 백핸드 스트로크
백스윙을 크게 양발의 스탠스를 충분히
취하고 폴스윙을 한 훌륭한 폼.
①② 공이 오는 위치를 확인하고 오른쪽
으로 달려가 발의 위치를 정하려고 한다.
③④ 오른발을 크게 벌려서 스탠스를
넓게 취하고 공의 바운드가 낮은 것을
보면서 힘껏 백스윙
⑤ 공을 라켓으로 깨끗하게 미트
⑥⑦ 과감한 폴로 스루는 자못 타구에
힘이 들어가 있는 것을 연상시킨다. 오른
손도 균형을 잡는데 도와주고 있다.

레이버의 정확한 서비스
리드미컬하고 몸 전체를 충분히 사용한 아름다운 폼. 무릎을 구부리고 라켓의 끝이 바로 아래를 향할 만큼 충분히 손목을 비틀고 있기 때문에 허리와 어깨를 사용해서 공에 뛰어 들고 있다.
① 중심을 왼발에 남기고 드디어 서브자세.
②③④ 오른손으로 공을 올리면서 백스윙 개시
⑤ 무릎의 구부리는 정도 왼손과 오른손의 균형도 이상적
⑥ 라켓의 끝이 바로 아래를 향할 정도까지 손목을 비틀고
⑦⑧⑨ 허리를 넣고 어깨를 돌려서 공을 달려 들듯이 치고 전진한다.

제3부 / 테니스의 세계 스타들   483

코트가 좁다고 뛰어 다니는 레이버는 어떤 때도 폼이 무너지지 않는다.

제3부 / 테니스의 세계 스타들　485

호쾌한
뉴컴의
퍼스트
서비스

존 뉴컴(오스트레일리아)

파워 테니스의 한 사람이지만 그래도 정공법. 그랑 톱에 올라선 데에는 훌륭한 로브가 있다. 로브의 정확함, 훌륭함을 제일이라고 해서 그가 좋은 성적을 올리고 있을 때는 이 로브가 효과를 보이고 있다. 백라인 빠듯이 들어오기 때문에 가령 상대가 스매시(smash) 해도 먹히지 않는다. 물론 몸에 타고났으니까 서브도 좋고 서프폼도 이론대로이다. 큰 손을 펴서 치는 백핸드도 플랫부터 썩워 가는 것 같은 특징이 있다.

전영의 우승 트로피를 손에 들고 기뻐하는 뉴컴

제3부 / 테니스의 세계 스타들 487

강렬한 포어핸드 리시브. 뉴컴의 모든 샷은 앞으로 더욱 아력이 붙는다.

뉴컴의 포어핸드 스트로크

포어핸드 스트로크는 그의 가장 주특기인 샷이다.
①②③④ 왼쪽 어깨르 네트로 향하고 백스윙을 하면서 내딛은 오른발에 중심을 싣고 공을 잘 본다.
⑤ 수평으로 라켓을 휘둘러 히트하고
⑥⑦⑧⑨ 그대로 크게 폴로 스루. 몸이 가라앉은 상태에 주의

뉴컴의 퍼스트 서비스
네트로 대시하는 호쾌한 서비스다.

③④⑤⑥ 오른쪽 팔꿈치를 편 채 라켓을 휘둘러 올리는 것은 그 특유의 폼이다. 공을 떼는 것이 높은 위치로 토스를 매우 정확하다.

⑦⑧⑨ 손목을 잘 사용해서 큰 호를 그리며 모아둔 파워를 임팩트해서 폭발시킨다.
⑩⑪⑫ 공을 친 순간부터 네트를 향해 대시

아더 애쉬(미국)

흑인 특유의 탄력과 영양을 생각나게 하는 다리가 눈에 두드러지고 움직임은 경쾌, 서브가 날카롭고 빠르다. 1m 85로 마른형, 언뜻 약한 것 같지만 파워도 있다. 표정은 바꾸지 않고 항상 담담한 시합 운영을 보이지만 상당히 신경질적인 점도 있다. 그러나 전체적으로 그에게 흐르고 있는 것은 야성적인 경쾌함 선천적인 탄력에 의한 것으로 타구는 임팩트(impact)때의 힘 부분이 좋다. 면은 독특하다.

애쉬 특유의 왼발 움직임을 보이는 서비스
재빠른 모션이기 때문에 사이드라인 빠듯이 에이스를 딴다.

1943년생이고 다음과 같은 평을 들었었다.
'면도칼 애쉬라고 하는 느낌이다.'
'항상 혼자서 떨어져 있고 고독감이 있다. 게다가 카메라를 좋아하는 듯이 보인다.'

전진하면서 백발리를 하는 애쉬
코트 위의 그는 '테니스 애니멀'이라고 하는 표현이 안성맞춤

제3부 / 테니스의 세계 스타들 495

애쉬의 백핸드 스트로크
그는 매우 직감이 예리하고 또한 몸의
탄력이 훌륭한 선수다. 허리를 능숙하게
잘 사용한 다이내믹한 폼.
① 경쾌한 풋워크로 백으로 오는 공에
준비한다.
②③ 무릎의 구부림, 허리의 비틀기,
그리고 충분한 백스윙을 하고
④⑤ 공을 잘 보고 허리를 돌려서 미트
⑥⑦ 과감한 폴로 스루. 중심도 왼발
에서 오른발로 옮기고 다리는 다음
타구에 준비하기 시작한다.

애쉬의 오버헤드 스매싱 완벽한 오버헤드 스매시
①②③ 양발을 교차하면서 뒤로 물러나는 것은 머리 위로 로브가 왔을 때의 전형적인 폼. 재빨리 낙하 지점에 도착하면 왼손으로 균형을 잡고 준비한다.
④⑤ 오른발을 크게 차고 공에 달려들어 스매시. 복근을 단련하고 있는 선수가 아니면…….
⑥⑦ 자세를 가다듬으면서 타구의 효과를 확인한다.

강렬한 스트레이트 패스를 치는 애쉬

애쉬의 포어핸드 스트로크
포어의 오른쪽 구석으로 온 공을 오른발부터 내딛어 크로스로 히트한 깨끗한 러닝 샷. 양손 받이의 균형이 매우 잘 잡혀 있다.
①② 포어 사이드의 오른쪽 구석으로 오는 러닝 샷이 될 것 같으므로 달리면서 백스윙. 오른발로 균형을 잡고 무릎의 구부림도 훌륭하다.
③④⑤ 공에 미치면 왼발을 보내면서 크로스로 과감히 샷을 친다. 양발이 떠있으면서 폴로 스루도 충분. 몸이 무너지고 있지 않다.

클리프 리치(미국)

로즈월과 같은 정도의 체격 때문인지 미국에서는 드물게 그라운드 스트로크가 좋다. 작은 백스윙(back swing)으로 치는 순간에 훌륭한 터치를 보이며 매우 정확하고 네트 빠듯이 스피드 볼을 떨어뜨린다. 게다가 폴로 스루(follow lthrough)도 작다.

이 경기는 손목이 강하기 때문이지만 팔과 다리는 훌륭하게 발달해 있어 자못 정확한 느낌이 든다. '텍사스의 표범'이라고 하는 별명을

코트에 선 리치는 만만한 투지로 공에 돌진한다. 그는 항상 한계에 도전하고 있는 것 같다.

붙이고 싶은 장면들이었다. 누이가 낸 시 리치로 역시 미국에서 일류 여자 선수였다.

1970년은 다수의 토너먼트에 출전해서 레이버나 로즈윌을 누르고 펩시 그랑프리의 최고 득점자가 되었다.

리치의 백핸드 패싱 샷

　상대의 타구가 멀리 빠르게 왔기 때문에 거꾸로 다리가 된 것을 공중으로 뛰어올라감으로서 중심을 위로 놓치고 공을 네트 빠듯이 가라앉히는 타법.
　①②③ 백 사이드의 구석으로 온 공에 대비해서 왼쪽으로 달림. 왼발을 내딛어 백스윙.

제3부 / 테니스의 세계 스타들 503

④ 허리도 충분히 낮추고 스탠스도 넓게 취해도 좋을 것 같지만 타구가 너무 빨라서 거꾸로 다리. 아직 백스윙 중이다.
⑤⑥ 오른발을 보내 균형을 잡으면서 힘찬 손목으로 공을 겨냥하고 뛰어 올라서 중심을 위로 놓치고 불리한 자세를 커버.
⑦⑧ 네트 빠듯이 크로스로 타구를 보냈다.

제3부 / 테니스의 세계 스타들　505

　　리치의 포어핸드 발리
리치는 가장 움직임이 빠른 선수로
파이트를 드러 내놓고 공을 향해가는
텍사스 보이.
①② 전진하려고 하는 곳으로 높은
타구가 되돌아 왔다.
③④ 포어의 하이발리로 처리하려고
한다.
⑤ 크로스로 친다. 라켓면이 위를
향하고 있는 것은 언더 커트했기 때문.
타구는 상대 코트에 떨어지고 나서
미끄러진다.
⑥⑦ 매우 파이트 넘친 힘찬 움직임.
다음 타구는 백사이드로 온다고 보고…….

리치의 탄력있는 스매싱
① 왼손을 펴서 공을 잘 확인한다.
②③ 과감히 공에 달려든다. 자못 탄력있을 것 같은 스매시
④⑤⑥ 단 좀 공을 몸 뒤쪽에서 잡았기 때문에 다 치고 나서 후퇴하여 자세를 가다듬고 있다.

리치의 백핸드 로발리
양발을 크게 벌리고 몸을 충분히 낮추어 신중히 공을 보고 되받아 치는 모범적인 로발리의 타법이다.
①② 무릎을 구부리고 양발을 크게 벌려서 몸을 낮춘다.
③ 몸을 낮춘 채 공을 친다.
④⑤ 친 후도 낮은 자세로 다음 타구에 준비한다.

스탠 스미스(미국)

스미스의 특징은 서브. 장신으로부터 세게 내찌르는 서브의 스피드는 세계에서도 초일류이다. 그 외는 그다지 좋지 않다고 생각되고 있었지만 최근은 네트 플레이 리시브 모두 상당히 훌륭해졌다. 70년말의 마스터즈에서 우승을 휩쓸었지만 그다지 위크 포인트가 없는 경기를 보이고 있었다. 정통적인 편으로 격렬한 느낌은 없지만 서브 이외에도 리치가 넓다.

미국 스타일의 정통한 테니스를 보이는 스미스. 그의 경기가 완성되는 것을 즐거움으로 삼고 있다.

루츠와의 더블스는 프로를 제외하면 최고의 콤비로서 정평이 있었다.

제3부 / 테니스의 세계 스타들 511

스미스의 신장에서 나오는 퍼스트 서비스

스미스의 서비스는 세계적이다. 신장에서 나오는 서비스는 속도가 굉장하고 각도도 자유 자재. 공을 치는 순간은 뛰어 올라가고 그 직후 왼발이 내딛는다. 이것은 애쉬와 마찬가지로 드문 타법이다.

①②③④ 서브 자세에서 공을 올려 극히 자연스럽게 백스윙에 들어간다.
⑤⑥ 양무릎을 구부리고 왼손을 쭉 펴고
⑦⑧ 몸을 쭉 펴고 왼손을 내려 치는 순간을 뛰어 올라가서
⑨⑩ 보통은 오른발부터 내딛고 전진하지만 그는 왼발부터이다.

제3부 / 테니스의 세계 스타들 513

스미스의 멋진 코트 커버링
스미스는 몸도 크지만 손도 길다. 보통이라면 도저히 칠 수 없는 타구를 유연한 몸과 손목을 사용해서 잘 받아치고 있다.
① 역을 찔러서 포어 사이드로 타구가 왔다.
②③ 보통이라면 도저히 칠 수 없는 곳이지만 긴 팔을 펴고 왼발을 보내고
④ 몸도 쭉 폈지만 강한 속목으로 멋지게 받아 쳤다.
⑤⑥⑦⑧ 너무 센 나머지 라켓으로 코트를 버틸 정도였지만 유연한 몸이 위력을 발휘하여 오른쪽에서 왼쪽으로 다리를 보냈을 뿐으로 다시 선다.

제3부 / 테니스의 세계 스타들 515

제3부 / 테니스의 세계 스타들 517

스미스의 다이내믹한 오버헤드 스매싱. 뒤로 크게 물러나면서의 스매시는 고도의 기술을 요한다. 그는 손쉽게 처리하고 있는 듯이 보이지만 오른발 차기 손목 복근이 강하지 않으면 이와 같은 스매시는 불가능하다.
①②③④ 상당히 네트 가까이에 포지션을 잡고 있었던 곳으로 로브가 머리 위로 올라왔다. 좌우의 다리를 교차시켜서 후퇴.
⑤⑥ 허리를 낮추고 왼손으로 균형을 잡고
⑦⑧⑨ 그래도 타구는 뒤쪽옆 오른발로 세게 차고 뛰어 올라 속목을 살려서 스매시
⑩⑪ 1보 물러나서 자세를 가다듬었지만 단련된 몸에 감탄할 뿐.

518

스미스의 점핑 발리
상대가 어려운 곳에 로브를 올려도 당황하지 않고 공을 잘 보고 되받아 친다.
① 생각지 않은 곳으로 로브가 올려졌다. 매우 어려운 타구이지만 공을 잘 보고 뛰어 들어가려고 한다.
② 점프해서 백의 하이발리 형태. 상태의 움직임은 보이지 않는다.
③④⑤ 몸을 1회전시켜서 가다듬는다. 유연한 몸이 아니면 불가능한 경기이다.

스미스의 러닝 백핸드 발리.
　서비스 직후의 퍼스트 발리. 한 번 멈추고 나서 치는 것이 보통이지만 그는 이것을 움직이면서 치고 네트로 다가선다.
　①② 서비스를 넣고 나서의 퍼스트 발리. 다리, 허리, 팔의 균형이 좋다.
　③ 몸이 무너지지 않고 정확히 히트
　④⑤⑥ 왼손으로 균형을 잡고 더욱 전진해서 네트로 다가선다.

윔블던의 초1장 기록이 된 69년이 곤잘레스 대 파사렐전

시합 중은 무서울 정도의 그이지만 가끔씩은 이와 같이 기분 좋은 때도 있다.

판초 곤잘레스(미국)

미국에 있는 테니스의 전당에도 현역으로서 가장 빨리 들어가 있다. 파워가 있는 서비스가 훌륭하지만 상당한 테크니션. 상대의 빠른 타구를 죽여서 자신의 것으로 만들고 나서 스피드를 붙이거나 느리게 회전을 걸거나 해서 치는 것이 매우 훌륭하다. 호쾌하지만 신경도 세밀해서 프로의 리터로서 멋진 통솔력을 보이고 있다.

1949년 파커와 조를 이루어 영국, 프랑스의 더블스에 우승. 전미(全美) 싱글스는 1948, 49년에 챔피언이 되었다.

곤잘레스라고 하면 서비스라고 일컬어지는 그 위력.

제3부 / 테니스의 세계 스타들 525

곤잘레스의 퍼스트 서비스
트위스트가 걸린 퍼스트 서비스이다.
①②③④⑤ 서비스 자세에서 공을 올려 백스윙에 들어가는 장면
⑥⑦ 몸이 펴지고 트위스트 기미로 라켓면을 사용했다.
⑧⑨⑩ 폴로 스루의 라켓은 몸의 우측에 와 있는 점에 주의. 공이 상대 코트에 떨어질 때 이미 2보 정도 전진해 있다.

제3부 / 테니스의 세계 스타들 527

곤잘레스의 포어핸드 발리
 왼발을 내딛어 크로스 코트로 포어 발리하는 공에 언더 커트를 주어 떨어지고 나서의 변화를 꾀한다.
 ①②③ 오른쪽으로 달려서 왼발을 내딛어 치려고 한다.
 ④⑤ 크로스로 라켓면을 언더 커트
 ⑥ 상대를 포어 사이드로 흔들었기 때문에 왼쪽으로 움직여서 되돌아 오는 공에 준비하려고 한다.

제3부 / 테니스의 세계 스타들 529

곤잘레스의 백핸드 발리
공에 펀치를 주어 치는 백핸드 발리.
①② 공에서 눈을 떼지 않고 여유를 갖고 타구를 처리하려고 한다.
③④⑤ 탁! 하고 치고 폴로 스루도 충분히

테니스계의 여왕 코트부인
테니스의 여왕으로서 군림한 코트부인은 전혀 결점을 찾아 낼 수 없다. 어느 샷을 봐도 가장 유효한 지점으로 노리고 치고 있다.

마가레트 코트부인(오스트레일리아)

 마가레트 스미스로서 이름을 떨치고 있었지만 결혼 후인 30년, 마침내 세계의 4대 타이틀을 획득. 여자로서 두 명째의 그랜드 슬러머가 되었다. 키도 크고 파워도 있어 남성적인 경기를 한다. 남자 선수 레이버와 마찬가지로 서비스 그라운드 스트로크 발리. 스매시의 모두가 완전히 훌륭한 테니스다. 여자는 자칫 다리가 약하기 때문에

드롭 샷 등을 사용해서 상대의 경기를 교란시키는 작전을 취하는 선수가 많지만 코트부인은 이런 경기를 보이지 않고 치고 치고 계속 쳐 댄다 계속 밀어댄다——그리고 에이스를 딴다고 하는 스케일의 큰 테니스를 한다. 육상 단거리에서도 발군이었다고 하는 까닭에 코트 커버링은 빠르고 달리는 법도 남성적.

코트부인은 폼이 아름다울 뿐 아니라 힘참의 점에서도 뛰어나다. 날카로운 시선은 공과 상대의 움직임을 정확히 파악하여 1분의 틈도 없다.

위크 포인트가 없는 느낌이다. 개개의 예를 들면 발리 등은 킹부인 쪽이 훌륭하다고 생각하지만 전반적으로는 역시 최고이다.
 정공법의 테니스로 서브는 남자와 같고 월등하게 강하다고 하는 느낌. 뒤에서 탁하고 치고 앞으로 나온다. 잔디 따위에서는 승부가 되지 않는다.

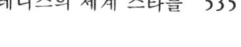

매우 이상적인 코트부인의 퍼스트 서비스
①②③ 리듬을 타기 때문일까 양팔을 충분히 펴고 허리의 회전을 시작한다.
④⑤⑥ 몸을 부드럽게 무릎을 구부리고 라켓을 크게 당겨서
⑦⑧⑨⑩ 약간 앞으로 올라간 공을 치기 위해서 발돋음하고 체중을 충분히 실어서 친다. 거의 이상적인 서브

코트부인의 포어핸드 스트로크

 코너로 온 공을 스탠스를 크게 취해서 몸의 안정을 유지하고 왼발차기로 공에 힘을 주어 되받아 침
　①②③ 포어 사이드의 구석으로 온 공을 치려고 한다. 스탠스를 넓게 해서 몸을 안정시키고 나서
　④⑤⑥ 왼발을 차 내딛고 크로스시켜서 그 탄력으로 반구. 단 몰려서 중심이 뒤에 남았기 때문에 폴로 스루는 머리 위에 온 정도.
　⑦ 그러나 곧 자세를 가다듬고 다음 준비

코트 부인의 백핸드 스트로크
일찌감치 중심을 오른발에 옮기고 몸째 공을 치고 네트로 전진
①②③ 백으로 온 약간 짧은 타구에 대비해서 일찌감치 중심을 오른발에 옮기고 있다.
④ 체중을 다 실은 강한 타구를 친다.
⑤⑥ 라켓면이 위를 향하고 있는 것은 공에 역회전을 주기 위해서.

코트 부인의 포어핸드 로발리
포어의 로발리를 능숙하게 공 아래에서 라켓을 휘둘러 빼서 스트레이트로 치고 있다.
① 포어로 온 짧은 타구에 전진하면서
②③ 가볍게 맞추고 공 아래에서 라켓을 휘둘러 빼서 스트레이트로 반구
④ 이 1구로 일찌감치도 서비스 라인까지 전진 했다.

제3부 / 테니스의 세계 스타들 541

코트부인의 그라운드 스매시
보통의 스매시와 마찬가지로 라켓을
그대로 등에 메고 그라운드 스매시.
치기 전에는 자세를 충분히 낮추고
신중히 준비한다.
① 눈은 바운드한 공을 쫓고 무릎을
구부리고
②③ 왼손으로 공을 확인하고 자세를
낮추어 그라운드 스매시 준비.
④⑤ 라켓도 보통의 스매시와 마찬
가지로 등에서 휘둘러 빼서 신중하게
친다.
⑥⑦ 힘보다도 정확하게 장소를 노린
듯이 어깨가 깊이 들어가 있지 않다.

킹부인의 테니스는 끊임없이 네트로 다가서는 공격적인 테니스다. 보고 있으면 매우 시원하다. 각도가 예리한 발리는 특유의 터치로 친다.

```
┌─────────┐
│ 판 권   │
│ 본 사   │
│ 소 유   │
└─────────┘
```

정통 테니스

2010년 8월 20일 인쇄
2010년 8월 30일 발행

지은이 | 현대레저연구회
펴낸이 | 최 상 일
펴낸곳 | 태을출판사
서울특별시 중구 신당6동 52-107(동아빌딩내)
등 록 | 1973 1.10(제4-10호)

ⓒ2009. TAE-EUL publishing Co.,printed in Korea
※잘못된 책은 구입하신 곳에서 교환해 드립니다

■ 주문 및 연락처
우편번호 100-456
서울 특별시 중구 신당 6동 제52-107호(동아빌딩내)
전화: 2237-5577 팩스: 2233-6166

ISBN 89-493-0286-1   13690